Matthias Quent, Christoph Richter, Axel Salheiser

Klimarassismus

Matthias Quent
Christoph Richter · Axel Salheiser

KLIMA RASSISMUS

Der Kampf der Rechten gegen die ökologische Wende

PIPER

Mehr über unsere Autorinnen, Autoren und Bücher:
www.piper.de

Von Matthias Quent liegt im Piper Verlag vor:
Rechtsextremismus. 33 Fragen – 33 Antworten
Deutschland rechts außen

Unser Versprechen für mehr Nachhaltigkeit
• Klimaneutrales Produkt
• FSC®-zertifiziertes Papier
• Hergestellt in Europa

FSC www.fsc.org
MIX
Papier | Fördert gute Waldnutzung
FSC® C083411

ISBN 978-3-492-06399-9
2. Auflage 2023

Lektorat: Susanne Haldrich
Satz: Uhl + Massopust, Aalen
Gesetzt aus der Minion Pro
Litho: Lorenz & Zeller, Inning am Ammersee
Druck und Bindung: CPI books GmbH, Leck
Printed in the EU

Inhalt

Vorwort

Als wir die Arbeit an diesem Buch beendeten, waren seit Beginn des von Russland ausgehenden Angriffskriegs gegen die Ukraine erst wenige Wochen vergangen. Bereits in dieser ersten Kriegsphase sind Tausende Menschen in Putins Auftrag gestorben, Millionen sind in die westlichen Nachbarländer geflüchtet. Der Angriff auf die Ukraine offenbart, wie naiv große Teile der politischen und wirtschaftlichen Führung in Deutschland dem Putin-Regime in der Vergangenheit gegenüberstanden. Die extreme Abhängigkeit der Bundesrepublik von fossilen Rohstoffen aus Russland rächt sich.

Radikale Rechte in Deutschland und Russland, ebenso wie die Kriegspläne des russischen Regimes, sind von der eurasischen Ideologie, beispielsweise des neofaschistischen Vordenkers Alexander Dugin, beeinflusst worden. Bereits seit Jahren beobachten wir, wie deutsche Rechtsradikale und russische Staatsmedien miteinander kooperieren, um liberale Demokratien zu destabilisieren. Putins durch Propaganda und Manipulation gesteuerte Außenpolitik beruht zu einem ganz wesentlichen Teil auf den fossilen Interessen seines Regimes. Und die russischen Raketen, Panzer und Bomben, mit denen nun die Ukraine angegriffen wird, wurden auch mit deutschem Geld für russisches Gas und Öl bezahlt. Politik und Wirtschaft in Deutschland waren und sind eng verstrickt in die fossile Machtbasis des Kremls und seiner Oligarchen – Stichwort: Nordstream 1 und 2. Anstatt erneuerbare Energien massiv zu fördern, unterstützte und unterstützt deutsche Politik klimafeindliche Energieträger und antidemokratische Regime mit deutschem Geld. Nicht nur die globale antiliberale Rechte, sondern auch die neoliberale Rechte unterhält Netzwerke für öffentliche Kampagnen der Desinformation, um gegen die ökologische Wende Zeit zu kaufen. Rückenwind erhalten sie vor allem aus rechten Teilen der Bevölkerung. Das Klima wird von vielen Seiten angegriffen.

Der Krieg Russlands gegen die Ukraine ist das Ergebnis antiliberaler, faschistischer, nationalistischer und männlicher Großmachtfantasien, finanziert durch internationale Devisen für russisches Gas und Öl. Gefährliche Angriffe der russischen Streitkräfte auf Atomkraftwerke in der Ukraine haben die Welt in Atem gehalten. Die liberale Demokratie wird bekämpft – nunmehr auch offen militärisch. Aggressive Antidemokrat:innen gibt es nicht nur in Moskau: In deutschen Parlamenten, auf deutschen Straßen und in sozialen Netzwerken findet der Kampf gegen die Demokratie schon lange statt. Und längst ist auch die Klimafrage Schauplatz harter Auseinandersetzungen. Die Rechten in Moskau wie in Berlin, Magdeburg, Dortmund und München verachten die liberale Demokratie als schwach und dekadent. Werte wie Freiheit und Gleichberechtigung sind ihnen zufolge dem verdienten Niedergang geweiht. Der russische Angriffskrieg muss mehr als ein Warnzeichen sein: für den Umgang mit neuen Faschismen ebenso wie für den Umgang mit der Klimakrise. Die Abhängigkeit von fossilen Energieträgern aus Russland hat Deutschland in eine schwierige Situation gebracht und hierzulande zu einem erheblichen Anstieg der Kosten für Strom und Gas geführt. Die langfristigen Ergebnisse der russischen Invasion und der aggressiven militärischen Destabilisierung der Weltordnung sind nicht absehbar. Viele Milliarden sollen zusätzlich in die Bundeswehr fließen. Finanzminister Christian Lindner bezeichnete erneuerbare Energien als »Freiheitsenergien«, um unabhängig von russischem Gas und Öl zu werden. Es stimmt: Die ökologische Wende darf sich nicht darauf verlassen, dass Rohstoffe aus anderen Ländern günstig für deutsche Interessen zur Verfügung stehen. Dafür werden wir auch Windräder, Solaranlagen und Stromtrassen vor unserer Haustür akzeptieren müssen, anstatt andere die Kosten für unseren Energiehunger zahlen zu lassen. Wird der Krieg Russlands für einen Geschwindigkeitsbooster beim Ausbau erneuerbarer Energien sorgen? Oder lenkt er die Welt von der Klimakrise ab und bietet der fossilen Lobby einen Vorwand, den Ausstieg aus der klimafeindlichen Kohleverstromung weiter zu verschleppen? So oder so: Uns rennt die Zeit davon. Auf dem Spiel steht die Zukunft des Planeten und der Demokratie. In diesem Buch zeigen wir, dass das Schicksal von Klima und von unteilbarer Menschenwürde untrennbar miteinander verbunden sind.

Magdeburg und Jena, April 2022

Einleitung

»Verbote. Wohlstandsvernichtung. Klimasozialismus. Ökodiktatur. Enteignungsterror. Masseneinwanderung. Klimasozialismus. Vogelmord. Waldvernichtung. Totalitär. Heimatfeindlich.« – Laut einer rechten Schmutzkampagne im Bundestagswahlkampf 2021 steht die Partei der Grünen genau dafür. Die Plakate erweckten den Eindruck, es handle sich um echte Wahlwerbung der Partei. Im Internet schlugen die Schmähungen in offenen Hass, Beleidigungen und Bedrohungen um. Häufig waren und sind die Anfeindungen frauenfeindlich. Einen derart groß angelegten, aggressiven und unverschämten Wahlkampf gegen eine einzelne Partei und ihre Spitzenkandidatin hat es in Deutschland bisher noch nicht gegeben. Und diese Kampagne ist nur ein Beispiel. Anfeindungen sind für Klimaaktivist:innen und die Klimaforschung zum Alltag geworden. In einigen Regionen der Welt ist das Engagement für Umwelt- und Klimaschutz lebensbedrohlich. Längst geht es um mehr als um bloße Parteipolitik. Spurensuchen nach den Auftraggeber:innen der Schmutzkampagne im Bundestagswahlkampf führten Journalist:innen in das Milieu der radikalen Rechten – unter anderem zu David Bendels, der schon zuvor mit nebulöser Finanzierung Werbung für die AfD machte. Finanzen und Netzwerke sind dubios, doch die Absichten und Erzählungen sind eindeutig: Der Kampf gegen die ökologische Wende wird mit immer härteren Bandagen ausgetragen und ist zugleich die wichtigste Frage unserer Zeit. Tatsächlich sind die obigen Slogans keineswegs neu. Sie sind Teil einer rechten Kampagne, die seit den 1970ern als organisierte Gegenbewegung gegen gesellschaftlichen Fortschritt initiiert wurde. Im Kern geht es dabei um Verantwortungsabwehr sowie die Legitimierung sozialer und globaler Ungleichheit und klimarassistischer Zustände. Zustände, in denen der globale Norden die Schattenseiten von Wohlstand und Wachstum vor allem in den Süden auslagert. Je bewusster der Gesellschaft die Notwendigkeit einer schnellen und radikalen ökologischen Wende wird, desto aggressiver wird die Veränderung abgewehrt. Dieses Buch zeigt, welche Motive, Netzwerke, Ideologien, Muster und Strukturen dahinterstehen.

Lange Zeit waren Umwelt- und Klimapolitik für die radikale Rechte in Deutschland nur Randthemen. Doch das hat sich geändert – spätestens seit den verheerenden Überschwemmungen in Deutschland im Sommer 2021 kommt niemand mehr an diesen Themen vorbei. Der menschengemachte Klimawandel und die ökologische Wende sind das drängendste Thema unserer Zeit. Die Debatten über den ökologischen Krisenzustand und über die Notwendigkeit von Veränderungen eignen sich aus rechter Sicht perfekt für das Schüren von Angst und Hass und für die Verbreitung von Falschinformationen. Damit ist die rechte Abwehrpolitik gegen die ökologische Wende eine der größten Herausforderungen für die Rettung des Planeten und der Demokratie: Rechtsterroristen rechtfertigten ihre Morde mit klimarassistischer Propaganda; der rechtspopulistische brasilianische Präsident Jair Bolsonaro treibt mit der gleichen Zügellosigkeit wie Donald Trump während seiner vierjährigen Amtszeit die Zerstörung des Klimas und der Umwelt voran, wobei er neben Medien und Institutionen auch die Wissenschaft und Klimaschutzmaßnahmen bekämpft. Hierzulande nehmen im Internet und in Parlamenten Angriffe gegen Klimaaktivist:innen fortlaufend zu. Die Zielrichtung hatte bereits im September 2019, noch vor Ausbruch der Coronapandemie, der AfD-Spitzenpolitiker Alexander Gauland verkündet: »Die Kritik an der sogenannten Klimaschutzpolitik ist nach dem Euro und der Zuwanderung das dritte große Thema für die AfD.«[1]

Die Coronapandemie hat die Dringlichkeit für die Rechten, gegen die ökologische Wende zu agitieren, nur aufgeschoben. Während der Pandemie gingen auch in Deutschland Zehntausende Menschen auf die Straßen, um gegen die Coronamaßnahmen der Regierung zu protestieren. Sehr häufig orchestrieren Rechtsradikale, Verschwörungsideolog:innen, Antisemit:innen und andere Antidemokrat:innen die Proteste. Und immer häufiger erheben sich auf den entsprechenden Kommunikationsplattformen, in sozialen Netzwerken und bei Demonstrationen Stimmen, die Corona und den Klimawandel miteinander verbinden. Ihnen zufolge beruhen die freiheitseinschränkenden Maßnahmen auf gezielter »Plandemie« und sind Teil eines größeren Planes zur Einführung einer »Klimadiktatur«. Sicher: Nicht alle, die gegen die Politik demonstrierten, waren von dieser Verschwörungserzählung motiviert, aber die Proteste machen erneut deutlich, wie fehlende Abgrenzungen und Desinformationen viele Menschen dazu mobilisieren können, mit Demokratiefeind:innen gemeinsame Sache zu machen. Nicht zuletzt haben Falschinformationen und Propaganda sehr viele Menschen verunsichert, Impfungen und andere Schutzmaßnahmen sabotiert und damit in Deutschland und weltweit zu unzähligen Todesfällen geführt, die hätten verhindert werden können.

Die Protestierenden inszenierten sich als Kämpfer:innen für Freiheit – ein großes und häufig missbrauchtes Wort. Freiheit kann es ohne Verantwortung nicht geben. Freiheit ohne Verantwortung ist Egoismus, Willkür, die machtvolle Durchsetzung eigener Interessen auf Kosten anderer. Doch nicht alle leiden gleich unter Egoismus und Tyrannei: Vor allem die Menschen, die ohnehin ärmer, verletzlicher oder machtschwächer sind, geraten unter die Räder. Bei der Coronapandemie handelt es sich um eine globale Umweltkatastrophe – wie beim Klimawandel. Pandemien durch Übertragung von Krankheiten von Tieren auf den Menschen könnten in Zukunft durch den Klimawandel sogar zunehmen. Und wie geht man mit denen um, die die Gefahr durch Corona und den Klimawandel leugnen? Was lässt sich aus dem Verhalten in der gegenwärtigen Pandemie für künftige Veränderungen und Konflikte lernen?

Die massiven Attacken auf Corona- und Klimaschutzmaßnahmen von rechts sind kein Zufall. Es handelt sich dabei nicht nur um einen rohen Populismus, der sich gegen die jeweilige Regierung und ihre Politik richtet – obwohl dieser Aspekt zweifellos eine Rolle spielt. Es ist auch kein Zufall, dass es sehr häufig die gleichen Stimmen sind, welche die Existenz von Rassismus und des menschengemachten Klimawandels leugnen. Der Kampf gegen die ökologische Wende folgt auch knallharten Interessen: Macht, Geld, Vorherrschaft. Diese lassen sich nicht mit einfachen Glaubenssätzen à la »Die Erderwärmung betrifft uns doch alle« beiseiteschieben. Diese Konflikte gehen nicht nur vom rechten Rand aus, sondern durchdringen unsere Geschichte und Gesellschaft mit all ihren Widersprüchen – also ihren Fortschritten ebenso wie ihren Egoismen, Ungleichheiten und Brutalitäten gegenüber Mensch und Natur. In diesem Buch zeigen wir, wie Rechtsextremismus, Rassismus und der Klimawandel zusammenhängen.

Bundespräsident Steinmeier betonte im Juni 2020, dass es nicht ausreiche, kein Rassist zu sein; vielmehr müssten wir auch Antirassisten sein. Damit zitierte er indirekt die afroamerikanische Aktivistin und Wissenschaftlerin Angela Davis: »In einer rassistischen Gesellschaft ist es nicht genug, kein Rassist zu sein. Man muss antirassistisch sein.« Diese Worte waren wohl nie aktueller als in Zeiten einer Klimakrise, in der rassistische Zustände zugleich verstärkt und verschleiert werden. Der menschengemachte Klimawandel geht vor allem auf die Kosten der Schwächeren. Die Kosten unserer Privilegien zahlen andere woanders. Die Rechten leugnen den Klimawandel und damit die strukturelle Ungleichheit, von der sie besonders profitieren. Doch diese Frage betrifft uns alle auch dann, wenn wir im Alltag irgendwie »gegen rechts« sind, die AfD doof und kulturelle Vielfalt gut finden. Kämpfe gegen den Klimawandel, gegen Rechtsextremismus und gegen Rassismus sind nicht das Gleiche, aber dennoch nicht voneinander zu trennen.

In diesem Buch decken wir Argumentationsweisen, ideologische Hintergründe, Strategien und Netzwerke des rechten Kampfs gegen die ökologische Wende auf. Wir liefern Fakten und (Gegen-)Argumente, um klimaleugnenden Antiökolog:innen und rechten Demagog:innen nicht auf den Leim zu gehen. Wir legen offen, dass die Rechte dabei direkt aus unserer Gesellschaft entspringt, und beschreiben die wichtigsten neuen Einflüsse, die die rechte Anti-Klimapolitik prägen. Und wir zeigen Schlussfolgerungen für den Umgang mit unterschiedlichen Formen der Verleugnung und Ablenkung von der Klimakrise durch die völkische und die libertäre Rechte auf.

Zwei Hauptrichtungen rechter Klimapositionen

Wir haben bei unseren Untersuchungen festgestellt, dass sich Positionen zum Klimawandel innerhalb der radikalen Rechten[2] zunächst zu widersprechen scheinen. Einerseits haben sich Stimmen (wieder) etabliert, die Umwelt und Klima als Teil einer Blut-und-Boden-Politik völkisch interpretieren. Sie meinen, der menschengemachte Klimawandel sei die Folge einer im Zerfall begriffenen liberalen Moderne. Diese Stimmen werden unter dem Begriff Ökofaschismus zusammengefasst. Im Jahr 2022 sind ökofaschistische Positionen in Deutschland und in den meisten westlichen Nationen in der radikalen Rechten noch in der Minderheit. Dominant sind andere extreme Deutungen, die sich als wissenschaftsfeindlicher Antiökologismus zusammenfassen lassen. Demzufolge existiert der Klimawandel gar nicht, und wenn er doch anerkannt wird, dann ist der menschliche Einfluss vernachlässigbar. Jeder Versuch, das Klima zu schützen, wird als sinnlos und schädlich eingestuft. Dieser wissenschaftsfeindliche Antiökologismus deutet Klimaschutzpolitik als ein »ideologisches« Projekt, mit dem liberale Eliten das Volk gängeln, seine Freiheit abschaffen und den Wohlstand ruinieren wollen. Wir zeigen in diesem Buch die Ursachen und Folgen dieses Denkens, bei dem Vorherrschaftsansprüche, die Abwehr notwendiger gesellschaftlicher Veränderungen und antidemokratische Verschwörungsideologie eine gefährliche Verbindung eingehen.

Denn die Verleugnung und die Verdrängung des Klimawandels hat auch eine lange Geschichte in der politischen Mitte unserer Gesellschaft. Falschinformationen zum Klimawandel und zu seinen Ursachen wurden lange Zeit von Lobbyist:innen der Energiewirtschaft und der Industrie gestreut und auch von demokratischen Politiker:innen nacherzählt. Es ist notwendig und wissenschaftlicher Konsens, dass vor allem reiche Gesellschaften schnell radikale Veränderungen zum Schutz des Klimas umsetzen müssen. Doch wenn der Klimawandel verleugnet oder kleingeredet wird, scheint es nicht erforderlich zu sein, über den Abschied von Privilegien und eine gerechtere Verteilung von Ressourcen nachzudenken. Besonders jene Kräfte, die Nationalismus und Rassismus propagieren, z. B. »das europäische Abendland« oder »die weiße Vorherrschaft«, boykottieren auch die ökologische Wende. Im Bundestagswahlkampf 2021 plädierten alle demokratischen Parteien für einen stärkeren Klimaschutz, die Rechtsaußenpartei AfD aber nutzte den Wahlkampf, um den menschengemachten Klimawandel zu leugnen und Klimaschutzbestrebungen lächerlich zu machen.

Derzeit weniger verbreitet, aber insbesondere für die Radikalisierung in antisemitische und rassistische Gewalt bedrohlich sind Positionen des Ökofaschismus. Ökofaschist:innen treten zwar demonstrativ für Umwelt- und Klimaschutz ein, doch die Gleichwertigkeit von Menschen und die Demokratie sind ihnen verhasst – auch deshalb, weil deren Ideale von Freiheit und Gleichheit mit dem (uneingelösten) Versprechen eines möglichst hohen Lebensniveaus für alle einhergehen. Dem Ökofaschismus zufolge hat der Versuch, diese Ansprüche zu erreichen, die Ausbeutung natürlicher Ressourcen, die industrielle Massenproduktion und das Anwachsen der Städte erzwungen und führt unausweichlich zum Kollaps. Als wichtigste Ursache des Klimawandels wird die ›Überbevölkerung‹ ausgemacht, insbesondere jene in Afrika, Asien und in der arabischen Welt. Um gegenzusteuern und vermeintlich höherwertigen Völkern das Überleben zu sichern, müsse Schluss sein mit Migration, Wachstum und Urbanisierung. Stattdessen sollten die Menschen zu einem naturnahen Leben zurückkehren. Nach der ökofaschistischen Logik sind extreme soziale Ungleichheit und eine autoritäre Ordnung der Gesellschaft also besser für die Umwelt und das Klima.

Forderungen nach einer Wachstumsbremse (degrowth) und einer Neuordnung des Wirtschaftssystems hört man auch aus anderen politischen Richtungen sowie von ökologischen Aktivist:innen und von Wissenschaftler:innen. Diese radikaldemokratischen Argumente und Meinungen nutzen auch die Rechten. Doch sie deuten Kapitalismus- und Wachstumskritik zu menschenfeindlichem Nationalismus um: Umweltschutz sei Heimatschutz. Der deutsche Wald müsse reingehalten werden und ebenso die deutsche »Rasse«, »Kultur« bzw. »Lebensweise« – dies sei schicksalhaft miteinander verbunden. Linke Globalisierungs- und Kapitalismuskritik der vergangenen Jahrzehnte wird auf rechts gedreht, und über den jahrhundertealten Ökofaschismus werden antisemitische, nationalistische und völkische Interessen wieder in Stellung gebracht. Echte Lösungen gegen die globale Klimakrise liefern die antimodernen, rassistischen und nationalistischen Umdeutungen nicht.

Und die Ökofaschist:innen gehen noch weiter: Letztlich müsse die Population von als minderwertig eingestuften Menschengruppen massiv reduziert und die Vermischung von Kulturen und Ethnien gestoppt werden. Diese menschenfeindliche Einstellung hat Tradition; sie war ein Grundpfeiler des nationalsozialistischen Gedankenguts und wurde nach dem Zweiten Weltkrieg erstmals wieder in den 1960er-Jahren von Wortführern der NPD propagiert. Heute wird diese Ideologie im Umfeld der sogenannten Neuen Rechten einschließlich der AfD diskutiert. Es ist wahrscheinlich, dass solche Positionen bei einer sich zuspitzenden Klimakrise zukünftig an Einfluss gewinnen werden.

Rechte Brücken in die Mitte

Entwicklungen der radikalen Rechten können nie losgelöst von der Gesellschaft verstanden werden, die sie hervorbringt. Das rechte Spektrum bildet eine empfindliche Sonde für gesellschaftliche Probleme, Konflikte und Widersprüche. Die Rechten lösen diese Konflikte einseitig und zum eigenen Vorteil auf, instrumentalisieren Sorgen und Einwände und heizen den Streit um gesellschaftliche Themen an, bis kein rationaler Diskurs mehr möglich ist. Nicht alle, die in der einen oder anderen Frage mit AfD und Co. übereinstimmen, sind deswegen rechtsradikale Demokratiefeind:innen. Aber die bestehenden Brücken von der radikalen Rechten in andere Milieus bergen die Gefahr, dass – wie in den USA und im deutschen Nationalsozialismus – aus Brücken Bündnisse entstehen, die sich gemeinsam gegen die Demokratie wenden. Die Totalität und Komplexität der ökologischen Wende bietet dafür zahlreiche Anknüpfungspunkte.

Die Ursprünge des Klimawandels liegen im expansionistischen Charakter des Kapitalismus und in der Industrialisierung, mit denen eine weltweite Zerstörung der Natur begonnen hat. Diese Verantwortung zu leugnen und auf Privilegien zu beharren schafft die Grundlage für Bündnisse zwischen Vertreter:innen der fossilen Industrie, bürgerlicher Öffentlichkeiten und der radikalen Rechten. Die radikale Rechte zielt auf den Umsturz der herrschenden Ordnung, wenn ihre Machtpositionen innerhalb dieser Ordnung in Gefahr geraten. Ein Bündnis mit konservativen Kräften, um Veränderungen zu verhindern, ist eine von rechts außen beabsichtigte, in einigen Staaten erprobte und in einigen deutschen Bundesländern schon heute wieder realistische Option. Die Gefahr steigt mit der Klimakrise, in der ein »Weiter so« des Status quo in die Katastrophe führen wird. Niemand sollte davon überrascht sein, dass »normale Bürger« den Klimawandel leugnen, die Demokratie ablehnen und mit Rechtsradikalen gemeinsame Sache machen. Die Wurzeln der heute so lauten Stimmen des Antiökologismus liegen nicht allein in radikalisierten Kleingruppen, sondern in den wirtschaftlichen und politischen globalen Entwicklungen der vergangenen Jahrzehnte und Jahrhunderte.

Ellenbogen statt Solidarität

Die teils neuen Protestbündnisse, mit denen in der Coronapandemie unterschiedliche Milieus mit Antisemit:innen und Neonazis gemeinsam gegen staatliche Regeln demonstriert haben, sind Vorboten neuer Konflikte. Sie sind Ausdruck eines radikalisierten und an seine Grenzen stoßenden Neoliberalismus, der staatliche Regulierung zurückweist und in der Alltagskultur, im Arbeitsleben und in der Politik Ellenbogenmentalität fördert und belohnt. So ist eine Kultur entstanden, in der gesellschaftliche Zusammenhänge und Folgen menschlichen Handelns ignoriert und geleugnet werden, denn – so der langjährige Glaubenssatz des Neoliberalismus – jeder ist seines eigenen Glückes Schmied.

Was gilt es stattdessen zu tun? Wir sollten dafür eintreten, dass vermeintlich persönliche Probleme – von Armut über Burn-out und Depression bis hin zu Diskriminierung, Rassismus und den Folgen des Klimawandels – als öffentliche Belange verstanden und behandelt werden. Es sollte klar werden, dass es dabei um strukturelle Probleme innerhalb unserer Gesellschaft geht. Wir dürfen den Missbrauch des Worts »Freiheit« als sprachliche Chiffre für Privilegien und Verantwortungslosigkeit nicht dulden. Wir müssen die Verwobenheit von Diskriminierungen, der Geschichte und Gegenwart unseres Gesellschaftssystems und der monströsen Bedrohung durch den Klimawandel offenlegen. Mit diesem Buch leisten wir dazu einen Beitrag. Dazu fassen wir zunächst die wichtigsten Fakten zum Klimawandel zusammen. Dann zeigen wir, wie der Klimawandel verschiedene Ungerechtigkeiten und Ungleichheiten bereits heute verstärkt und warum in der Regel diejenigen, die am wenigsten dazu beigetragen haben, am stärksten darunter leiden. Antiökolog:innen und Lobbyist:innen leugnen den Klimawandel und profitieren davon in verschiedener Weise: Wir beschreiben deshalb die ideologischen Grundlagen, Netzwerke, Strategien und verbindenden Erzählungen, welche die rechte Klimapolitik heute prägen. Abschließend formulieren wir einige Zukunftsszenarien und zentrale Schlussfolgerungen für den Kampf für Klimagerechtigkeit.

1
Klimarassismus und Kapitalismus

Die Geschichte vom menschengemachten Klimawandel ist die Geschichte vom »Erfolgsmodell Kapitalismus«: Von der Sklaverei über die Industrialisierung bis ins digitale Zeitalter hinein sind die fossilen Brennstoffe der Motor des westlichen Wohlstandswunders gewesen. Und die Geschichte vom menschengemachten Klimawandel war für viele unbestreitbar eine Erfolgsgeschichte, etwa in Hinblick auf Gesundheit, Kindersterblichkeit, Lebenserwartung, Liberalisierung der Werte und mehr. Aber, und so ist es häufig mit guten Geschichten: Sie werden aus einer bestimmten Perspektive und meist mit einer bestimmten Intention erzählt, mindestens aber mit einer bestimmten Wirkung verbunden. Die historische Perspektive, die größtenteils bis heute fortdauert, ist eine weiße, westliche, meist männliche und materiell wie kulturell privilegierte. Und sie dient, gewollt oder nicht, auch dazu, andere Perspektiven zu verschleiern. Wechseln wir die Perspektive – und darum soll es in diesem Buch auch gehen –, ist es eine Geschichte von Ausbeutung, Unterdrückung, Zynismus und aggressiver Verantwortungsabwehr. Kapitalismus wird zu einer Geschichte gravierender Ungleichheiten. Die wesentlichen Dimensionen, über die sich die Ungleichheit mit Blick auf den Klimawandel und seine Folgen äußert, sind rassistische, klassistische und sexistische Ungleichheiten. Ungleichheiten, die nicht aus unterschiedlichen individuellen Leistungen resultieren, sondern aus historischen und strukturellen Benachteiligungen. Und auch der Klimawandel, der bestehende Ungleichheiten noch verstärkt, ist *kapitalismusgemacht.* Kein Wunder also, dass viele in der Klimabewegung fordern: »System change, not climate change!« Ähnlich argumentieren Teile der schwarzen Bürgerrechtsbewegung mit Blick auf die untrennbare Verbindung von Kolonialismus, Sklavenhandel und fortwährender rassistischer Ausbeutung in Anlehnung an Malcolm X: »You can't have capitalism without racism.« Ein Kernproblem geschlechterbezogener Ungleichheitsverhältnisse liegt bis heute in der Normalität, dass als weiblich angesehene Arbeit im Haushalt, bei der Erziehung und bei der Pflege in der einzigen Währung, die im Kapitalismus zählt, nicht vergütet wird.

Sollten wir in diesem Buch dann nicht besser von »Klimakapitalismus« sprechen? Wir haben bewusst den Klimarassismus in den Titel unserer Analyse der rechten Antworten auf die Klimafrage gestellt. Sowohl die Leugnung des menschengemachten Klimawandels als auch ökofaschistische und ökonationalistische Abschottungspläne laufen hinaus auf rassistische Vorherrschaft. Zudem sind die Rechten nicht aufgrund negativer Folgen des Klimawandels für Mensch und Umwelt an sich besorgt, sondern wegen des Globalismus der Wirkungszusammenhänge der Erderwärmung. Vor allem aber wegen der zunehmenden Klimamigration, die sie als Bedrohung deuten. Die Rechte ist nicht besorgt um die Zukunft des Planeten, sondern um ihre Privilegien, die sich aus Weißsein, Reichsein oder Mannsein ergeben haben. Die allermeisten Rechten haben überhaupt nichts gegen den Kapitalismus, in der Regel schweigen sie sich über ihn aus. In der Geschichte waren Antisemitismus, Rassismus und Faschismus immer wieder Bündnispartner gegen vermeintliche oder tatsächliche sozialistische Bewegungen. Natürlich können auch weiße Arbeiter:innen von Klassismus und Sexismus betroffen und damit weniger privilegiert als Reiche sein. Aber in der Abgrenzung zu Migrant:innen, Ausländer:innen oder Frauen funktionieren die Mechanismen der Selbstaufwertung trotzdem. Der autoritäre Fahrradfahrer-Effekt des Nach-unten-Tretens und Nach-oben-Buckelns hat sich insofern modernisiert, als dass nicht mehr die politisch Herrschenden allein die wichtigsten Autoritäten sind. Im Gegenteil sind die liberalen politischen Eliten für einige zu regelrechten Hassobjekten avanciert: Die nationalistische und völkische Rechte behauptet, die Eliten würden das Volk dem »Globalismus« opfern. Die plutokratische und libertäre Rechte nutzt den Populismus, um von extremer Ungleichheit abzulenken und die Wut in der Bevölkerung auf Migrant:innen und vermeintlich oder tatsächlich »Linke« zu lenken. Statt den politisch Herrschenden unterwirft sich die populistische Revolte dem System der Ungleichheit – in der Hoffnung, wenigstens ein paar Krümel mehr abzubekommen als die *anderen*.

Nie, auch nicht bei der sogenannten Querdenker-Bewegung, haben Rechte von sich aus gegen Ungleichheit demonstriert – das wäre in sich widersinnig. Sie ziehen nur gegen Einwanderung oder Eingriffe des Staates zu Felde, die Ungleichheit verringern sollen. Anstatt Sorgen etwa vor finanziellen Lasten der Ärmsten in der ökologischen Wende durch Umverteilung extremer Vermögen zu begegnen, fantasiert die Rechte über nationalistische Scheinlösungen. So fordert die AfD etwa den Dexit, den Austritt Deutschlands aus der Europäischen Union, und verdammt die EU als »Steuergrab« oder als Gefahr für deutsche Freiheiten. Dass nichts der Exportnation wirtschaftlich mehr schaden würde als ein Austritt aus der EU, spielt für die Inszenierung keine Rolle: Hauptsache die anderen sind schuld. Zudem nutzt die Rechte (einschließlich Thilo Sarrazin und anderer bürgerlicher Rassist:innen) seit jeher insbesondere rassistische Erzählungen, um Ungleichheiten als biologisch, natürlich oder kulturell unveränderlich zu erklären. Dieser Erzählung werden Klassenkonflikte und die Genderfrage nicht nur untergeordnet, vielmehr wird durch Rassismus und inszenierte Kulturkämpfe von anderen Ungleichheiten abgelenkt. Rund um den Globus funktioniert in Zeiten von Facebook, Twitter und Co. die Provokations- und Verschleierungstaktik rechter Trolle besonders effektiv, wenn sie nicht über Ungleichheit, aber viel über die Freiheit reden und schreiben. Ulf Poschardt, Chefredakteur von WeltN24, hat die Strategie von Trump und Co. übernommen: »Ich muss nur schreiben: ›Ich freue mich aufs Böllern!‹ Das dauert eine Sekunde, damit halte ich aber eine Kohorte von politisch korrekten Aktivisten, Medienleuten und den zugehörigen politischen und vorpolitischen Raum für 24 Stunden auf Trab. Das ist kulturkämpferisch ein großer Vorteil, wenn man diese Leute mit solchen Miniaktionen beschäftigen kann – und so Kräfte bindet.«[1] Es wäre viel gewonnen, wenn sich darauf konzentriert werden würde, in der realen Welt die noch Ambivalenten für Klimawandel, Ungleichheit und Diskriminierung zu sensibilisieren, anstatt im Netz kostbare Zeit mit ergebnislosen und polarisierenden Scheindebatten zu verschwenden und dabei die toxischen Erzählungen der Weidels, Maaßens und Co. weiterzuverbreiten.

Im Kapitalismus ist der Vorteil des einen meist der Nachteil von anderen, die unsichtbar bleiben. Diese Vor- und Nachteile verteilen sich innerhalb der Gesellschaften entlang der genannten Ungleichheitsdimensionen, im Globalen vor allem zwischen den Ländern des wohlhabenden Nordens und des peripheren Südens. Das Raster ist grob, denn auch zwischen und innerhalb der Länder des Nordens und Südens gibt es Unterschiede in Hinblick auf Ungleichheiten. Die Begriffe des globalen Nordens und Südens bezeichnen nicht nur die geografische Lage von Ländern, sondern die unterschiedliche Verteilung von Reichtum, Armut und industrieller Entwicklung. Das Prinzip, das der globalen Ungleichheit zugrunde liegt, beschreibt der Soziologie Stephan Lessenich in seinem Buch *Neben uns die Sintflut*. Er zeigt, dass wir im globalen Norden Reichtum auf Kosten des globalen Südens anhäufen. Wie wir die negativen Rückkopplungseffekte unseres Wirtschaftens in den globalen Süden auslagern (»externalisieren«), lässt sich auf das Konzept des Klimarassismus übertragen. Lessenich liefert in seinem Buch dabei nicht nur eine hervorragende Analyse der »Externalisierungsgesellschaften«, sondern gibt auch einen Werkzeugkasten an die Hand, mit dem wir die komplexen Beziehungen zwischen den globalen Ungleichheiten, ihren historischen Entstehungsbedingungen, aktuellen Reproduktionsmechanismen und die Einbettung der globalen Ungleichheitsstrukturen in unseren lebenspraktischen Alltag verstehen können.[2] Wir externalisieren die Kosten unseres Wirtschaftssystems und unseres Wohlstands in andere Länder, die dafür den Preis zahlen müssen. Die Kapitalismuskritikerin Naomi Klein ergänzt: »Solange die Reichen und Mächtigen weiter glauben, es gebe ein ›Draußen‹, das ihren Dreck aufnimmt, werden sie erbittert jene Business-as-usual-Maschine schützen, die den Rest von uns den Flammen überlässt.«[3]

Klimarassismus beschreibt in diesem Sinne auf struktureller Ebene die Externalisierung der ökologischen Kosten des industriellen Wohlstands des mehrheitlich weißen Westens auf Kosten mehrheitlich nicht weißer Regionen und Menschen. Darüber hinaus beschreibt Klimarassismus die ideologischen und strategischen Hintergründe der Antworten der Rechten auf die Folgen des Klimawandels und auf Forderungen nach Klimagerechtigkeit. Klimarassismus ist zugleich eine *Struktur* und ein *Mechanismus,* der diese Strukturen reproduziert und legitimiert. Dabei spielt es zunächst keine Rolle, ob wir uns dessen bewusst sind oder nicht, ob wir es gutheißen oder uns dagegen verwehren. Klimarassismus prägt als globales Ungleichheitsprinzip unsere alltagspraktische Lebensrealität: Er ist Teil der Alltagspraxis, die jeden Einzelnen von uns mit diesen Strukturen verbindet. Die Folgen durch CO_2-Emissionen und Umweltschäden bei der Rohstoffgewinnung bekommen vor allem die bereits ohnehin Benachteiligten zu spüren.

Die Möglichkeiten, sich diesen Strukturen zu entziehen,

sind gering – und sie hängen unmittelbar davon ab, welche Ressourcen wir aufbringen können, diese weniger offenkundigen Zusammenhänge zu erkennen und anders zu handeln. All das, was wir als normal gelernt haben und wie wir im Alltag handeln, beschreibt der Begriff des Habitus.[4] Das soziologische Konzept hilft uns, zu verstehen, wie wir durch unser alltägliches Handeln mit globalen Strukturen verbunden sind – nicht weil wir alle Rassist:innen sind, nicht weil wir generell Böses im Schilde führen oder vollkommen gleichgültig gegenüber dem Leid der Welt sind, sondern weil wir uns im Alltag diesen Strukturen tatsächlich nur bedingt entziehen können. Menschen sind keine Rassist:innen, weil sie Verbrenner fahren oder mit Öl heizen. Aufgrund historischer Entwicklungen sind wir in rassistische Strukturen verstrickt. Angelehnt an Lessenich könnte gesagt werden: Wir handeln klimarassistisch, weil *wir es können* und weil *wir es nicht anders können.*[5] Anstatt uns nun in persönliches Schmollen, in Opferinszenierungen, grüne Selbstoptimierung oder moralische Überlegenheitsposen zurückzuziehen, sollten wir daran arbeiten, die Strukturen zu verändern, die diesen destruktiven Habitus hervorbringen. Ein Beitrag dazu ist es, die Mechanismen des Klimarassismus zu verstehen und zu durchbrechen.

Rechte Ideologien jeder Art rechtfertigen Ungleichheiten, die der Kapitalismus erzeugt hat. In diesem Buch machen wir zwei Strömungen aus, die klimarassistische Legitimationen verbreiten: zum einen die radikale Rechte, zum anderen unterschiedliche Strömungen des Neoliberalismus und Rechtslibertarismus. Erstere führen hauptsächlich konkrete rassistische Argumentationsmuster gegen den Klimaschutz ins Feld, während im Neoliberalismus eher klassistisch argumentiert wird. Diese Argumentationsmuster erfüllen nicht nur für diejenigen eine wichtige Funktion, die sich diese Überzeugung zu eigen machen; sie haben auch eine wichtige systemische Funktion, indem sie die Struktur der Ungleichheit ideologisch begründen und zu ihrem Fortbestand beitragen. Auf den ersten Blick könnten die beiden Richtungen kaum unterschiedlicher sein: Die radikale Rechte fordert den nationalen Kollektivismus, überhöht also die Gemeinschaft. Der Neoliberalismus und insbesondere der Rechtslibertarismus fordern hingegen den maximalen Individualismus. Wie wir im weiteren Verlauf sehen werden, argumentieren beide Ideologien trotz fundamentaler Unterschiede an vielen Stellen ähnlich. Dies hat dazu geführt, dass sich Teile beider Bewegungen zu einem rechtsautoritären Neoliberalismus bzw. zum neoliberalen Rechtsautoritarismus verbunden haben. Das wohl offensichtlichste Resultat dieser neoliberal-rechtsautoritären Hochzeit ist der Trumpismus, der sich in unterschiedlichen Formen weltweit als erfolgreiche politische Bewegung der radikalen Rechten etabliert hat.

Neben neuen Allianzen entstanden auch neue Bruchlinien. Auf der Seite der radikalen Rechten setzte sich ein Teil des völkisch-faschistischen Lagers ab: »Am Liberalismus gehen die Völker zugrunde«, schrieb in den 1920er-Jahren Arthur Moeller van den Bruck, ein Vertreter der faschistischen sogenannten Konservativen Revolution. Auf ihn bezieht sich die Neue Rechte heute noch gern. Für sie sind Bündnisse mit »Moderaten« allenfalls Zweckbündnisse für eigene Machtgewinne. Gleichzeitig positionieren sich auch Anhänger:innen des fortschrittlichen Neoliberalismus scharf gegen rechts außen. Doch ob die Abgrenzung nach rechts konsequent und geschlossen ist, beweist sich erst an konkreter Politik. Wie stark es im liberalen Spektrum bröckelt, zeigte sich 2020, als sich der FDP-Mann Thomas Kemmerich in Thüringen mit den Stimmen der rechtsradikalen AfD um Björn Höcke zum Ministerpräsidenten wählen ließ.

Die Antworten auf den Klimawandel sind zumindest auf den ersten Blick unterschiedlich, bisweilen sogar gegenläufig. Im rechtsautoritären Neoliberalismus wird Verschwörungsideologie und Leugnung zum zentralen Bestandteil des Kampfes der »einfachen Leute« gegen die »korrupten Eliten« stilisiert. Diese rechtspopulistische Deutung ist hierzulande am stärksten verbreitet und daher Schwerpunkt dieses Buchs. Im völkischen Flügel der radikalen Rechten wird der Umweltschutz, in Teilen gar der Ökofaschismus, gegen die liberale, »verkommene« westliche Welt in Stellung gebracht. Und im mittlerweile dominanten grünen Neoliberalismus werden technische und marktbasierte Krisenlösungsansätze entwickelt, die den nationalen Vorsprung sichern sollen. Am Ende des Buches werden wir diese Zukunftsszenarien ausführlich diskutieren. Zunächst werfen wir ein Schlaglicht auf das Klima, das für das Leben immer feindlicher wird, und beleuchten die Ursachen und Gefahren der ökologischen Krise.

2

Das Klima wird feindlicher

Unzählige Studien renommierter Wissenschaftler:innen haben die Ursachen und Folgen des menschengemachten Klimawandels über Jahrzehnte dokumentiert. Der Gegenwind war heftig: Für ihre Erkenntnisse und Schlussfolgerungen wurden sie attackiert, ins Lächerliche gezogen, und es wurde versucht, ihre Glaubwürdigkeit zu zerstören. Die Klimaforscher:innen mussten sich gegenüber anderen Wissenschaftler:innen und Politiker:innen Gehör verschaffen und lange Diskussionen führen. Vor allem aber mussten sie lernen, sich mit aufrüttelnden Apellen direkt in die gesellschaftliche Öffentlichkeit zu begeben. Dafür wurde ihnen Übertreibung, Skandalisierung und »unwissenschaftlicher« Aktivismus vorgeworfen – oder aber höflicher Beifall für ihre Warnungen gezollt. Bereits 1978 warnte Hoimar von Ditfurth, der bekannte Physiker und Miterfinder der modernen populärwissenschaftlichen TV-Formate im ZDF: »So jedenfalls, das dürfte klar geworden sein, darf es nicht weitergehen. Sonst würden uns spätestens unsere Enkel mit vollem Recht verfluchen.«[1] Doch auch über vier Jahrzehnte später sind drastische Worte nötig, um auf die Klimakatastrophe aufmerksam zu machen, beispielsweise schreiben Harald Lesch und Klaus Kamphausen von der »Abschaffung« und Hans Joachim Schellnhuber von der »Selbstverbrennung« der Menschheit.[2] Immerhin scheinen das unablässige Warnen und die drastischen Worte nicht umsonst gewesen zu sein. Zumindest kann heutzutage und hierzulande kein Mensch mehr ernsthaft behaupten, nichts über die Gefahren des Klimawandels zu wissen oder wissen zu können. Viele aus der Generation der Enkel:innen und Urenkel:innen, die Hoimar von Ditfurth 1978 erwähnte, engagieren sich heute in der Klimagerechtigkeitsbewegung und erhöhen lautstark den Druck auf die Politik.

Wir, die Autoren dieses Buches, sind keine Klimaforscher, sondern Soziologen und maßen uns nicht an, die Komplexität des Problems vollständig zu durchdringen – obwohl wir uns intensiv damit beschäftigt haben. Doch unser Vertrauen in den transparenten wissenschaftlichen Prozess und in die Arbeit der vielen weltweit angesehenen Forschungseinrichtungen ist groß. Unser Respekt für sie ist während der Recherchen für dieses Buch noch gewachsen. Denn die abstrusen Behauptungen und dreisten Anfeindungen der klimaskeptischen und klimaleugnenden Antiökolog:innen stehen im schroffen Gegensatz zum breiten wissenschaftlichen Konsens über die Existenz und Folgen des menschengemachten Klimawandels. Zehntausende unabhängige Wissenschaftler:innen, die Besten ihrer Fächer, arbeiten weltweit an Prognosen, Modellen und konkreten Wegen, um den Folgen des Klimawandels beizukommen.

Fakten zählen mehr als Meinungen

Renommierte Institutionen haben die zentralen und wissenschaftlich unumstrittenen Fakten über die Entwicklung des Klimas allgemein verständlich aufbereitet.[3] Für die fünf wichtigsten Informationen über den Klimawandel reichen 20 Wörter:

> »Er ist real.
> Wir sind die Ursache.
> Er ist gefährlich.
> Die Fachleute sind sich einig.
> Wir können noch etwas tun.«

Die Fachleute schreiben: »Seit Beginn der Industrialisierung am Ende des 18. Jahrhunderts, also seit mehr als 200 Jahren, nimmt die Konzentration von Treibhausgasen in der Atmosphäre stark zu. Bei Kohlendioxid ist die Ursache hauptsächlich das Verbrennen kohlenstoffhaltiger Energieträger, die im Laufe der Erdgeschichte entstanden sind (›fossile Energieträger‹) – vor allem Kohle, Erdöl und Erdgas. Bei Methan zählen zu den Hauptquellen die intensive Landwirtschaft (insbesondere die Nutztierhaltung) und die Nutzung fossiler Energieträger [...] Lachgas wird vor allem in der Landwirtschaft zusätzlich freigesetzt.«[4] Zugleich setzen Bodenveränderungen, die Vernichtung großer Waldflächen und das Austrocknen von Mooren weitere Treibhausgase frei und verringern die natürlichen Möglichkeiten, Kohlendioxid zu binden. Im Jahr 2020 wurde ein Anstieg der Kohlendioxidkonzentration auf der Nordhalbkugel um fast 50 Prozent gegenüber dem Niveau vor Beginn der Industrialisierung gemessen: »Die CO_2-Konzentration liegt damit viel höher als jemals in den zurückliegenden 800 000 – wahrscheinlich sogar drei Millionen Jahren.«[5] Kohlenstoffdioxid, also CO_2, ist wesentlich für den Treibhauseffekt und damit die Erderwärmung verantwortlich.

Die Verstärkung des Treibhauseffektes durch den Menschen führt dazu, dass im Klimasystem ein Energieüberschuss herrscht. Der wirkt sich vor allem auf die Ozeane aus: Etwa 93 Prozent der Überschussenergie reichert sich in den Weltmeeren an; deren Temperatur steigt, während die Temperatur in der Atmosphäre schwankt. Beispiellos ist im historischen Vergleich der letzten 2000 Jahre der Anstieg der globalen Mitteltemperatur in den vergangenen 200 Jahren und insbesondere den letzten 30 Jahren. Die Wissenschaft ist sich einig: »Die vielfältigen Forschungen haben natürliche Ursachen für den aktuellen, sehr steilen Temperaturanstieg seit Beginn der Industrialisierung ausgeschlossen. Er ist nur durch die menschengemachte Verstärkung des Treibhauseffekts erklärbar.«[6]

Neu sind die Erkenntnisse nicht. Der Weltklimarat (Intergovernmental Panel on Climate Change; IPCC) hat den derzeit gemessenen Temperaturanstieg bereits vor über 30 Jahren vorhergesagt – ebenso wie die Gletscherschmelze, den Anstieg des Meeresspiegels und die Zunahme von Dürren.[7] Klimamodelle, so erschreckend ihre Vorhersagen sind, haben sich immer wieder als zutreffend erwiesen. Dass sie trotzdem keinen angemessenen Ausdruck im Handeln von Politik und Wirtschaft finden, geht auch auf den Druck unterschiedlicher Interessen und Netzwerke zurück.

Fast überall auf der Erde ist die Erhitzung durch menschengemachte Einflüsse messbar und hat bereits historische Ausmaße erreicht: »Die Luft an der Erdoberfläche hat sich gegenüber der vorindustriellen Zeit im globalen Mittel bereits um über ein Grad erwärmt. Ein solches Temperaturniveau gab es laut den verfügbaren paläoklimatischen Daten noch nie während der vergangenen 2000 Jahre und sehr wahrscheinlich auch […] noch nie im Laufe der Geschichte des modernen Menschen.«[8] In Deutschland fällt die gemessene Erwärmung den Daten des Deutschen Wetterdienstes folgend bereits heute stark aus: Demnach war das zurückliegende Jahrzehnt (2011 bis 2020) rund zwei Grad wärmer als die ersten Jahrzehnte der Aufzeichnungen (1881 bis 1910). Auch die Geschwindigkeit, mit der die Temperatur ansteigt, nimmt deutlich zu.[9] Kein Wunder, schließlich hat sich die Industrialisierung massiv ausgebreitet, und entsprechend hat der Ausstoß klimaschädlicher Emissionen stark zugenommen. Damit verbundene Folgen sind bereits jetzt auch hierzulande mehr extreme Hitzetage pro Jahr und weniger sogenannte Eistage mit Temperaturen unter null Grad.

Für das globale Klimasystem gehört das massive Abschmelzen des arktischen Meereises zu den Folgen der Erderwärmung. Dadurch steigen die Meeresspiegel – rund 3,6 Millimeter pro Jahr seit 2006.[10] Bereits heute sind 110 Millionen Menschen weltweit durch den Meeresanstieg bedroht. In den nächsten Jahrzehnten werden durch den fortschreitenden Klimawandel noch viele Millionen dazukommen.[11] Am Ende des Jahrhunderts könnten bis zu 630 Millionen Menschen in Küstenregionen leben, die im Durchschnitt einmal pro Jahr von Hochwasser betroffen sind. Vor allem asiatische Staaten wie China, Bangladesch, Indien, Vietnam, Indonesien, Thailand und die Philippinen sind durch den Anstieg bedroht. Hierzulande wären die Nordseeküsten, Bremen, Hamburg sowie Teile von Schleswig-Holstein und Niedersachsen betroffen – ebenso wie andere Küstenregionen Europas.

Durch den menschengemachten Klimawandel versauern zudem die Ozeane. Das bringt das ökologische Gleichgewicht durcheinander und beschleunigt die Vernichtung von Korallen sowie das Sterben weiterer Arten. Massiv reduzierte und veränderte Fischbestände treffen die Menschen in Küstenregionen zusätzlich zu Hochwassern. Besonders fatal sind die Folgen dort, wo ganze Regionen vom Fischfang leben und wo Generationen über keine anderen Erwerbsperspektiven verfügen oder nicht mal auf Basis einer staatlichen Existenzsicherung versorgt werden.

Ebenfalls schon heute sichtbar ist das massive Abschmelzen der Gebirgsgletscher, das sich seit Beginn der Aufzeichnungen immer stärker beschleunigt hat. Auch die Dauer der Schneebedeckung geht in vielen Regionen der Erde zurück.[12] In unseren Breitengraden führt dies unter anderem dazu, dass der Wintersporttourismus immer mehr einbricht und mit immer höherem Aufwand und Energieeinsatz für künstlichen Schnee gesorgt wird. Doch in den Polarregionen führt das Abschmelzen der Eis- und Schneedecke, die bisher das Sonnenlicht reflektiert hat, dazu, dass sich die dunkleren Flächen erwärmen und somit noch mehr CO_2 in die Atmosphäre gelangt. Dabei handelt es sich um nur ein Beispiel für eine Spirale der Zerstörung natürlicher Grundlagen, für die insbesondere das Verhalten der wohlhabenden Teile der Weltbevölkerung verantwortlich ist.

Ohnehin sind ärmere Menschen und die Bevölkerung ärmerer Länder besonders stark von den Folgen des Klimawandels betroffen – schon heute! Vor katastrophalen Folgen warnt unter anderem der Weltklimarat. In den vergangenen 30 Jahren hat demnach der Klimawandel zu einem deutlichen Ernterückgang geführt, vor allem in Afrika und Südamerika. Überschwemmte Küstenorte, Hitzewellen und Hungersnöte ungeahnten Ausmaßes drohen, wenn es nicht gelingt, die Erderwärmung zu stoppen. Bis 2050 könnten laut dem Weltklimarat Millionen Menschen zusätzlich von Hitzewellen bedroht und durch Hunger gefährdet werden – aufgrund des menschengemachten Klimawandels. Es gibt viele Daten und Fakten zum Klimawandel und zu seinen Folgen für Mensch und Umwelt, die abstrakt anmuten, weil sie uns selbst nicht betreffen oder zu betreffen scheinen. Doch dies ist ein fataler Trugschluss. Es zeugt von Ignoranz für den Kausalzusammenhang, der zwischen der Verursachung der Klimaschäden durch den globalen Norden und der Not des globalen Südens besteht. Und mit dieser Uneinsichtigkeit geht große Empathielosigkeit für das Leiden eines wachsenden Teils der Weltbevölkerung einher. Menschenrechte werden damit infrage gestellt.

Auf massive Weise beeinflusst der Klimawandel die Gesundheit von Menschen. Er prägt und verändert die Chancen für ein gutes Leben, auf Sicherheit, Wohlstand und Frieden. Diese Folgen sind auch denjenigen, die öffentlich die Gefahren leugnen, herunterspielen oder relativieren, oft bekannt. Das (Nicht-)Handeln der Antiökolog:innen basiert nicht auf Unwissenheit, sondern auf Machtinteressen. Sie profitieren davon, die Öffentlichkeit zu beschwichtigen und zu spalten. Denn an den Folgen des Klimawandels werden nicht die Profiteur:innen der Verlängerung des Zeitalters der fossilen Energien am meisten leiden, ebenso wenig die bürgerlichen Beschwichtigungs- und Freiheitsprediger:innen oder die aggressiven Rechtsradikalen. Sie alle sichern heute ihre Privilegien, ihr Kapital und ihre

Macht auf Kosten der Mehrheit der Weltbevölkerung und insbesondere der besonders verletzlichen Gruppen. Die Antiökolog:innen schlagen selbst aus der drohenden Klimakatastrophe noch politisches und finanzielles Kapital. Wie das …? Sie ziehen Aufmerksamkeit auf sich und reden der Öffentlichkeit mit Fehlinformationen und verbalen Beruhigungspillen ein, alles könnte so bleiben, wie es ist: »Nur die Ruhe, konsumieren Sie einfach weiter. Gehen Sie nicht auf die Straße, und wählen Sie bloß keine Parteien, die die Zerstörung der Welt ernsthaft aufhalten wollen!« Sich selbst kaufen sie aus den Folgen der Erderwärmung heraus – mit Klimaanlagen, sicheren Häusern in geschützten Regionen oder gar in Privatstädten. Und geht es nach Ultrareichen wie Elon Musk, dann können diejenigen, die es sich leisten können, in nicht allzu ferner Zukunft sogar ins Weltall fliehen.

Alles nur Science-Fiction? Setzen sich die Emissionen ungebremst fort, könnte sich der weltweite Temperaturdurchschnitt bereits am Ende des 21. Jahrhunderts um mehr als vier Grad erhöht haben. Darauf hat der Weltklimarat in seinem fünften Sachstandsbericht hingewiesen. Auf dem Pariser UN-Klimagipfel wurde 2015 beschlossen, den globalen Temperaturanstieg auf deutlich unter zwei Grad gegenüber vorindustriellem Niveau zu begrenzen, möglichst sollte das 1,5-Grad-Ziel erreicht werden. Doch geht es so weiter wie bisher, dann ist diese Grenze Prognosen zufolge bereits in weniger als einem Jahrzehnt überschritten.[13] Dem unabhängigen Climate Action Tracker folgend wird die mittlere Temperatur 2100 auf dem Stand politischer Maßnahmen aus dem November 2021 um 2,7 Grad gestiegen sein. Besonders deprimierend: Selbst das optimistischste Szenario beschreibt das 1,5-Grad-Ziel gerade noch als den unwahrscheinlichsten Fall der absoluten Untergrenze der Erwärmung – machbar, aber nur mit sofortigen und starken Anstrengungen.[14] Dagegen ist politisches Handeln oft nicht nur unambitioniert bis kontraproduktiv, sondern geradezu verlogen, wenn so getan wird, als würde ein moderater Umbau der Wirtschaft genügen, um die Klimaziele noch zu erreichen. Und dies wäre fundamental wichtig, um irreversible Kipppunkte zu verhindern, an denen sich die unterschiedlichen Klimawandelfolgen gegenseitig so verstärken, dass die Konsequenzen unabsehbar werden. Spätestens mit einem Anstieg der durchschnittlichen Erdtemperatur um zwei Grad, womöglich deutlich früher, werden Kipppunkte erreicht, die chaotische Folgeprozesse auslösen werden.

Kippelemente

Das weltweit renommierte Potsdam-Institut für Klimafolgenforschung (PIK) bezeichnet die Kippelemente als die »Achillesfersen im Erdsystem«.[15] Auf ihrer Homepage erklären die Forscher:innen: »Bereits das Überschreiten einzelner Kipppunkte hat weitreichende Umweltauswirkungen, die die Lebensgrundlage vieler Menschen gefährden. Es besteht zudem das Risiko, dass durch Rückkopplungsprozesse weitere Kipppunkte im Erdsystem überschritten werden und so eine dominoartige Kettenreaktion ausgelöst wird. Eine solche ›Kipp-Kaskade‹ könnte das Erdsystem in eine neue Heißzeit katapultieren.«[16]

Es gibt verschiedene Kippelemente, die Helmholtz-Klima-Initiative warnt besonders vor folgenden:

1. Zerstörung der tropischen Korallenriffe mit einschneidenden Konsequenzen für die Biodiversität der Ozeane
2. Schmelzen des arktischen Meereises und Verlust des natürlichen Eisschutzes vor Sonnenstrahlung und Beschleunigung des Schmelzprozesses
3. Unumkehrbares Abschmelzen des grönländischen Eispanzers und Anstieg der Meeresspiegel, vor allem auf der Südhalbkugel

4. Kollaps des westantarktischen Eisschildes und weiterer Anstieg des Meeresspiegels
5. Auftauen der Permafrostböden und zusätzliche Freisetzung großer Mengen der dort gespeicherten etwa 1700 Milliarden Tonnen Kohlenstoff
6. Methan-Ausgasung aus den Ozeanen in die Atmosphäre
7. Beschädigung der Kohlenstoffaufnahme der Meere durch Versauerung

Wissenschaft und Klimabewegung drängen auf die unbedingte Einhaltung der Klimaziele, um noch schlimmere, nicht mehr rückgängig zu machende Folgen der Erderwärmung zu verhindern. Um das zu schaffen, muss das 1,5-Grad-Ziel erreicht werden. Es bestehen bereits jetzt keine Spielräume mehr. Würde die Erderwärmung überall so schnell verlaufen, wie sie in Deutschland gemessen wird, wäre bereits das Ende der Fahnenstange erreicht. Dabei sind Spielräume wichtig für noch nicht berücksichtigte oder unabsehbare Rückschläge. Der russische Angriff auf die Ukraine ist ein Ereignis, das die Karten auch für die Energie- und Klimapolitik neu mischt. Wenn Donald Trump oder ein anderer klimafeindlicher Rechtsradikaler 2024 als US-Präsident (wieder-)gewählt werden sollte und weitere große kriegerische Konflikte, Wettrüsten oder eine umfassende Wirtschaftskrise ausbrechen würden, hätte dies schwerwiegende Folgen für das Erreichen selbst unambitionierter Klimaziele. Jeder Fort- und Rückschritt in der Politik kann Kettenreaktionen mit tragischen Folgen für das Klima auslösen.

»Schaut einfach nicht hin«

Gern würden wir Optimismus verbreiten, doch die Daten geben dazu wenig Anlass. Selbst das Erreichen der bestmöglichen Szenarien, die von der Politik gern bemüht werden, ist heute kaum mehr möglich. Schlimmer noch: Die Folgen des vom mindestens faschistoiden russischen Präsidenten Putin ausgelösten Angriffskriegs auf die Ukraine und die damit verbundenen geopolitischen Spannungen und Schwerpunktsetzungen der internationalen Politik könnten die internationalen Bemühungen, die klimaschädlichen Emissionen zu reduzieren, um Jahre zurückwerfen – von den katastrophalen Kriegsfolgen für die Menschen in den betroffenen Gebieten, für Menschenrechte, das Völkerrecht und die Demokratie ganz zu schweigen. Jenseits unmittelbarer Folgen für das globale Klima zeigt die Russlandkrise eine monströse Gefahr auf: das Versagen von Politik, Wirtschaft und Gesellschaft, auf Grundlage bekannter Fakten auch dem schlimmsten Fall ins Auge zu sehen und sich auf ihn vorzubereiten. Im Angesicht bedrohlicher Fakten nur auf das Beste zu hoffen hat das Potenzial, die menschliche Zivilisation, wie wir sie kennen, zu vernichten. Und die Muster wiederholen sich: vom ignoranten Umgang mit Rechtsextremismus und -terrorismus, Rassismus und Antisemitismus über Extremwetterkatastrophen und Fluchtbewegungen bis hin zu aggressiven Diktatoren: Regelmäßig hören wir danach: »Darauf waren wir nicht vorbereitet …«, »Das ist etwas völlig Neues …«, »Zeitenwende …«, »Wir waren naiv …«, »Aus heutiger Sicht sind wir klüger …«. Dabei gilt in all diesen Fällen: Es mangelt weder an Warnungen noch an Hilferufen. Die politischen Verantwortungsträger:innen und Entscheider:innen hören schlicht zu oft auf die Falschen – nämlich auf die, denen nationale Vorteile, Profite und Wirtschaftswachstum wichtiger sind als Menschenleben. Doch nicht nur Naivität und Heuchelei vereiteln eine angemessene Vorbereitung auf den Worst Case, sondern auch die engen Verstrickungen zwischen Politik und den klimaschädlichen Industrien.

Der 2021 erschienene Netflix-Film *Don't Look Up* bringt den Zynismus des von Gier, Technologiegläubigkeit, Desinformation und Populismus zerfressenen und von der Klimakatastrophe bedrohten Kapitalismus in den Vereinigten Staaten auf den Punkt: Im Angesicht der Vernichtungsbedrohung des Planeten Erde durch einen riesigen Kometen ignorieren die Mächtigen der Welt zunächst die Warnungen der Wissenschaft. Als die Gefahr öffentlich nicht mehr zu leugnen ist, wird die Wissenschaft lächerlich gemacht und als hysterisch abgeurteilt. Beschwichtigungen, medial aufgeblasene Nebensächlichkeiten und Verschwörungserzählungen lenken die Menschen ab und verdummen sie. Selbst als die Gefahr schon am Himmel sichtbar ist, verbreiten populistische, wissenschafts- und menschenfeindliche Demagog:innen die Parole: »Seht nicht nach oben!«. Schließlich muss die Regierung im Film doch handeln. Aber eine Erfolg versprechende Operation, um die Bahn des Kometen im All umzulenken, bricht die US-Präsidentin ab. Statt den Empfehlungen der unabhängigen Wissenschaft folgt sie den Interessen eines großen Technologieunternehmers, der sich massiven Gewinn aus einem anderen Plan verspricht: Nachdem der Komet gesprengt wird, sollen die wertvollen Rohstoffe der auf die Erde gefallenen Kometenteile ausgebeutet werden. Die amerikanische Öffentlichkeit lässt sich von der Aussicht auf Arbeitsplätze und Wohlstandswachstum begeistern. Nur: Der Plan schlägt fehl, und am Ende zerstört der Komet die Erde – die Menschheit stirbt aus. Mit Ausnahme der Präsidentin, des CEO des Tech-Konzerns und einiger weiterer privilegierter Leute, die in einem Raumschiff von der Erde fliehen können.

Die Parallelen zum öffentlichen, politischen und wirtschaftlichen Umgang mit der Klimakrise liegen auf der Hand: Verleugnung, Ignoranz, Desinformation und die gefährliche Suche nach dem eigenen Vorteil. Grüner Kapitalismus, grünes Wachstum, grüne Energieträger und grüne Produkte sollen die Welt retten. Aber was, wenn das nicht funktioniert? Was, wenn wir immer mehr konsumieren und verbrauchen, weil wir uns einreden, das sei klimaneutral? Wachstum für das Klima ist ein kaum auflösbares Paradox. In den vergangenen Jahren ist eine ganze Reihe neuer »grüner« Produkte entstanden, von Smoothies über Süßigkeiten bis zu Autofabriken, mit dem Versprechen, klimaneutral zu sein. Doch jedes neue Produkt, jede Firma, jede Straße, jedes Auto, jedes Haus, jeder Computer und jedes neue Handy verbraucht schon bei der Produktion Energie und Rohstoffe, die nicht aus vollständigen Recyclingkreisläufen kommen oder nicht vollkommen klimaneutral hergestellt sind. Emissionen und Umweltschäden entstehen auch bei »grünen« Produkten, zum Beispiel bei der Produktion von Batterien für E-Autos. Menschen tun zwar immer der Wirtschaft, aber nur selten dem Klima einen Gefallen, wenn alte Produkte weggeschmissen und gegen neue, klimafreundlichere umgetauscht werden.

Was im Einzelfall bei besonders energieintensiven Produkten sinnvoll sein kann, ist insgesamt noch viel zu oft Greenwashing der Industrie, dient also vor allem der Imagepflege und der Ablenkung von den »Dreckecken«, mit denen nach wie vor der Löwenanteil des Umsatzes erzielt wird. Doch für das Klima gibt es keinen besseren Konsum als den, der nicht stattfindet. Wenn es gelingt, Wohlstand und Ökologie zu vereinen: großartig! Doch was passiert, wenn all die Versprechen des Marktes und der Politik vom grünen Wachstum, vom grünen Wasserstoff, von synthetischen Kraftstoffen und vermeintlich nachhaltigen Produkten nicht ausreichen, um die Welt vor der Klimakatastrophe zu bewahren? Was, wenn die vielen Stimmen recht behalten, die im unaufhörlichen Wirtschaftswachstum nicht die Lösung, sondern den Kern des Problems sehen? Die Ideologie vom Wachstumsparadigma hat die Gesellschaft fest in der Hand.

Der Klimawandel in Deutschland

Selbst wenn die Folgen des Klimawandels in anderen Regionen der Welt viel härter einschlagen: Auch in Deutschland ist Erderwärmung kein fiktives Zukunftsszenario, sondern bereits jetzt Realität. Um die lokalen Folgen verstehen zu können, ist weiter viel Forschung nötig. Extreme Hitze sorgt in den Sommern schon gegenwärtig für immer mehr Todesopfer – vor allem alte und vorerkrankte Menschen sind bedroht. Längst sind die Folgen in der Landwirtschaft und damit bei der Nahrungsmittelproduktion spürbar. Die Gefahr von Dürren und Überschwemmungen nimmt hierzulande zu und führt zu erheblichen Ernteeinbußen.[17]

Gerade der Mangel an Wasser ist eine Herausforderung. Wissenschaftler:innen differenzieren dabei: Der eindeutige Nachweis des Zusammenhangs zwischen einem Rückgang von Niederschlägen über Deutschland und dem menschengemachten Klimawandel ist schwierig. Aber die Indizien sprechen eine deutliche Sprache. So waren die trockenen Jahre 2018, 2019 und 2020 beispiellos für die vergangenen 250 Jahre: »Seit 1766 hat es in Mitteleuropa keine dreijährige Sommer-Dürre dieses Ausmaßes gegeben; mehr als 50 Prozent des Ackerlandes waren davon betroffen.«[18] In diesen Jahren konnten sich die Grundwasserspiegel auch im Winter nicht mehr ausreichend füllen. Doch immer heißere Sommer benötigen immer mehr Wasser – es droht auch hierzulande Wasserknappheit, wie wir sie bereits aus Afrika sowie aus Teilen Südeuropas und den USA kennen. Gleichzeitig nimmt durch immer stärkere Schadstoffbelastungen die Wasserqualität ab. Laut eines Berichts des Bundesumweltministeriums sind nur noch sieben Prozent der

Fließgewässer in Deutschland in einem guten oder sehr guten Zustand, obwohl bis 2027 100 Prozent dieses Ziel erreichen sollten.[19] Hierzulande wirkt sich Wassermangel vor allem auf Landwirtschaft und Transportketten aus: Unter dem Niedrigwasser von Elbe und Rhein in den Trockenjahren 2018 und 2019 litt die Binnenschifffahrt monatelang. Die Erwärmung der Gewässer führt in heißen Sommern dazu, dass Atomkraftwerke ihre Leistung reduzieren müssen, um weitere Überhitzungen der ohnehin schon belasteten Flüsse durch das Kühlwasser zu verhindern.

In dem lesenswerten, preisgekrönten Bestseller *Deutschland 2050* beschreiben die Journalisten Toralf Staud und Nick Reimer facettenreich auf Grundlage zahlreicher Studien, wie sich das Land infolge der bisherigen Emissionen bereits verändert hat und noch verändern wird.[20] Verschiedene Fachleute prognostizieren beispielsweise schon seit Jahren eine Zunahme massiver regionaler Starkregenereignisse. Vor allem aufgrund der klimabedingten Abschwächung des Jetstreams und der Erwärmung der Luft werden Fälle lokalen Starkregens zunehmen. Genau das passierte im Sommer 2021 bei Starkregenereignissen in Nordrhein-Westfalen, Rheinland-Pfalz und Bayern. Mehr als 180 Menschen starben bundesweit. Besonders tragisch war die Entwicklung im Ahrtal – allein im Landkreis Ahrweiler in Rheinland-Pfalz starben 133 Menschen. Hunderte Menschen wurden verletzt, Häuser und Infrastrukturen zerstört. Durch beschädigte Anlagen, Fahrzeuge und Leitungen sind große Mengen an Kraftstoffen, Heizöl und Chemikalien in den Boden gelangt und bedrohen die Wasserqualität zusätzlich. Der finanzielle Schaden geht in die Milliarden. All das, obwohl ein reiches Land wie Deutschland viele Möglichkeiten hat, sich politisch, strukturell und finanziell auf solche Extremfälle vorzubereiten: durch vorausschauende Bauplanung, Warnsysteme und Versicherungen – Möglichkeiten, von denen die allermeisten Menschen auf der Welt nur träumen können. In der Wissenschaft besteht Einigkeit, dass Extremwetterereignisse wie im Ahrtal durch den Klimawandel viel häufiger auftreten werden als in der Vergangenheit.

Rechtsradikale und andere selbst ernannte Querdenker:innen haben den Tod der Menschen aus dem Ahrtal auf verschiedene Weise instrumentalisiert: Politiker:innen der AfD um die Parteivorsitzende Alice Weidel nutzten die Katastrophe, um die menschliche Verantwortung für den Klimawandel insgesamt infrage zu stellen. Der stellvertretende AfD-Bundessprecher Stephan Brandner spekulierte darüber, ob nicht Windräder für die Abschwächung des Jetstreams verantwortlich seien.[21] Begleitet von Leugnung und Desinformationen in den sozialen Medien versuchte die AfD, die Debatte umzulenken: Anstatt über den Klimawandel zu sprechen, gaben sie nur der Regierung die Schuld für fehlerhaften Katastrophenschutz. Gleichzeitig beschwerte sich Alice Weidel bei Twitter, es sei pietätlos, »auf dem Rücken der Opfer nach mehr ›Tempo beim Klimaschutz‹ zu verlangen«,[22] und verunglimpfte Klimaschutzmaßnahmen als »ideologische Projekte«. Zynische Witzeleien, etwa dass kein einziges Windrad die Flut gestoppt habe, und banale Aussagen wie jene, dass eine Rettung von Betroffenen ohne Diesel-Lkws (des Deutschen Roten Kreuzes, des Technischen Hilfswerks und der Bundeswehr) unmöglich gewesen sei, stehen beispielhaft für Relativierung und Leugnung der Notwendigkeit der Energiewende. Einen wichtigen Teil der politischen Kommunikation der AfD im Kontext der Flutkatastrophe stellte allerdings die (an sich berechtigte) Kritik am mangelhaften Hochwasserschutz und am nicht funktionierenden Katastrophenwarnsystem dar, also an defizitärer staatlicher Vorsorge und der Verantwortung demokratischer Politiker:innen dafür. Dieses Bemängeln und Kritisieren kann als wegweisend dafür gesehen werden, wie sich die Rechte zukünftig immer häufiger in der Klimafrage positionieren wird: Anstatt sich in Diskussionen über die Ursachen zu verheddern, werden einfach die Auswirkungen des Klimawandels thematisiert und als Ausgangspunkt genommen, um sich an der angeblichen Widersinnigkeit oder Unzulänglichkeit von Strategien und konkreten Maßnahmen abzuarbeiten. Die AfD spricht von Klimaanpassung statt Klimaschutz. Und zeigt mit dem Finger auf andere, die angeblich nicht genug oder das Falsche tun, um Schaden von der Bevölkerung abzuwenden.

Die katastrophalen Hochwasser in Deutschland im Sommer 2021 waren nur ein Vorgeschmack dessen, was hierzulande in den kommenden Jahrzehnten und Jahrhunderten durch erhöhte Risiken für Hochwasser, Dürren und Waldbrände erwartet werden muss. So schlimm die Extremwetterkatastrophe im Ahrtal und anderen Regionen im Sommer 2021 war: Sie verblasst gegenüber den Folgen von Klimawandel und Extremwetterereignissen in anderen Teilen der Welt. Und zwar besonders in den Teilen der Welt, in denen die Bevölkerung viel ärmer und verletzlicher ist als im reichen Deutschland. Der globale Klima-Risiko-Index von Germanwatch zeigt, wie stark Länder von Wetterextremen wie Überschwemmungen, Stürmen und Hitzewellen betroffen sind.[23] Im Zeitraum von 2000 bis 2019 war unter den am stärksten betroffenen Regionen kein Land in Europa, Nordamerika und auch nicht Australien oder Neuseeland. Südamerika, Afrika und Asien sind schon heute die Hauptleidtragenden. Die sogenannten weniger entwickelten Länder sind generell stärker betroffen als Industrieländer. Mit der steigenden Erderwärmung wird dieser Trend noch zunehmen.

All das zeigt nicht nur, dass der menschengemachte Klimawandel real und gefährlich ist. Es offenbart auch: Der Klimawandel ist hier, und er ist heute. Seine Auswirkungen im globalen Süden sind um ein Vielfaches tödlicher als hierzulande. Wassernotstände, Hungerkatastrophen und gewalttätige Verteilungskonflikte sind Teil der Realität des menschengemachten Klimawandels, auch wenn wir es im Alltag des westlichen Wohlstands oft nicht sehen (wollen).

3

Menschengemachter Klimawandel?

Haben Sie schon einmal genauer über die Formulierung vom »menschengemachten Klimawandel« nachgedacht? Einige Unbelehrbare leugnen den faktisch unstrittigen Einfluss des Menschen auf das Klima noch immer. Doch auch für Realist:innen lohnt es sich, über den Begriff einen Moment kritisch nachzudenken. Bereits ein kleiner Rückblick in die Geschichte veranschaulicht die Monstrosität der Erderwärmung und den Irrtum bei der Rede vom menschengemachten Klimawandel. Die ältesten archäologischen Funde, die die Existenz des Homo sapiens belegen, sind etwa 300 000 Jahre alt. Seit dieser Zeit gibt es Menschen. Doch die Ursachen des Prozesses, den wir als menschengemachten Klimawandel beschreiben, liegen nur in den vergangenen rund 200 Jahren der Industrialisierung! Erst seit dieser Zeit emittieren Menschen in einem klimaschädlichen Ausmaß Gase, die über einen jahrzehntelangen Prozess die Atmosphäre aufheizen.

Besonders stark gestiegen sind die Temperaturen und die Belastungen der Atmosphäre seit der dritten industriellen Revolution etwa ab den 1970er-Jahren. Die Hauptursache für die Erderwärmung ist der Massenkonsum großer Teile der westlichen Bevölkerungen und später auch der Bevölkerungen von rasant industrialisierten Ländern wie China. Die Erfolgsgeschichten von Industrialisierung und modernem Kapitalismus stecken voller Widersprüche und bergen Vor- und Nachteile: Einerseits hat die kapitalistische Massenproduktion zu massiven Verbesserungen der Lebensqualität geführt. Andererseits sitzen wir auf einem Berg überflüssiger Konsumprodukte (meist aus Kunststoff) und leisten uns einen überbordenden Energieverbrauch, der sämtliche Ressourcen auffrisst und jeglicher Vernunft entbehrt. Die Kritik daran gibt es schon so lange wie das kapitalistische Produktions- und Konsumsystem selbst, doch sie hat erst in den 1960er-Jahren breitere Bevölkerungsschichten erreicht und einen »postmaterialistischen« Wertewandel begünstigt. Nicht nur viele Menschen, die einen hohen Lebensstandard hatten und für die der Konsum alltäglich geworden war, begannen den Überkonsum infrage zu stellen; auch jene, die von den Fleischtrögen des Konsumkapitalismus bisher ferngehalten, in der Gesellschaft diskriminiert und kulturell benachteiligt worden waren, begannen ihre Stimmen zu erheben und organisierten sich in neuen sozialen Bewegungen. Mit dem Wertewandel haben ökologisches Bewusstsein, aber auch das Eintreten für Gendergerechtigkeit, Minderheitenrechte, weltweite Solidarität und offene Grenzen an Bedeutung gewonnen – und zwar nicht nur im globalen Norden. In dieser Tradition steht die globale Bewegung für Klimagerechtigkeit samt der großen Unterstützung aus der Wissenschaft. Doch ist das Ziel der Klimagerechtigkeit zu erreichen?

Klar ist: Die erdgeschichtliche Dimension der sogenannten menschengemachten Erderwärmung ist schwindelerregend. Die Kurve der CO_2-Belastung steigt seit der zweiten Hälfte des 20. Jahrhunderts besonders steil. Kein Wunder, dass so viele Menschen sich weigern, überhaupt nur ernsthaft darüber nachzudenken: Mehr als 299 800 Jahre konnten Menschen auf diesem Planeten leben, ohne ihn an den Rand des Ruins zu treiben. Die längste Zeit war das für die allermeisten Menschen ein sehr entbehrungsreiches und oft nur kurzes Leben. Ein Leben, in dem Demokratie und Menschenrechte keine Rolle spielten. Heute dagegen sehen einige ihre Freiheit schon dann bedroht, wenn ihnen Klimaschützer:innen oder Ärzt:innen raten, nicht jeden Tag Fleisch zu essen.

Bleiben wir optimistisch: Menschen sind anpassungsfähig. Auf dem Stand des heutigen Fortschritts sind radikale Veränderungen möglich, ohne in Barbarei zu verfallen. Industrialisierung und moderne Wirtschaft haben das Leben auf dem Planeten für sehr, sehr viele Menschen überhaupt erst ermöglicht, es verbessert und verlängert. Doch es sind nicht alle Menschen gleich verantwortlich für den Klimawandel. Die Erderwärmung ist nicht einfach von allen Menschen gemacht – sie ist *industrie*gemacht. Die Ursprünge der Erderwärmung liegen insbesondere im Handeln reicher weißer Menschen im globalen Norden. Der Klimawandel ist entstanden durch das Modell westlicher Industriegesellschaften und dessen mitunter gewaltvolle internationale Durchsetzung. Nicht alle Menschen profitieren und leiden unter dem Klimawandel gleich. Es ist ein typischer Teil der Alltagsideologie im modernen Neoliberalismus, den Menschen glauben zu machen, es seien alle verantwortlich. Dann nämlich fragt kaum jemand nach konkreter Verantwortung, nach extremer Ungleichheit, eigenen Privilegien oder gar nach dem System.

Die Rede vom menschengemachten Klimawandel steht ideologisch im Geiste des Neoliberalismus, denn das Problem der Erderwärmung wird individualisiert und die Lösung des Problems damit privatisiert. Die Menschen sind verantwortlich, also irgendwie alle! Ja, Sie, die Bürgerinnen und Bürger, sind schuld! – Nicht die Industrie, nicht die Politik, nicht die Reichen, nicht der Expansionismus des globalen Nordens und schon gar nicht der toxische Imperativ des ständigen Wirtschafts- und Wohlstandswachstums! Also los, kaufen Sie ein E-Auto und optimiertes Biofood! Trennen Sie Müll, und denken Sie darüber nach, was Sie noch ändern können, statt darüber, wie sich das System ändern muss. Und wenn wir alle persönlich im Alltag ein bisschen achtsam sind, dann werden wir den Planeten schon retten. Aber bloß kein Aufruhr! In diesem Sinne wird häufig vom persönlichen ökologischen Fußabdruck gesprochen. Der individuelle Fußabdruck steht für Verantwortungsbereitschaft und ökologische Nachhaltigkeit. Oft wird er in Verbindung gebracht mit einem »Freikaufen« durch CO_2-Zertifikate, die zum Beispiel durch Flüge verursachte Emissionen ausgleichen. Aber gleichzeitig verschleiert dieser persönliche Fußabdruck Verantwortlichkeiten und Ungleichheiten der Klimakrise. Und das liegt insbesondere im Interesse derjenigen, die vom globalen Raubbau am stärksten profitieren. Es ist daher nicht verwunderlich, dass rechte und neoliberale Akteur:innen und fossile Großunternehmen das Konzept des individuellen Fußabdrucks lautstark bewerben. Ausgerechnet eines der ersten Angebote, den individuellen Fußabdruck bequem online berechnen zu lassen, ging auf Initiative des Öl-Giganten BP zurück.[1]

Es reicht nicht, wenn sich alle ein bisschen persönlich anpassen. Wir müssen uns *und* das System ändern. Für große Teile der Bevölkerung kommt freiwilliger Verzicht ohnehin nicht infrage: Die einen wollen nicht, und die anderen können nicht.

Wir sollten nicht aus den Augen verlieren, dass für den mit materiellem Überfluss verbundenen Luxus, der massiv für klimaschädliche Emissionen sorgt, nur ein Teil der Menschheit verantwortlich ist. Es können nicht alle Menschen ein bisschen verzichten. Die Welthungerhilfe stellt fest: »Alle 13 Sekunden stirbt ein Kind unter fünf Jahren an den Folgen von Hunger. Bis zu 811 Millionen Menschen hungern, über zwei Milliarden leiden an Mangelernährung.«[2] Vor allem im globalen Süden leben viele Menschen, die an Hunger leiden oder als Tagelöhner:innen auf den giftigen Deponien des Wohlstandsmülls des globalen Nordens versuchen, sich über Wasser zu halten. Im Gegensatz zu den allermeisten von uns können sie auf nichts verzichten. Und auch in Deutschland können nicht alle gleich verzichten. Wenn also Verzicht Teil der Lösung ist, dann kann das nur bedeuten: Es können nicht alle gleich verzichten. Die, die auf viel verzichten können, müssen auf mehr verzichten. Es ist ein geradezu hinterhältiger Trick, dass die Debatte über die sozialen Folgen der ökologischen Wende auf dem Rücken derer ausgetragen wird, die sowohl dem Klimawandel als auch der Klimaschutz- und Klimaanpassungspolitik besonders verletzlich gegenüberstehen. Die ökologische Wende muss daher auch eine soziale sein.

Weiße Vorherrschaft und Verantwortungslosigkeit

Der bekannte Naturwissenschaftler Harald Lesch spricht davon, dass die Menschheit sich abschafft. Nicht eine herbeifantasierte »Islamisierung« schafft das »Abendland« ab, wie die radikale Rechte propagiert. Nicht das »Abendland« steht vor dem Untergang, sondern viele pazifische Inseln werden faktisch vom abendländischen Modell der Industriegesellschaft im Meer versenkt, ebenso Küstengebiete auf der ganzen Welt. Es ist gerade das Modell der westlichen Industriegesellschaften, des christlich geprägten »Abendlandes«, der aufgeklärten Demokratien, der weißen Vorherrschaft, der Weltordnung der Ungleichheit, der enormen Vermögen und der männlichen Herrschaft, das die Menschheit im globalen Süden vernichtet. Die Sündenbocksuche der Rechten ist die Flucht vor der eigenen Verantwortung. Der Rechtsextremismus ist die politische Strömung, die die aggressive Verteidigung und auf Lügen und Hass gründende Rechtfertigung bestehender Ungleichheiten organisiert. Darunter leiden auf der ganzen Welt vor allem nichtweiße Menschen.

Die Ursachen des Klimawandels, also die Treibhausgasemissionen, können nur in den Ländern beseitigt werden, in denen sie entstehen. Doch diese Länder sind in den vergangenen Jahren unter massiven Druck der äußersten Rechten geraten – oder wie in den USA unter Donald Trump sogar in deren Hände gefallen. Der Aufstieg der Rechten und die Zurückweisung der westlichen Verantwortung für den Klimawandel hängen unmittelbar miteinander zusammen. Der aggressive Kampf für »white supremacy« (weiße Vorherrschaft) ist die Radikalisierung bestehender Ungleichheiten zum Vorteil des weißen globalen Nordens. Und darin liegt die Gefahr: Die radikal rechten Rechtfertigungen der globalen Vorherrschaft des weißen Westens sind deshalb so effektive Brückenerzählungen, weil sie auch Haltungen von breiteren Bevölkerungsschichten in extremer Form widerspiegeln. Gleichzeitig treiben sie so den Diskurs in ihrem Sinne voran und radikalisieren ihn weiter. Die feindliche Ablehnung von geflüchteten Menschen und anderen Migrant:innen aus dem globalen Süden in den vergangenen Jahren ist Ausdruck der Abwehr von Verantwortung für extreme globale Ungleichheit und gewalttätige Konflikte in der Welt. In vielen globalen Konflikten liegen die Interessen des Westens in Rohstoffen, stabilen Handelsmärkten und -routen. Durch die Globalisierung der Wirtschaft ist der Norden längst abhängig vom Süden. Das haben viele erkannt und fürchten, der globale Norden könnte Macht und Kontrolle über diese Abhängigkeiten verlieren und müsste irgendwann auf echter Augenhöhe mit der Bevölkerung in Afrika, Südamerika oder Asien verhandeln. Das würde einen massiven Verlust an Privilegien und Überlegenheit bedeuten. Doch gerade der Klimawandel erfordert mehr internationale Zusammenarbeit, denn er ist nicht zu bremsen, wenn die sich entwickelnden Wachstumsmärkte nicht die fossilen Energien überspringen und gleich zu einer ökologischen Wirtschaft übergehen. Das grüne Wirtschaftswachstum im Norden ist massiv abhängig von Rohstoffen, die vor allem im globalen Süden abgebaut werden. Bei der Produktion klimaneutraler Energieträger wie dem grünen Wasserstoff liegen die Hoffnungen vor allem auf den sonnenreichen Wüstengebieten.

Paradox am Erstarken der radikalen Rechten weltweit scheint, dass es in einem Umfeld gesellschaftlicher Emanzipation und Liberalisierung geschieht. Die öffentliche Sensibilität für Rassismus, Sexismus und Ungerechtigkeit ist in den vergangenen Jahrzehnten deutlich gestiegen. Stärker als früher muss die Ungleichbehandlung von Menschen heute gerechtfertigt werden. Dafür hat die radikale Rechte jede Menge Vorwände. Ungleichwertigkeit wird als etwas Natürliches dargestellt und Ungleichheit damit normalisiert. Männer und Frauen, Schwarze und Weiße, Araber:innen und Europäer:innen seien so unterschiedlich, dass sie nicht dieselben Bedürfnisse, Chancen und Rechte haben müssten. Die rechte Mobilisierung ist eine reaktionäre, weltweit organisierte Bewegung, die sich gegen die politischen Liberalisierungstendenzen der vergangenen Jahrzehnte stemmt. Mit Propaganda, Falschinformationen und Hasskriminalität wird versucht, historisch gewachsene, sozial und politisch gemachte Ungleichheiten am Leben zu erhalten. Mit der Leugnung und Bagatellisierung des Klimawandels gehen dabei zwei Dinge einher: Erstens wird die Verantwortung für den eigenen Lebensstil und die Geschichte der eigenen Kultur geleugnet. Zweitens wird damit gerechtfertigt, dass vor allem Menschen mit weniger Macht und Kapital im eigenen Land und auf der ganzen Welt unter diesem Lebensstil leiden.

Die Frage, die Antiökologismus, Rassismus und radikale Rechte antreibt, lautet: Was wird aus uns, wenn der Rest der Welt sein Recht auf Chancengleichheit einfordert? Die von kollektiven Ängsten getriebene Radikalisierung dieses Gedankens lässt nur eine Lösung zu: »Wir zuerst!« Das bedeutet: Abschottung und Dominanz. In eiskalter Konsequenz bedeutet das: Es führt kein Weg vorbei an der Abschaffung des demokratischen Anspruchs auf Gleichheit und Menschenrechte und an der Anwendung von Gewalt. Was beim Kampf um die Deutungshoheit in Gesellschaft und Öffentlichkeit beginnt, macht schließlich auch nicht halt vor dem gewaltsamen Sturm auf die Parlamente. So wie beim Angriff auf das Kapitol in Washington durch einen Mob aus Trump-Anhänger:innen am 6. Januar 2021.

Der Rechtsextremismus stellt nicht nur die Frage nach dem Umgang mit einigen Radikalisierten, mit Bewegungen, Parteien und sogenannten Alternativmedien. Er stellt der Gesellschaft, der er entspringt, auch die Frage: Wie gehen wir damit um, dass unser eigenes Wertesystem zwar allen Menschen gleiche Chancen zugesteht, unsere Lebensweise aber genau das verhindert? Denn die Ressourcen, die wir seit Jahren überverbrauchen, stehen für andere unwiederbringlich nicht mehr zur Verfügung.

4

Globale Klimaungerechtigkeiten

Um den Klimawandel in diesem Jahrhundert aufzuhalten oder zumindest abzubremsen, darf die Welt nur noch eine bestimmte Menge an Treibhausgasen ausstoßen. Denn, wie Sönke Zaehle, Direktor am Max-Planck-Institut für Biogeochemie und Mitautor des 6. Sachstandsberichts des Weltklimarats, sagt: »Jede zusätzliche Tonne CO_2 führt zu einer zusätzlichen Erwärmung.«[1] Dem Bericht des Weltklimarats von 2021 folgend, dürfen weltweit nur noch etwa 400 Gigatonnen CO_2 freigesetzt werden, um das 1,5-Grad-Ziel zu erreichen. Das heißt, die globale Durchschnittstemperatur steigt bis zum Ende des Jahrhunderts um 1,5 Grad. Ausgehend von dieser errechneten Obergrenze und den aktuellen weltweiten Emissionen haben Wissenschaftler:innen eine CO_2-Uhr programmiert. Sie zeigt an, wann das noch zur Verfügung stehende CO_2-Budget für das 1,5-Grad- und für das 2-Grad-Ziel erreicht ist. Bei der Fertigstellung dieses Buchs im April 2022 blieben der Welt gerade einmal fünf Jahre »Weiter so«, bis so viele Emissionen in die Atmosphäre gelangt sind, dass sich die globale Durchschnittstemperatur zum Ende des Jahrhunderts um mehr als 1,5 Grad erhitzen wird.

Die Zeit läuft ab – und zwar schnell. Das bedeutet nicht nur, dass die größten Emittenten sehr, sehr schnell Emissionen reduzieren müssen. Das heißt auch, dass für bisher weniger industrialisierte Regionen der Welt, die in den letzten 200 Jahren kaum Treibhausgase ausgestoßen haben, nur noch ein kleines CO_2-Budget zur Verfügung steht – viel weniger, als wir es für unser Wachstum hatten. Denn was die westlichen Industrien bereits emittiert haben, ist weg. Für immer. Ein Kuchen lässt sich nicht zweimal essen. Wenn mehr Menschen am Tisch sitzen, die man zuvor nicht reinlassen wollte, droht Streit um die verbliebenen Krümel.

Um den weltweiten CO_2-Ausstoß zu reduzieren, wurden auf Grundlage des Kyoto-Protokolls aus dem Jahr 1997 Emissionshandelssysteme entwickelt: Die Bepreisung von CO_2 und der Handel mit Zertifikaten sollen Steuerinstrumente sein, um die Emissionen zu reduzieren. Die Grundidee: Die »Nachfrage« nach CO_2 würde sinken, weil die Unternehmen Kosten einsparen wollten. Doch in der bisherigen Praxis haben sich jene Industrien, die es sich leisten konnten, oft »freigekauft«. Erhöhte Preise – z.B. für Energie aus fossilen Rohstoffen – haben sie an die Verbraucher:innen weitergegeben. Die Zertifikate wurden daraufhin künstlich verknappt, und die Preise sind angestiegen, doch der erhoffte positive Effekt der CO_2-Reduzierung hat sich bisher nicht eingestellt.[2] Stattdessen sind die Zertifikate Spekulationsobjekte geworden. Das treibt nach Einschätzung des Wirtschaftsexperten Peter Bofinger die Energiepreise nach oben und zementiert im globalen Maßstab den Status quo der Ungleichheit von Volkswirtschaften, anstatt den Klimazielen zu dienen. Eine CO_2-Steuer würde den Ausstoß viel effektiver senken als der Handel mit Zertifikaten.[3] Der Zertifikatehandel existiert bisher nicht weltweit, sondern nur in Deutschland und in der EU, in der Schweiz, in Teilen der USA und Kanadas, Australiens, Japans, in Neuseeland und in China.[4] Die Länder des globalen Südens können aus der Bepreisung des CO_2 keine finanziellen Einnahmen generieren, die sie in den Klimaschutz investieren könnten. Sie sind weiter mit den Folgen des Treibhausgasausstoßes durch die genannten Industrieländer konfrontiert. Zahlreiche Kritiker:innen weisen immer wieder auf dieses Gerechtigkeitsdefizit hin – und darauf, dass der CO_2-Preis noch viel zu gering sei, um die »Nachfrage« sinken zu lassen.[5] Ein Schweizer Autorenteam konstatierte 2020: »Der Emissionshandel schadet dem Klimaschutz.«[6]

Beim Gerangel um die CO_2-Emissionen und im Pokerspiel um die Klimaschutzziele geht es in Hinblick auf die Aufteilung der Welt und ihrer Ressourcen zu wie immer: Die machtstärkeren Etablierten versuchen, den Kuchen unter sich aufzuteilen und die neu Dazukommenden auszuschließen oder kleinzuhalten. Die Ungleichheiten und Ungerechtigkeiten der Vergangenheit lassen sich nicht mehr ändern. Zugleich wirken sie fort: Wenn es überhaupt möglich ist, die klimatischen Ungerechtigkeiten zukünftig auszugleichen, dann nur, wenn die Reichen es den Ärmeren ermöglichen, das fossile Zeitalter zu überspringen. Dies hieße zugleich, den eigenen technologischen Fortschritt allen zugänglich zu machen. Leider ist das kein realistisches Szenario in einer auf Wettbewerb basierenden Gesellschafts- und Weltordnung. Erinnert sei an Deutschlands Weigerung, die Freigabe von Patenten für Impfstoffe gegen das neuartige Coronavirus für den globalen Süden zu unterstützen.

Der Anteil der Länder an den weltweiten CO_2-Emissionen ist extrem ungleich verteilt. Über Jahrzehnte belegten die westlichen Industrienationen – allen voran die USA – Spitzenplätze beim weltweiten CO_2-Ausstoß. Europa und Nordamerika allein produzieren über 60 Prozent der weltweiten Emissionen, rund weitere 30 Prozent kommen aus Asien. Auf dem asiatischen Kontinent wurde nicht nur das Modell westlicher Industrie- und Konsumgesellschaft übernommen. Viele asiatische Länder wie China entwickelten sich vor allem durch miserable Bedingungen für Arbeitnehmer:innen als Werkbank für den Westen zu Wirtschaftsmächten und Klimaverpestern. Auch wenn das undemokratische China heute eine politische, wirtschaftliche und militärische Weltmacht ist: Die industrielle Blaupause entstammt dem westlichen (Wirtschafts-)Kolonialismus.

Die europäischen Nationen mit Kolonialismusgeschichte haben nicht nur indigene Bevölkerungen gewaltvoll unterworfen, Menschen zu Sklaven erklärt, ausgebeutet und am Handel mit ihnen verdient. Ebenfalls gewaltvoll unterwerfen sie bis heute die Natur und beuten die natürlichen Ressourcen aus. Die historisch von weißen Männern aus Europa entwickelte und gewaltsam auf die ganze Welt exportierte Lebensweise hat sich diversifiziert. Das vorherrschende Kapitalismusmodell ist durch Emanzipationsbewegungen und unter den Bedingungen sich demokratisierender liberaler Gesellschaften integrativer und inklusiver geworden. Über die Zeit profitierten davon auch einige sogenannte Entwicklungs- und Schwellenländer, beispielsweise China, und übernahmen in Teilen die imperiale Lebensweise. Die historischen Wurzeln des Kolonialismus strukturieren noch heute den Klima-Kolonialismus.

Die anderen sind schuld!

Besonders von Rechten ist oft zu hören: Selbst wenn es einen menschengemachten Klimawandel geben sollte, dann wäre Deutschland ja nur für 1,8 Prozent der weltweiten CO_2-Belastungen durch Nutzung fossiler Brennstoffe, durch industrielle Prozesse und Konsum verantwortlich. So weit, so korrekt.[7] Diese Fakten zeigen vor allem, wie wichtig weltweite Bemühungen sind. Durch seinen großen wirtschaftlichen, technologischen und politischen Einfluss kommt Deutschland dennoch große Verantwortung zu. Und ohnehin ist eine andere Kennzahl für den CO_2-Ausstoß wichtiger: die CO_2-Emissionen pro Kopf. Dieser Wert gibt an, wie viel CO_2 jeder Mensch statistisch in einem Land emittiert. Damit kann der Anteil eines Landes an der Weltbevölkerung berücksichtigt und ins Verhältnis zu einer gerechten Verteilung gesetzt werden. Gerecht wäre es, wenn jedem Menschen auf der Welt etwa die gleiche

Menge CO_2 zur Verfügung stehen würde. Gleiches gilt auch für andere Treibhausgase.

Im weltweiten Durchschnitt wurden im Jahr 2019 (also vor der Coronapandemie) pro Kopf der Weltbevölkerung etwa 4,9 Tonnen CO_2 emittiert.[8] Dabei unterscheidet sich der Ausstoß zwischen Ländern und Kontinenten enorm. Am höchsten waren die Emissionen pro Kopf in Katar: 38,8 Tonnen CO_2 wurden hier pro Bewohner:in emittiert. Katar ist mit weniger als drei Millionen Einwohner:innen nur ein Zwergstaat. Dennoch ist das Zeichen deutlich: Eindeutiger als der korrupte Weltfußballverband FIFA mit seiner Entscheidung, die Fußballweltmeisterschaft 2022 ausgerechnet im heißen Wüstenstaat stattfinden zu lassen, kann man dem Klima kaum den Stinkefinger zeigen.

Mit 15,5 Tonnen CO_2-Emissionen pro Kopf gehören die USA, stärkste Volkswirtschaft der Welt, noch immer zu den größten Klimaschädigern. In Deutschland lagen die CO_2-Emissionen pro Kopf 2020 bei 8,5 Tonnen und damit etwas höher als in China (8,1 Tonnen). Die beliebte Ausrede, China sei mit seinen 1,4 Milliarden Einwohner:innen und seinen vielen Produktionsstätten für den Export in die ganze Welt doch viel schlimmer als Deutschland, funktioniert also nicht. Die Deutschen müssen, ebenso wie alle anderen Industriegesellschaften, auf sich schauen. Orientieren wir uns lieber an denen, die besser sind: zum Beispiel Schweden (4,4 Tonnen), Rumänien (4,0 Tonnen), Schweiz und Liechtenstein (4,5 Tonnen) oder gar Nepal (0,5 Tonnen). Zwischen den Ländern Afrikas hat der durchschnittliche Pro-Kopf-Verbrauch eine große Spannbreite. In Südafrika liegt er mit 8,5 Tonnen auf dem gleichen Niveau wie in Deutschland. Doch in den meisten Ländern Afrikas sind die Pro-Kopf-Emissionen um ein Vielfaches geringer – in Uganda liegt der Wert beispielsweise bei 0,1 Tonnen. Der durchschnittliche CO_2-Ausstoß pro Kopf des gesamten Kontinents beträgt nur eine knappe Tonne und markiert damit das Ziel für die ganze Welt. Denn das Umweltbundesamt nennt ein äußerst ambitioniertes Ziel: Demnach sei ein weltweiter Pro-Kopf-Ausstoß von weniger als einer Tonne klimaverträglich.[9] Technologisch ist es höchstwahrscheinlich möglich, eine extreme Reduzierung der Emissionen ohne Armut und Hunger zu erreichen. Doch sind wir auch politisch dazu bereit? Verändern muss sich vor allem unser System und unsere Lebensweise – schließlich ist der extrem reiche Teil der Bevölkerung im Norden für ein Vielfaches der Emissionen verantwortlich, verglichen mit dem Wert, der ihm gerechterweise zustehen würde.

Es trifft nicht alle gleich I: Klimarassismus

Systematisch leiden im globalen Süden Black, Indigenous, and People of Color (BIPoC), also nichtweiße Menschen, und andere historisch unterdrückte Gruppen stärker unter dem Klimawandel als dessen Hauptverursacher:innen. Die Verantwortlichen leben in den überwiegend weißen Industrienationen mit Kolonialisierungshintergrund, sodass heute auch von neuen Verhältnissen einer Klimaapartheid gesprochen wird. Der Begriff Klimarassismus beschreibt die ungleiche Verteilung von Folgen und Kosten, die durch den von der Industrialisierung verursachten Klimawandel entstehen. Er trifft besonders hart das Leben und die Lebensräume gesellschaftlicher Gruppen, die historisch und aktuell ohnehin bereits benachteiligt sind. Gleichzeitig haben vor allem Weiße zum Vorteil ihrer Eigeninteressen, für Macht, Profit und Privilegien Strukturen geschaffen, die Black, Indigenous and People of Color benachteiligen. Zu den klimarassistischen Folgen gehören auch solche Belastungen, die aus den Maßnahmen für den Klimaschutz oder die Klimaanpassung resultieren, beispielsweise die Gewinnung von Rohstoffen für Elektromobilität.

Diejenigen, die am wenigsten für den Klimawandel verantwortlich sind, leiden am meisten unter seinen Folgen. Es ist einfach, sich in Deutschland unter Verweis auf Arbeitsplätze oder andere Nebenwirkungen der ökologischen Wende aus der Verantwortung zu ziehen. Unter den Strukturen der Ungleichheit leiden andere. Wie bei allen Formen von strukturellem Rassismus gilt auch bei der Klimafrage, dass wir diese Form des Rassismus nicht anhand von Absichten oder Überzeugungen verstehen müssen, sondern anhand der Folgen, die sie hat. Darauf weist unter anderem der Autor Jeremy Williams hin.[10] Struktureller Rassismus basiert auf Mustern der Benachteiligung, die sich aus der Funktion des globalen Systems ergeben. Diese Muster haben sich oft über Jahrhunderte entwickelt und sind so in die Fundamente der Gesellschaft eingeflossen. Heutige Ungleichheiten und der globale Klimarassismus gehen auf Entscheidungen zurück, die lange vor unserer Zeit getroffen wurden. Für diese Entscheidungen sind die, die heute leben, nicht verantwortlich. Struktureller Klimarassismus ist in der Regel nicht das Ergebnis von bösem Willen oder persönlichem Hass. Es geht nicht darum zu behaupten, dass weiße Menschen im globalen Norden alle niederträchtig, rassistisch oder persönlich schuldig seien. Doch es geht um gesellschaftliche Verantwortungsübernahme, Selbstreflexion und darum, ein realistisches Bild der Situation zu zeichnen und gerechte Zukunftswege zu finden. Dabei können die geschichtlichen Entwicklungen, die Rassismus und den industriegemachten Klimawandel parallel zueinander hervorgebracht haben, nicht außer Acht gelassen werden. Eine kritische Betrachtung von Rassismus soll nicht beschämen, sondern eine Einladung dazu sein, drängende Probleme kritisch zu hinterfragen.

Das Ergebnis historischer Ungleichheit ist: Menschen und Erdteile, auf denen vor allem nichtweiße Menschen leben, sind in mehreren Hinsichten besonders negativ vom Klimawandel betroffen. Und das, obwohl sie besonders wenig Verantwortung für den Klimawandel tragen, der eben nicht von allen Menschen gleichermaßen, sondern von den weiß-dominierten Industriegesellschaften des globalen Nordens verursacht wurde und wird. Der Klimawandel ist, wie Williams feststellt, ein weißes Problem.[11] Verantwortlich sind wir heute dafür, dass Ungleichheiten nicht zementiert oder gar verstärkt, sondern reduziert und beendet werden.

Mit der fortschreitenden Aufklärung der vergangenen Jahrzehnte wurden besonders gewaltvolle und sichtbare Formen von Rassismus immer weniger akzeptiert. Je weniger Ungleichheit anerkannt wird, desto aggressivere Lügen, Verdrehungen und Ablenkungen sind nötig, um die Realität zu verschleiern oder zu legitimieren. Doch die Fortschritte des »progressiven Neoliberalismus« (Nancy Fraser[12]) sind keine Garantie für weniger strukturellen Rassismus in der Weltordnung. Diversität, Toleranz und Weltoffenheit *und* struktureller Rassismus schließen sich nicht aus. Vielfalt allein ist nicht die Lösung – sondern Vielfalt *und* echte universalistische Solidarität.

Nord gegen Süd, reich gegen arm: Natürlich funktionieren Klimaungerechtigkeiten nicht so holzschnittartig. Egoismus und Gier sind keinem Kontinent und keiner Menschengruppe vorbehalten. Innerhalb des Südens gibt es massive Konflikte. Zum Beispiel zwischen Beherrschten und Herrschenden, die mitunter die Klimabewegungen unterdrücken. Zwischen Lohnabhängigen und den Kapitalfraktionen, zwischen Männern und Frauen, zwischen Ländern und zwischen sozialen Gruppen. Und auch im globalen Norden wächst der Widerstand gegen rassistische Strukturverhältnisse nicht nur unter denen, die unmittelbar darunter leiden. Jede Pauschalisierung wird am Einzelfall scheitern, doch die Herrschafts- und Ungleichheitsstrukturen zeichnen sich historisch wie aktuell überdeutlich ab. Hoffnung und Gemeinsamkeiten erwachsen daraus, dass sich überall auf der Welt Menschen für Gerechtigkeit, gegen Rassismus, Ungleichheit und den Klimawandel einsetzen.

Die kolonialen Wurzeln des Klimawandels

Zu diesen Aktivist:innen gehört Vanessa Nakate. Sie wurde 1996 geboren und ist die wohl bekannteste Klimaaktivistin in Uganda. Nakate engagiert sich unter anderem für *Fridays for Future*, gründete die *Youth for Future Africa* sowie das afrikanische *Rise Up Movement*. Als sie 2020 von der Agentur *Associated Press* aus einem beim Weltwirtschaftsforum in Davos aufgenommenen Foto herausgeschnitten wurde, löste dies eine Rassismusdebatte aus: Zu sehen waren nur noch weiße Aktivistinnen. Der Vorfall wurde als symptomatisch dafür diskutiert, dass Stimmen aus dem globalen Süden in der Klimafrage ignoriert werden. Immer wieder werden die Perspektiven, Probleme und Antworten auf den Klimawandel der am stärksten betroffenen Länder ausgeblendet oder unterrepräsentiert. Neben dem Aktivismus engagiert sich Nakate als Autorin, um afrikanischen Perspektiven in der Klimakrise Gehör zu verschaffen. In ihrem Buch *Unser Haus steht längst in Flammen* kritisiert sie auf Grundlage vieler Studien und Quellen die globale Ungerechtigkeit.[13] Zum Beispiel, dass der Klimawandel in vielen afrikanischen Regionen mit einem massiven Ernte- und Wasserrückgang einhergeht – obwohl schon heute Millionen Menschen keinen Zugang zu sauberem Trinkwasser haben. Weil es immer heißer wird, steigt nicht nur der Wasser-, sondern auch der Strombedarf. Mit höheren Sterberaten ist zu rechnen. Betroffen von Ausfällen sind ländliche Regionen, in denen die Ernte den gesamten Unterhalt der Bevölkerung ausmacht. Häufigere Überflutungen und Dürren zerstören nicht nur Ernte und Land, sondern Existenzen und Leben. Laut einer *Oxfam*-Studie stößt ein Mensch in Großbritannien schon in den ersten zwei Wochen des Jahres mehr CO_2 aus als ein Mensch in Uganda in einem ganzen Jahr. Nakate kritisiert: »Die Länder mit den geringsten Mitteln, die außerdem am wenigsten zu der Krise beigetragen haben, leiden unter den schlimmsten Konsequenzen: häufigere und heftigere Überflutungen, zunehmend längere Dürrezeiten,

Perioden mit extremerer Hitze und steigende Meeresspiegel. Auch zunehmende Nahrungsmittelknappheit, Vertreibung und Flucht, wirtschaftliche Schäden und höhere Sterberaten betreffen überproportional People of Color, und zwar nicht nur quer durch Afrika und den Globalen Süden, sondern auch im Globalen Norden.«[14] Nakate betont, was die Forschung zu Umweltrassismus schon seit Jahrzehnten problematisiert: In den Ländern des globalen Nordens ist die Wahrscheinlichkeit für Black, Indigenous and People of Color höher als für weiße Menschen, nah an Mülldeponien, Kläranlagen, Industrieanlagen, Bahnhöfen, Sondermülldeponien, Schlachthöfen, Großmastanlagen oder in besonders überschwemmungsbedrohten Gebieten zu leben. Ihre Wohnverhältnisse sind prekärer, beengter und anfälliger für Brände. Diese Ergebnisse von strukturellem Rassismus werden durch den industriegemachten Klimawandel nochmals verstärkt.

Vanessa Nakate und viele andere stehen für den fortschrittlichen und faktenorientierten Gegenentwurf zum reaktionären, frauenfeindlichen, rassistischen, nationalistischen und wissenschaftsfeindlichen Antiökologismus der Rechten. Die globale Klimabewegung ist vielfältig und international, sie bindet das Wissen lokaler Gemeinschaften ein, sie vernetzt sich weltweit, um Probleme und Lösungswege bekannt zu machen und den Druck auf die Verantwortlichen in Politik und Wirtschaft zu erhöhen. Die klugen Stimmen der Klimabewegung aus den besonders betroffenen Regionen der Welt sollten überall gehört werden und Unterstützung finden.

Imeh Ituen forscht an der Universität Hamburg zu globaler Klimapolitik. Im Interview mit dem Online-Magazin *Perspective Daily* erklärte sie den Zusammenhang zwischen Kolonialismus und Klimawandel an einem historischen Beispiel: »Ich beginne immer im Jahr 1452. Das Jahr, in dem auf der Insel Madeira das erste Mal Schwarze Menschen versklavt wurden, um dort auf Zuckerrohrplantagen zu arbeiten. 1492 ist natürlich ein weiteres wichtiges Jahr. Mit Kolumbus' Entdeckung von Seewegen nach Amerika begann die kontinentale Massenversklavung von Menschen aus afrikanischen Ländern. Die Kolonialisten zwangen sie, Wälder für Plantagen zu roden, auf denen sie dann weiter ausgebeutet wurden. Unsere heutigen Kapitalmärkte sind überhaupt erst durch Versklavung entstanden. Denn die unglaublichen Profite, die dadurch erbeutet wurden, haben die Industrialisierung möglich gemacht. Das bedeutet, dass der Grund, warum über Kontinente hinweg Treibhausgase freigesetzt werden konnten, viel weiter in der Vergangenheit liegt, als die meisten Menschen hier glauben wollen. Und dass Versklavung und Kolonialismus dabei eine zentrale Rolle gespielt haben.«[15] Auch in den heutigen Versuchen, durch Baumpflanzaktionen im globalen Süden dem Klimawandel etwas entgegenzusetzen, findet sich der Forscherin folgend eine neokoloniale Logik wieder: Denn für diese Flächen werden lokale Kleinbauern, die die Flächen zuvor nutzten, faktisch enteignet (Green Grabbing). Statt im globalen Norden Flächen der kommerziellen Landwirtschaft zum Zweck der Aufforstung und zum Schutz des Klimas umzunutzen, leiden selbst beim Klimaschutz wieder diejenigen, die am wenigsten verantwortlich sind.

Als »grünen Kolonialismus« bezeichnet Vijava Ramachandran, Direktorin für Energie und Entwicklung am kalifornischen Thinktank *Breakthrough Institute*, die Klimapolitik des reichen globalen Nordens. Er halte die ärmeren Länder im globalen Süden durch Klimapolitik in Abhängigkeit.[16] Wird ärmeren Ländern aufgezwungen, zugunsten erneuerbarer Energiegewinnung etwa auf Gasverbrennung zu verzichten, dann werde das, so der ugandische Präsident Yoweri Museveni, »Afrikas Bemühungen, der Armut zu entkommen, zunichtemachen«. Denn der Energiebedarf Afrikas lasse sich nicht mit den aktuellen und kostenintensiven alternativen Energiequellen decken, so die Expertin.[17]

Wenn Teile der überprivilegierten bürgerlichen Öffentlichkeit in Deutschland zum »Heimatschutz« den Ausbau von Windrädern immer weiter verzögern, gefährdet das unmittelbar die ökologische Energiewende und führt dazu, dass Politik und Wirtschaft nach Wegen suchen, die hier verursachte Klimakrise, die anderswo für besonders großen Schaden sorgt, extern zu lösen. Mit der Macht der Reichen und Stärkeren wird so über das Land und die Ressourcen – also die »Heimat« – der Menschen im globalen Süden verfügt. Auch die Ampel-Regierung aus SPD, Grünen und FDP verplant mit der Klimapolitik in ihrem Koalitionsvertrag die Zukunft anderer Länder. Nur mit deren Rohstoffen zur Batterieproduktion ist zum Beispiel der angestrebte Ausbau der Elektromobilität überhaupt möglich.

Die Zusammenhänge zwischen Klimawandel und Kolonialismus analysiert auch Elizabeth Yeampierre, die in New York in der *Climate Justice Alliance* aktiv ist.[18] Für sie ist der Klimawandel Ergebnis und Erbe von Kolonialismus und Sklaverei: »Die Idee, Schwarze oder Ureinwohner zu töten, hat eine lange, lange Geschichte, die mit dem Kapitalismus und der Ausbeutung unseres Landes und unserer Arbeitskraft in diesem Land zusammenhängt.« Sie sagt, Sklaverei ist mit der Umwidmung des Landes, mit dem Abholzen von Bäumen, der Unterbrechung des Wassersystems und anderer ökologischer Systeme einhergegangen. Damit sollte die kapitalistische Gesellschaft aufgebaut und den Privilegierten Ressourcen zur Verfügung gestellt werden. Dafür wurden die Körper der schwarzen Menschen benutzt. Das Gleiche, so die Aktivistin, gilt für die Zerstörung und den Diebstahl von indigenem Land: »Es gab eine Landnahme, nicht nur für die Expansion, sondern auch für die Suche nach Gold, um Berge abzutragen und fossile Brennstoffe aus den Bergen zu gewinnen. All das ist miteinander verbunden. Wenn Sie das verstehen, dann wissen Sie, dass der Klimawandel das Kind all dieser Zerstörungen, all dieser Ausbeutung, all dieser Entscheidungen ist.«[19]

Yeampierre zieht eine direkte Verbindung zum Slogan »I can't breathe« der antirassistischen Proteste der Black-Lives-Matter-Bewegung. 2014 wurde der asthmakranke Afroamerikaner Eric Garner bei der Anwendung eines verbotenen Würgegriffs durch Polizisten getötet. Auf Videoaufnahmen ist zu hören, wie er vor seinem Tod mehrfach »I can't breathe« rief. Das waren auch die letzten, minutenlang wiederholten Worte von George Floyd. Der Afroamerikaner wurde 2020 von einem weißen Polizisten getötet, der sein Knie auf Floyds Hals drückte. Atemwegsbeschwerden wie Asthma sind unter Black, Indigenous and People of Color weitverbreitet, aufgrund von Umweltrassismus leiden sie statistisch besonders stark unter Luftverschmutzungen. »I can't breathe« steht darum auch für den Kampf gegen Umweltrassismus.

Umweltrassismus in Deutschland

Imeh Ituen und Lisa Tatu Hey haben für eine Studie Fälle von Umweltrassismus in Deutschland gesammelt.[20] Umweltrassismus umfasst rassistische Folgen von Umwelteinflüssen auch über den Klimawandel hinaus. Ituen und Hey verweisen auf Studien aus Kassel, die belegen, dass Haushalte mit niedrigerem sozioökonomischen Status und Migrationshintergrund überproportional von Luftverschmutzung betroffen sind. Eine Studie aus Hamburg zeigt den signifikanten Zusammenhang zwischen statistischem Ausländer:innenanteil und größeren Umweltrisiken. In Berlin ist die Wärmebelastung in verdichteten Innenstadtgebieten, in denen viele Menschen aus Einwanderungsfamilien leben, besonders hoch.[21] Bereits 1985 berichtete Romani Rose vom Zentralrat Deutscher Sinti und Roma über staatlichen Umweltrassismus gegen die Minderheit. So wurden damals in Darmstadt Sinti:zze- und Rom:njafamilien erst obdachlos gemacht und dann durch den Oberbürgermeister »an den Stadtrand in Zelte, neben Müllkippe, Kläranlage, Rattenlöcher und Autobahnzubringer«[22] verbannt.

In Deutschland gibt es bisher vergleichsweise wenig Forschung über die Zusammenhänge zwischen Rassismus, Umwelt und Klima. Dass die Diskussion über diese Probleme unterentwickelt ist, bedeutet nicht, dass die Probleme nicht existieren. Seit den 1980er-Jahren sind viele Studien zu Umweltrassismus in den USA entstanden. Hunderte Studien belegen, dass Black, Indigenous and People of Color sowie einkommensschwache Gemeinschaften einer höheren Umweltbelastung sowie Luft-, Wasser- und Bodenverschmutzung durch die Industrialisierung ausgesetzt sind.[23] Stärkere Umweltbelastungen sind für diese Menschen ein wichtiger Faktor für eine geringere Lebenserwartung. Mit anderen Worten: Umweltrassismus tötet. Hierzulande beginnt die Diskussion erst. Zwar finden sich hier unzählige Gutachten über die mögliche Gefährdung von Vögeln, Fledermäusen oder Fröschen durch Bauprojekte, aber nicht zur potenziell besonderen Gefährdung diskriminierter Bevölkerungsgruppen durch Umweltgifte und Klimawandelfolgen. Die Natur-, Umwelt- und Klimadebatte in Deutschland ist für strukturellen Rassismus weitgehend blind.

Dass kaum jemand nach Rassismus sucht, heißt nicht, es gäbe die Probleme nicht. Vielmehr muss davon ausgegangen werden, dass von Rassismus betroffene Menschen auch in Deutschland häufig zusätzlich zu anderen Formen der Diskriminierung, etwa im Bildungssystem, auf dem Arbeitsmarkt oder bei der Wohnungssuche, besonders gefährdet für Umwelteinflüsse und den Klimawandel sind – und zwar nicht aus persönlichen, sondern aus gesellschaftlichen Gründen. Wie ungleich Umwelt- und Gesundheitsrisiken in der Bevölkerung hierzulande verteilt sind, zeigt sich an der extremen Ungleichheit zwischen ärmeren und reicheren Menschen. Und auch während der Coronapandemie offenbarte sich eine strukturelle Benachteiligung für ärmere Menschen und für Betroffene von Rassismus.

Rassismus und Gesundheit

Die Ungleichheit der Überlebenschancen in der Coronapandemie ist Teil der strukturellen sozialen und rassistischen Ungleichheit. Im globalen Norden standen in den Pandemiejahren 2021 und 2022 mehr Impfstoffe zur Verfügung, als es Impfwillige gab. Als in Deutschland schon die vierte Impfung verabreicht wurde, hatten die allermeisten Menschen in Afrika noch nicht einmal ein Impfangebot erhalten: Im Durchschnitt ist auf dem afrikanischen Kontinent nur jede zehnte Person geimpft.[24] Schlechte Impfquoten wiederum erhöhen die Gefahr für neue gefährliche Mutationen des Virus, die sich weltweit ausbreiten. Doch die deutsche Bundesregierung sprach sich in Einklang mit der Wirtschaft gegen eine Freigabe der Impfpatente aus – anders als selbst US-Präsident Biden. Damit wird die Abhängigkeit des afrikanischen Kontinents von den wirtschaftlichen Eigeninteressen des globalen Nordens fortgeführt.

Von der Pandemie waren Menschen aus Einwanderungsfamilien in Deutschland phasenweise und in bestimmten Regionen besonders stark betroffen. Die Gründe dafür sind vielfältig und lassen sich nicht auf mangelnde Aufklärung oder Sprach- und Verständnisprobleme reduzieren. Der Münchner Epidemiologe Matthias Wjst sagte dazu der *Frankfurter Allgemeinen Zeitung:* »Dass Migranten häufiger und schwerer an Corona erkranken, liegt nicht an ihrem Verhalten. Die Ursache hierfür sind die schlechteren Wohnverhältnisse, die schlechteren Jobs und der schlechtere Informationsstand.«[25] Höhere Betroffenheit ist also auch eine Folge von strukturellen Unterschieden zu Menschen ohne Migrationshintergrund und damit das Ergebnis von strukturellem Rassismus. Arbeitskräfte aus dem Ausland werden beispielsweise in der Fleischindustrie und als Saisonkräfte ausgebeutet und müssen unter schier unwürdigen Bedingungen arbeiten: beengte Unterbringung, kaum Gesundheitsschutz, keine Privatsphäre. Der Skandal um Ausbrüche des Coronavirus bei dem Massenfleischproduzenten *Tönnies* brachte diese eklatanten Missstände an die Öffentlichkeit.[26]

Der Trend ist international belegt: Black, Indigenous and People of Color waren von der Pandemie stärker betroffen als weiße Menschen. Struktureller Rassismus birgt die Gefahr, Ressentiments in der Bevölkerung zu vergrößern. Dass es aufgrund der prekären Arbeits- und Wohnbedingungen von Migrant:innen auch in Deutschland immer wieder zu Ausbrüchen des Coronavirus unter ihnen kam, war eine Einladung für Vorurteile. Hier dient der Rassismus dazu, Ausbeutung und Ungleichheit aufrechtzuerhalten, indem den Betroffenen die Schuld gegeben wird – und nicht dem Arbeitgeber oder System, das solche Missstände zulässt. Im Umgang der Zivilgesellschaft mit der Pandemie offenbarten sich ebenfalls Schwachstellen: Viele Menschen verhielten sich in Deutschland in der Coronapandemie zwar solidarisch, doch Studien des *Zentrums für Integrations- und Migrationsforschung* und der *Bertelsmann Stiftung* stellten unabhängig voneinander fest, dass Menschen mit Einwanderungsgeschichte weniger Unterstützung und weniger Zusammenhalt aus der Gesellschaft erfahren haben.[27]

Die Parallele zum Klimawandel liegt auf der Hand. Die Befunde einer neueren sozialpsychologischen Studie auf Basis von Experimentaldaten legen nahe: Die rassistische Abwehr gegenüber »Fremden« kann eine mögliche Reaktion auf die erhöhte Wahrnehmung von Gefahren des Klimawandels sein.[28] Einige Menschen identifizieren sich dann besonders stark mit ihrer sozialen Eigengruppe, z. B. ihrer Nation. Sie tun dies, um eigene Unsicherheit und Angst abzuwehren bzw. Kontrolle wiederherzustellen. Die Dringlichkeit des Klimawandels droht Rassismus bei jenen zu verstärken, die mit der Eigengruppe solidarischer sind und »Fremde« vornehmlich als Konkurrenz betrachten. Das bildet den Nährboden für rechtsextreme und rechtspopulistische Angstmache.

Die radikale Rechte will die globale Dominanz der Weißen auch über die Klimafrage aufrechterhalten. Dazu leugnet sie die Mechanismen, durch die die Ungleichheit überhaupt erst entstanden ist: Rassismus und Kapitalismus, ebenso den menschengemachten Klimawandel. Weil die Rechte meist gar nicht über Kapitalismus oder Rassismus spricht, wird Ungleichheit als »natürlich« verklärt.[29] Die ethnozentrischen und egoistischen Interessen werden hinter Ängsten und Sorgen der Bevölkerung versteckt. Wer »besorgt« ist und sein Handeln als »Widerstand« oder »Notwehr« darstellen kann, der steht öffentlich nicht als Aggressor da. Vor allem mit der Ablehnung von Einwanderung und von geflüchteten Menschen gelingt es der Rechten seit Jahrzehnten, Ressentiments zu mobilisieren. Forschende warnen davor, dass der Klimawandel und seine besonders extremen Folgen im globalen Süden dazu führen werden, dass sich in den nächsten Jahrzehnten viele Millionen Menschen auf die Flucht begeben müssen. Wäre es da für politische Bewegungen und Parteien, die Einwanderung insbesondere aus diesen Regionen ablehnen, nicht naheliegend, alles zu tun, um Fluchtursachen zu bekämpfen?

Flucht vor den Folgen des Klimawandels

Mehr als 200 Millionen Menschen, so fürchtet die Weltbank, werden bis 2050 vor den Folgen des Klimawandels flüchten müssen.[30] Es geht vor allem um Flucht innerhalb der Herkunftsländer. Dass es aber auch Fluchtbewegungen in den globalen Norden geben wird, liegt in der Natur der Sache. Der Klimaforscher Johannes Lelieveld vom Max-Planck-Institut für Chemie in Mainz rechnet vor allem mit Fluchtbewegungen aus dem Nahen Osten und aus Nordafrika, weil der Klimawandel dort besonders starke Folgen zeigt und sich diese Regionen viel schneller als andere erwärmen. Es drohen wochenlange Hitzewellen mit Temperaturen von mehr als 60 Grad. Dadurch könnten in der zweiten Hälfte des Jahrhunderts Städte und viele Gebiete für Menschen und Tiere unbewohnbar werden: »Selbst Kamele können bei solcher Hitze nicht überleben.«[31] Hitze, Überflutung von Küstengebieten, Wüstenbildung, Extremwetterkatastrophen, Ernteausfälle, Wassermangel, Gewalt und Kriege um Rohstoffe: Die Fluchtgründe sind vielfältig. Doch wie werden die Gesellschaften damit umgehen, die am meisten Verantwortung für die Erderwärmung und damit für die Fluchtgründe tragen? Die Sozialwissenschaftlerin María do Mar Castro Varela fragt: »Wenn Europa den Großteil des Weltterritoriums kolonisierte und noch heute sich die Ressourcen des globalen Südens zu eigen macht, mit welchem Recht können Europäer:innen darüber entscheiden, ob sie Menschen auf der Flucht vor Kriegen, Armut und Umweltkatastrophen Schutz bieten?«[32] Der Direktor des Instituts für Klimafolgenforschung in Potsdam Hans Joachim Schellnhuber schlägt vor, einen Klimapass einzuführen. Damit könnten Menschen, die wegen des Klimawandels ihre Heimat verlieren, in jene Staaten flüchten, die dafür verantwortlich sind.[33] Die Antwort der Rechten auf diesen Vorschlag ist wenig überraschend: Klimaflüchtlinge gebe es gar nicht, sie seien eine Erfindung von »Ökosozialisten«, Abschottung, Mauern, »Wir zuerst«, in letzter Konsequenz: Gewalt. Und das sind nicht nur die Antworten der radikalen Rechten. Bereits jetzt duldet es Europa, dass aus Libyen flüchtende Menschen auf dem Weg nach Europa gefoltert werden, dass sie im Mittelmeer ertrinken und von europäischen Grenztruppen und der »Grenz- und Küstenschutzagentur« Frontex bei illegalen Push-Back-Aktionen zurückgedrängt und gefährdet werden.

Es trifft nicht alle gleich II: Klimaklassismus

Der Begriff Klimaklassismus beschreibt die ungleiche Verteilung von Folgen und Kosten, die durch den von der Industrialisierung verursachten Klimawandel zum Nachteil von Menschen mit einem geringen Einkommen, Vermögen oder sozialen Status entstehen. Häufig überschneiden und verstärken sich die Dimensionen von Klimaklassismus und Klimarassismus, sodass eindeutige Zuordnungen oft nicht möglich sind. Gerade diese Verwobenheit macht das Ungleichheitsregime so effektiv, undurchsichtig und verhindert Solidarität. Dabei ist das Muster immer gleich: In der Regel leiden diejenigen Menschen und Gruppen, die am wenigsten für den Klimawandel verantwortlich sind, am meisten unter dessen Folgen. Der Begriff des Klassismus wird immer häufiger verwendet, um zu beschreiben, wie Menschen aufgrund ihres sozialen Status abgewertet, benachteiligt und diskriminiert werden. Unterschiede gibt es nicht nur zwischen Arbeiter:innen und Kapitalist:innen, sondern auch innerhalb und zwischen unterschiedlichen Statusgruppen. Klassistische Diskriminierung dient der Befriedung der Ungleichheit – anstatt Bündnisse gegen die extreme Ungleichheit zu schließen, verlaufen verschiedene Spaltungslinien durch die Bevölkerung. Dem Soziologen Andreas Kemper zufolge hinterfragt die Kritik des Klassismus die »Stereotypisierungen und Herabsetzungen, die mit dem sozialpolitischen Status einhergehen und dadurch legitimiert werden.«[34] Über Vorurteile zwischen Menschen hinaus geht es auch um strukturelle Formen der Benachteiligung. Für unser Thema des industriegemachten Klimawandels liegt auf der Hand: Er bedroht ärmere Menschen stärker als reichere.

Neu ist die Beobachtung nicht, dass die soziale Lage einen wichtigen Unterschied für die Gesundheit darstellt. Sie ist verantwortlich für verschiedene Einflüsse und auch dafür, in welcher Umgebung und Umwelt man lebt: Haus im Grünen oder Mietskaserne an der Hauptstraße? 2008 stellte Andreas Troge, damals Präsident des Umweltbundesamtes, fest: »Wer arm ist, lebt häufiger in einer Umwelt, die krank macht. In Deutschland entscheidet der soziale Status mit darüber, ob und in welchem Umfang Kinder, Jugendliche und Erwachsene wegen einer schlechten Umweltqualität belastet sind.«[35]

Anders als bei Rassismus werden die Folgen sozialer Ungleichheiten in Deutschland schon lange erforscht. Leider garantiert das nicht, dass die Politik in angemessener Weise tätig wird, um diese ungerechten Unterschiede zu bekämpfen. In der Coronapandemie wurde der Klassismus in Deutschland besonders sichtbar: So waren ärmere Stadtteile stärker von der Pandemie betroffen. Gleichzeitig ist die Gesundheitsversorgung dort schlechter. Kontaktreduktionen, Abstand, zu Hause bleiben und Quarantäne sind in einem Haus mit Garten leichter als in einer kleinen Neubauwohnung.

Armut macht krank

Das Robert Koch-Institut schreibt auf seiner Homepage: »Der Einfluss des sozialen Status auf die Gesundheit und Lebenserwartung wird durch epidemiologische Studien regelmäßig bestätigt. Personen mit niedrigem Sozialstatus sind vermehrt von chronischen Krankheiten, psychosomatischen Beschwerden, Unfallverletzungen sowie Behinderungen betroffen. Sie schätzen ihre eigene Gesundheit schlechter ein und berichten häufiger von gesundheitsbedingten Einschränkungen in der Alltagsgestaltung. Infolgedessen haben sie einen höheren Bedarf an Leistungen des medizinischen Versorgungssystems und an sozialer Absicherung im Krankheitsfall. Die Effekte der sozialen Benachteiligung kumulieren im Lebensverlauf und finden demzufolge auch in der vorzeitigen Sterblichkeit einen deutlichen Ausdruck.«[36] Mit anderen Worten: Armut macht krank. Arme Menschen sterben früher als Reiche, zum

Beispiel sterben Männer in Bremerhaven aus sozioökonomischen Gründen wie Armut und Bildung durchschnittlich sechs Jahre früher als in München.[37] Studien belegen, dass die soziale Lage und der Migrationshintergrund häufig Hand in Hand gehen. So wurden bei in Deutschland lebenden Kindern ohne deutsche Staatsangehörigkeit erhöhte Schwebstaubkonzentrationen beobachtet. Luft- und Lärmverschmutzungen betreffen sowohl wirtschaftlich schwache Menschen als auch Menschen mit Migrationshintergrund öfter. Die Forschung fand auch heraus, dass die Gesundheitsbelastung durch Rauchen und Passivrauchen bei ärmeren Kindern stärker ausgeprägt war als bei reicheren. Die Politik reagierte auf die Gefahren des Rauchens – gegen erhebliche Widerstände der Tabaklobby – mit Erhöhungen der Tabaksteuer, Warnhinweisen und Verboten. Es dauerte nicht lange, bis sich die Einsicht weitestgehend durchgesetzt hatte, dass die individuelle Freiheit, überall zu rauchen, dort endet, wo andere dadurch geschädigt werden. Politische Regulierung dieser Art, hier im Beispiel gegen den Widerstand einflussreicher Lobbygruppen und gegen die Gewohnheiten in der Bevölkerung, ist anfangs unpopulär, aber nach kurzer Zeit bereits alltäglich. In der Klimafrage führt an solchen Regulierungen kein Weg vorbei. Das Problem struktureller Ungleichheiten, die sich auch über die Folgen von Anpassungspolitik zuspitzen können, ist damit nicht aus der Welt. Dafür gilt es, an den Wurzeln anzusetzen – an Armut und sozialer Ungleichheit.

Es besteht kein Zweifel daran: Die Klimakrise wird diese Ungerechtigkeiten noch verstärken, wenn wir nicht gegensteuern. In der Debatte hat sich eine Argumentation gegen Klimaschutzmaßnahmen etabliert, die sozial schwächere Menschen als Vorwand missbraucht, um wirksame Klimapolitik zu verhindern. Von Billigfleisch, günstigen Konsumprodukten oder bezahlbarem Autoverkehr würden vor allem Ärmere profitieren. Doch das ist nur eine Seite der Medaille. Häufiger Konsum von Fleisch und besonders von billigem Fleisch ist nicht nur klimaschädlich, sondern auch ein Gesundheitsrisiko. Autoabgase verpesten oft die verdichteten Wohnviertel und Straßen, in denen sozial schwächere Menschen leben. Zugleich können sich ärmere Menschen weniger gut vor den Folgen des Klimawandels schützen. Von gesünderer Ernährung über Versicherungen gegen Katastrophen bis hin zu Möglichkeiten des Wiederaufbaus: Überall auf der Welt haben ärmere Menschen die Last zu tragen, zu der sie sehr wenig beitragen. Ein Haus im Grünen, eine Wohnung, in der es sich dank Klimaanlage auch über längere Hitzeperioden aushalten lässt, oder ein privater Pool: für die meisten unerreichbarer Luxus. Zahlreiche Angestellte und Arbeiter:innen, Handwerker:innen und die Menschen, die im Dienstleistungssektor tätig sind, können bei großer Hitze oder überfluteten Straßen nicht einfach zu Hause arbeiten. Pfleger:innen, die sich um alte und kranke Menschen kümmern müssen, haben in Hitzeperioden noch mehr zu tun als ohnehin schon. Sie müssen sich um gesundheitliche Probleme kümmern und darauf achten, dass Pflegebedürftige nicht dehydrieren. In Pflegeberufen arbeiten besonders viele Frauen. Am härtesten trifft der Klimawandel wohnungslose Menschen. Sie sind in Zukunft nicht nur Kälte, Schnee und Starkregen, sondern auch Hitzewellen häufiger schutzlos ausgesetzt.

Die Wurzeln des Klimaklassismus liegen in der kapitalistischen Industrialisierung. Den Besitzer:innen der Fabriken und Maschinen war das gesundheitliche Leid ihrer Arbeiter:innen bereits in den Anfängen der Industrialisierung weitgehend egal, solange die Arbeitskraft noch einigermaßen funktionierte. Hans Magnus Enzensberger thematisierte vor 50 Jahren den »Klassencharakter der landläufigen Ökologie-Debatte«: Der »Prozeß der Industrialisierung hat schon vor hundertfünfzig Jahren ganze Städte und Landschaften unbewohnbar gemacht. Die Umweltbedingungen am Arbeitsplatz, das heißt in den englischen Fabriken und Bergwerken, waren, wie zahllose Dokumente zeigen, lebensgefährlich: Es herrschte ein infernalischer Lärm, die Atemluft war mit explosiven und giftigen Gasen sowie krebserregenden und bakteriell hochverseuchten Partikeln verunreinigt«.[38] Mit der Globalisierung wurden besonders toxische Elemente der Warenketten – von der Rohstoffgewinnung bis zu den Mülldeponien – vor allem in ärmere Länder abgeschoben. Nichtdeutsche Arbeitskräfte im Ausland und Saisonarbeiter:innen tragen die Kosten.

Die Erfindung von »Rassen«, um Menschen zu entmenschlichen und auszubeuten, die Ausbeutung von Arbeiter:innen, die Ausbeutung von Frauen und die Ausbeutung der Umwelt gehen seit jeher Hand in Hand. Verbesserungen wurden stets durch Kämpfe für soziale Rechte erreicht. Die Klimafrage betrifft all diese Ungleichheitsverhältnisse.

Würde sich die Erde nicht erhitzen, wäre der reiche Mann nicht reich

Der Rechtsextremismus lässt sich von den Verhältnissen, aus denen er entspringt, nicht trennen. Der Faschismus ist eine eigenständige Ideologie sowie die allgemeine historische Staatsform des Rechtsextremismus als beherrschende politische Macht. Dieser kann, auch davor hat Enzensberger schon vor einem halben Jahrhundert gewarnt, den Kampf für eine »saubere Umwelt« leicht für sich umkehren und für Kapitalinteressen nutzen.[39] Das betrifft nicht nur ökonomisches Kapital, sondern auch andere Privilegien, zum Beispiel als Weiße:r oder als Mann. Schon einmal, so Enzensberger, habe sich der Faschismus als »Retter in einer extremen Krisenlage und als Administrator des Mangels bewährt. In einer Atmosphäre der Panik und der unkontrollierbaren Emotionen, das heißt im Fall einer unmittelbar und massenhaft wahrnehmbaren ökologischen Katastrophe, wird die herrschende Klasse nicht zögern, auf ähnliche Lösungen zurückzugreifen«.[40] Wie aktuell diese Warnung ist, zeigte die Rechtsaußenregierung Donald Trumps, ihr plutokratischer Charakter (Plutokratie: Herrschaft der Reichen) und ihr Kampf gegen die Rechte von Frauen und Minderheiten, liberale Werte, Steuern, soziale Gerechtigkeit und den Klimaschutz. In Deutschland beweisen es die Wahlerfolge der AfD.

Was wir verstehen müssen: Viele Rechte, die den menschengemachten Klimawandel leugnen, tun dies oft nicht aus Dummheit oder Unwissenheit, sondern weil sie knallharte Interessen vertreten. Der Versuch, einen rechten Plutokraten mit Fakten davon zu überzeugen, wie sehr die Schwächsten unter dem Klimawandel oder sozialer Ungleichheit leiden, ist wenig erfolgversprechend, denn dieses Leid nehmen sie nicht nur in Kauf, sondern haben es verursacht. »Reicher Mann und armer Mann standen da und sah'n sich an. Da sagt der Arme bleich: Wär' ich nicht arm, wärst du nicht reich.« Das kurze Gedicht von Bertolt Brecht aus dem Jahr 1934 ist hochaktuell.

Untersuchungen von *Oxfam*, einer der weltweit größten Nichtregierungsorganisationen, die sich gegen Ungleichheit einsetzt, haben soziale Ungleichheit als wichtigsten Beschleuniger der Klimakrise identifiziert.[41] Demnach sind die reichsten zehn Prozent der Menschen für mehr als die Hälfte der CO_2-Emissionen zwischen 1990 und 2015 verantwortlich. Während das reichste ein Prozent allein 15 Prozent CO_2-Gase emittiert hat, verantwortet die ärmere Hälfte der Menschheit nur sieben Prozent. Von dem weltweiten Emissionsbudget, das nach 1990 noch verfügbar ist, bevor das 1,5-Grad-Ziel erreicht ist, verbrauchten die reichsten zehn Prozent ein Drittel, die ärmere Hälfte der Weltbevölkerung dagegen nur vier Prozent. Und in Deutschland? Hier waren der Studie zufolge die reichsten zehn Prozent im Jahr 2015 für mehr CO_2-Ausstoß verantwortlich als die ärmste Hälfte der Bevölkerung: 8,3 Millionen emittierten so viel wie 43,3 Millionen Menschen! Mit welchem Recht? Die Verleugnung des Klimawandels und die Irreführung der Bevölkerung sollte niemanden überraschen, denn sie folgt den

Interessen von Lobbygruppen, die oft weiß, reich und männlich geprägt sind. Kein Wunder also, dass die Identitäts- und Interessenpolitik von rechts oben und von Antiökolog:innen quer durch verschiedene soziale Milieus und Statusgruppen verfängt.

In der öffentlichen Debatte spielen diese Fakten indes bisher nur eine untergeordnete Rolle. Die sozialen Probleme, Forderungen und Lösungsvorschläge der rassistisch und klassistisch Benachteiligten bleiben ebenso unsichtbar wie die zum Himmel schreiende Ungleichheit. Studien zeigen, dass der Klimawandel in sozial benachteiligten, abstiegsgefährdeten Milieus eher als nachrangiges Problem angesehen wird, weil Alltagsprobleme wichtiger erscheinen. Dafür gibt es gute Gründe, es ist aber doch ein Problem. Denn jenen, die besonders betroffen sind, fehlt es oft an Zeit und Möglichkeiten, nach passenden Lösungen zu suchen und ihre Stimme zu erheben. Umso wichtiger ist es, Menschen aus diesen Milieus gezielt anzusprechen, zu stärken und bei allen Klimamaßnahmen zu berücksichtigen, anstatt sie als Vorwand für Nichtstun zu missbrauchen. Der Soziologe Klaus Dörre ordnet die ungleichen Dimensionen notwendiger Veränderungen ein: Während von den Reichsten massive Veränderungen gefordert sind, hält er die notwendigen Anpassungsleistungen der unteren Hälfte der Bevölkerung für machbar: »Legt man das 1,5-Grad-Erderwärmungsziel zugrunde, müsste die untere Hälfte der europäischen Haushalte ihre Emissionslast in etwa halbieren; das reichste Prozent hätte seinen Treibhausgasausstoß hingegen auf ein Dreißigstel zu reduzieren.«[42]

Es trifft nicht alle gleich III: Klima und Gender

Die Mechanismen hinter dem Klimawandel wurden zuerst von einer Frau entdeckt. Die amerikanische Forscherin Eunice Newton Foote schlussfolgerte schon 1856 auf der Grundlage ihrer Experimente, dass Kohlendioxid als Treibhausgas zu einer Erwärmung der Erde führen könnte. Sie schrieb, es müsse sich zwangsläufig eine erhöhte Temperatur ergeben, wenn die Luft sich in einem größeren Anteil mit diesem Gas vermischt. Die Pionierin und Frauenrechtlerin Foote schaffte damit schon vor über 150 Jahren die Grundlagen für das moderne Verständnis des Treibhauseffektes. Damals wurden Frauen in der von Männern dominierten Wissenschaft fast völlig ausgegrenzt, noch heute werden sie teilweise an den Rand gedrängt. Daher sind die Leistungen von Eunice Newton Foote kaum bekannt.

Frauen sind von den Folgen des Klimawandels anders und unverhältnismäßig stark betroffen. Darauf wies unter anderem die Hohe Kommissarin für Menschenrechte der Vereinten Nationen Michelle Bachelet beim 41. UN-Menschenrechtsrat im Juni 2019 hin.[43] Frauen sterben bei extremen Wetterereignissen aufgrund des unterschiedlichen sozioökonomischen Status und des Zugangs zu Informationen häufiger als Männer. Schwangere und stillende Frauen sind durch den Klimawandel einer Ernährungsunsicherheit ausgesetzt. Salzigeres Trinkwasser durch steigende Meeresspiegel kann zu Frühgeburten sowie zum Tod von Müttern und Neugeborenen führen. Bildungs- und Erwerbschancen vor allem im globalen Süden nehmen ab. Die mit dem Klimawandel verbundenen Risiken verstärken die Ungleichheiten zwischen den Geschlechtern und bedrohen die Menschenrechte von Frauen und Mädchen.

Mit Klimakatastrophen steigt die Gefahr, zum Opfer von männlicher Gewalt zu werden – ebenso die Risiken für Fluchtgründe und Gefahren auf Fluchtrouten. Und die überwiegende Fokussierung auf noch immer als männlich angesehene Berufsfelder im technischen und naturwissenschaftlichen Bereich unterdrückt die Einflusschancen von Frauen und von Lösungsansätzen, die als weiblich betrachtet werden: nicht technologische, beispielsweise soziale, pädagogische und gemeinwohlorientierte Antworten auf die Klimakrise.

Frauen arbeiten häufiger als Männer zum Beispiel in Berufen der Sozialen Arbeit, der Krankenbetreuung und in der Pflege – also mit den Schwächeren, bei denen negative Folgen des Wandels zuerst ankommen und abgefangen werden müssen. Die als selbstverständlich hingenommene Überlastung der Menschen in helfenden Berufen wurde unter Corona sichtbar und viel diskutiert, ohne dass sich daran etwas grundlegend geändert hat. Und auch die Gender-Dimension des Klimawandels überschneidet sich häufig mit Benachteiligungen aufgrund von Rassismus und Klassismus.

Der Klimawandel ist männlich

Die Geschichte der Industrialisierung und des Klimawandels wurde vor allem von Männern geschrieben. Die maßgeblichen Entscheidungen, die zu Kolonialismus, Ausbeutung von Arbeiter:innen und Umwelt führten, haben Männer getroffen. Und auch heute gilt die gesellschaftlich dominante Fixierung auf technologische statt auf soziale Wege zur Bearbeitung der Klimakrise als typisch männlich. Frauen haben häufiger »grüne« Werte, greifen eher zu Biogemüse als zu Fleischgerichten und konsumieren insgesamt ökologischer. Ökologisches Bewusstsein und Umweltschutz gilt vielen Männern als typisch weiblich.[44] Männer fahren mehr Auto als Frauen und geben mehr Geld für Benzin und Diesel aus.[45] Verschiedene Umfragen aus mehreren Ländern zeigen, dass Frauen eher bereit sind, ihr Verhalten für den Klimaschutz anzupassen und dafür beispielsweise mehr Geld auszugeben. Mehr Frauen als Männer befürworten ein Tempolimit auf Autobahnen. Männer leugnen häufiger den Klimawandel. Sie wählen auch häufiger rechtsextreme Parteien. Männer sind noch immer bestimmend in der (Klima-)Politik und in der Wirtschaft. Studien identifizieren einen deutlichen »White Male Effect« als Erklärung von klimaskeptischem Antiökologismus. Der Effekt beschreibt den Befund, dass insbesondere konservative weiße Männer nicht an den Klimawandel glauben.[46] Die Politikwissenschaftlerin Claudia von Braunmühl fasst zusammen: »Der Klimawandel ist nicht geschlechterneutral, weder in seinem Ursprung noch in seinen Auswirkungen.«[47]

Kurz: Der Klimawandel ist männlich geprägt. Ines Weller ist Professorin am *artec Forschungszentrum Nachhaltigkeit* und hat darauf schon vor vielen Jahren hingewiesen.[48] In ihren Publikationen untersucht sie, wie Gender, Diversität und Klimawandel zusammenhängen und wie mit diesen Ungleichheiten umgegangen werden sollte. Das ist wichtig, denn gerade in den traditionell als weiblich angesehenen Lebensbereichen liegen nicht nur verheerende Gefahrenpotenziale, sondern auch besonders erfolgversprechende Instrumente gegen die Erderwärmung und ihre Folgen. Unterschiedlich gelernte Verhaltensweisen bei Mobilität, Konsum und bei der Lösung von Problemen bieten wichtige Ansatzpunkte, um die Klimakrise zu bearbeiten. »Typische« Eigenschaften, die Frauen bzw. Männern zugeschrieben werden, sind nicht angeboren, sondern erlernt. Daher können sie auch umgelernt werden. Klimafeminismus ist also nicht nur eine Aufgabe für die Erziehung und Bildung. In Stereotypen gesprochen: Männer sollten sich in Hinblick auf das Klimaverhalten (und manch anderes) Frauen zum Vorbild nehmen. Solche Forderungen bringen (r) echte Männer zum Toben. Doch vernünftigerer Ressourcenverbrauch sollte möglich sein, ohne dass er am Selbstbewusstsein kratzt und Männer in die Identitätskrise stürzt. Dass die moderne Klimagerechtigkeitsbewegung besonders weiblich ist, ist kein Zufall. Ebenso wenig wie der Hass und die Verachtung, mit der vor allem Aktivistinnen, die für Klimagerechtigkeit streiten, konfrontiert werden. Misogynie, also Frauenfeindlichkeit, und Antifeminismus, also die Bekämpfung weiblicher Emanzipation, dienen dazu, den Status quo männlicher Herrschaft zu verteidigen. Die Abwehr, weiße, reiche und männliche Privilegien zu hinterfragen, folgt ähnlichen Mustern wie die Leugnung des menschengemachten Klimawandels.

Schlachtfeld des Wandels: der Hass gegen engagierte junge Frauen

Seitdem die *Fridays-for-Future*-Aktivist:innen für globale Klimagerechtigkeit demonstrieren, schlägt ihnen im Netz und auf der Straße offener Hass entgegen – in der Regel von Männern. Vor allem Männer fühlen sich in ihrem Selbstverständnis als starke, wilde Wagenlenker gekränkt. Ihre Wut, bei der sich Testosteron mit Benzin zu einem toxischen Zweitaktergemisch zu verbinden scheint, richten sie bevorzugt gegen selbstbewusste und politisch engagierte Frauen wie Greta Thunberg, Luisa Neubauer, Carla Reemtsma oder Annalena Baerbock. 2019 gründete ein 35-Jähriger eine Facebook-Gruppe namens *Fridays for Hubraum*,[49] die er nach eigener Aussage als »Spaß« verstanden und nicht als Gegenbewegung zu den Klimaschutzaktivist:innen geplant hatte. Innerhalb weniger Tage wuchs *Fridays for Hubraum* auf eine halbe Million Mitglieder an. Darunter waren Menschen, die ihre Liebe zum Auto bekunden wollten, sowie zahlreiche AfD-Politiker:innen, AfD-Anhänger:innen, klimaleugnende Antiökolog:innen und Personen, die der Gelbwesten-Bewegung zuzuordnen waren. Und Lutz Bachmann, der Kopf der rassistischen und muslimfeindlichen *Pegida*. Der von so viel Zulauf überraschte Gründer der Facebook-Gruppe sperrte daraufhin die Gruppe, löschte unzählige Kommentare. Aber er hatte offenbar einen Nerv getroffen. Der

Slogan »Fridays for Hubraum« hat sich inzwischen nach der Meme-Logik im Internet verselbstständigt.

In einigen Fällen steht »Fuck Greta« dabei, und es braucht nicht lange, bis noch viel expliziterer Hass und drastischere Gewaltfantasien aufploppen, die meist in Form pseudowitziger Bildchen daherkommen. Greta Thunberg ist das prominenteste Gesicht einer weltumspannenden Jugendbewegung, die mächtigen Weltpolitiker:innen Paroli bietet (»How dare you«). Kaum eine andere Person war in den letzten Jahren so viel Hass und Aggressionen ausgesetzt wie Thunberg, täglich bekommt sie Zuschriften mit Beleidigungen, Vergewaltigungs- und Morddrohungen.[50] Es ist zum traurigen Normalzustand geworden, dass die sozialen Medien zur Verbreitung von frauenfeindlichen und sexistischen Botschaften genutzt werden. Doch im Fall von Klimaaktivistinnen und Politikerinnen, die als Teil des »linksgrünen Establishments« gelten, wird der Hass regelrecht gelenkt. Er wird ideologisch vorbereitet und nimmt die Form von Kampagnen an. Allein der Begriff der »Klimahysterie« ist eindeutig sexistisch konnotiert. »Hysterie« – angeblich zu große Emotionalität – galt besonders im 19. Jahrhundert und frühen 20. Jahrhundert als typische Frauenkrankheit, mit der man unter anderem emanzipatorische, politische Frauen pathologisierte, also als krank abstempelte. Als öffentlich bekannt wurde, dass Greta Thunberg Autistin ist, hatten rechte Hetzer ihr Fressen gefunden. Neben Sexismus spielt auch die Bevormundung von Jugendlichen und jungen Erwachsenen eine Rolle: Sie werden zu unmündigen und ungezogenen Kindern degradiert, der »Schulstreik für das Klima« wird zur sinnlosen Posse und zur Schulschwänzerei erklärt. Den jungen Aktivistinnen wird die kognitive Reife abgesprochen, zu komplexen Sachverhalten wie der Klimafrage eine eigene Position beziehen und politisch wirksam werden zu können. Dies hat auch die versuchte Demontage der Grünen-Politikerin Annalena Baerbock im Bundestagswahlkampf

2021 gezeigt: Auf jede erdenkliche Art wurde nach persönlichen Fehlern oder Beweisen für Baerbocks angebliche Inkompetenz gesucht – mit einer Akribie, die sich auffällig von der Aufmerksamkeit für ihre Mitbewerber unterschied.

Relevant ist die Irritation klassisch männlicher Rollenbilder, die erfolgt, wenn (junge) Frauen männliche Autorität infrage stellen. Dann wird ihnen besonders häufig »Moralisierung« und Unglaubwürdigkeit vorgeworfen, um ihnen über den Mund fahren zu können. Auch bei deutschen Aktivistinnen der Klimagerechtigkeitsbewegung ist man(n) bemüht, diese als inkonsequent und scheinheilig zu entlarven, wie unter anderem 2019 die Diskussion konservativer Journalisten um die »CO_2-intensiven« Langstreckenflüge Luisa Neubauers zeigte.[51] Der spöttische Hashtag #langstreckenluisa trendete anschließend auf Twitter. Besonders von der weiblich geprägten Klimagerechtigkeitsbewegung getriggert fühlen sich augenscheinlich solche Männer, die ihr Selbstverständnis an einem harten, traditionellen, technikfixierten Männlichkeitsideal orientieren. Ritter der Landstraße, für die das hochmotorisierte, PS-starke Auto oder Motorrad eine zentrale identitätsstiftende Bedeutung hat. Nicht von ungefähr gelten kleine Autos landläufig als Frauenautos. Oder für schwule Veganer: »Soy Boys«, verweichlichte und weibische Soja-Jungen, wie es in der US-amerikanischen, radikal rechten Alt-Right-Bewegung spöttisch heißt. Einige Forscher:innen sprechen von »Petromaskulinität«[52] und bezeichnen damit ein kulturelles Phänomen, bei dem die umfassende Nutzung fossiler Brennstoffe und der damit verbundene Technikeinsatz mit dominanter Männlichkeit verbunden ist. Die Politikwissenschaftlerin Cara Daggett prägte den Begriff. Petromaskulinität zielt darauf ab, den Status quo der Verbrennung fossiler Brennstoffe zu verteidigen, der historisch vor allem von angloeuropäischen Männern hervorgebracht und gestützt wurde. Fossile Energieträger wie Kohle und Gas werden dabei als Teil der Durchsetzung weißer männlicher Macht gegen den Planeten verstanden. Das Konzept sagt aus, dass fossile Brennstoffe mehr als nur Profit bedeuten: Sie sind zum Teil von Identitäten vor allem von weißen Männern geworden, die eine Mobilitätswende und elektrische Automobilität als identitären Angriff auf ihre Dominanz verstehen. Mit anderen Worten: Leise Elektroautos nehmen einige Männer als kulturelle Bedrohung ihrer Identität wahr. Dies wiederum kann zu autoritärer Radikalisierung beitragen.

Es geht um männliche Privilegien, die auf den Prüfstand gestellt werden, wenn Klimagerechtigkeit adressiert wird. In rechten Milieus, wo traditionelle Geschlechterrollen und Familienbilder als Stabilitätsgarant sozialer Ordnung überhöht werden, ist das eine besondere Provokation. In Regionen, wo die fossile Wertschöpfungskette eine identitätsstiftende Heimattradition begründet hat, z. B. in Bergbauregionen und Automobilbau-Hochburgen, kommen noch traditionell männliche Berufsbilder hinzu. Denn Petromaskulinität und Arbeiterstolz gehen Hand in Hand. Durch den Strukturwandel und die Energie- und Mobilitätswende sind beide bedroht. Lieb gewordene Gewohnheiten und eine unhinterfragte Normalität geben Halt und Orientierung: Da weiß man, was man hat. Das altbekannte Problem ist, dass sie trotzdem schädlich sein können und auf Dauer am eigenen Ast sägen. Wir wissen das vom Rauchen, vom Trinken und von vielen anderen Dingen, die Spaß machen. Und hier kommt die kollektive Verantwortung ins Spiel, die der individuellen Freiheit Grenzen setzen muss. Die Herausforderung für die nächsten Jahre und Jahrzehnte ist es, im Kontext des Klimawandels konstruktiv ähnliche Debatten über Veränderungen der Konsum- und Lebensweise und einen sparsameren Ressourceneinsatz und niedrigeren Energieverbrauch anzuregen, bei denen eine Menge (Selbst-)Kritik notwendig sein wird. Und auch Debatten darüber, was wir uns wirklich leisten müssen – und nicht nur, ob wir es uns leisten können. Wichtig wird es dabei sein, der Verschwendung auf den Leib zu rücken, die eben kein natürliches Vorrecht oder demokratisches Grundrecht (mehr) ist.

Ja, die Sozialdemokratisierung des Konsums wird teilweise »rückabgewickelt«. Einst waren große Autos, massenhafte Flugreisen und Kreuzfahrten Luxusfreuden der besonders Wohlhabenden. Bis heute erfreuen sie sich größter Popularität und Nachfrage. Doch erst dadurch sind sie zum Problem für das Klima geworden. Dem Klimarassismus kann nur mit praktischer Solidarität begegnet werden. Zentral ist: Die Weiterentwicklung wird nicht, wie die Rechten behaupten, zu weniger, sondern zu mehr Demokratie führen. Wenn mehr Menschen auf der ganzen Welt und in künftigen Generationen gleiche Lebenschancen dadurch erhalten, dass wir für unsere Bequemlichkeit und unseren Wohlstand die Verantwortung übernehmen, dann ist das keine »Diktatur«. Es ist ein Ausdruck von und Beitrag zu echter Demokratie, Freiheit und Solidarität.

Geburtenkrieg

In der völkischen Rechten hat Antifeminismus, der Kampf gegen die Emanzipation von Frauen, eine besonders aggressive Dimension. Mit dem Slogan »›Neue Deutsche?‹ Machen wir selber« ging beispielweise die AfD in den Bundestagswahlkampf 2021 und suggerierte bildlich, wie Deutsche nach Maßgabe der AfD aussehen müssen: weiß und blond. Global wähnt sich die radikale Rechte in einem »Rassenkrieg«, der auch über Geburtszahlen ausgetragen werde. Demzufolge müssten weiße Menschen mehr Kinder bekommen, um mit dem Bevölkerungswachstum von Menschen mit tatsächlichem oder unterstelltem afrikanischen oder muslimischen Hintergrund mithalten zu können. Feminismus wird als schädlich für das Volk abgelehnt – ebenso wie nicht heterosexuelle Partnerschaften. Der Feldzug gegen Abtreibungen, Emanzipation und LGTBIQ-Rechte ist auch in klimapolitischen Debatten wichtig, denn das Wachstum der Weltbevölkerung fordert das ökologische Gleichgewicht tatsächlich heraus. Bereits in den 1960er-Jahren führte diese Entwicklung unter dem reißerischen Titel »Bevölkerungsbombe« zu apokalyptischen und rassistischen Diskussionen. Doch diese »Bombe« ist nicht explodiert. Gleichwohl bedeuten mehr Menschen mehr Nahrung, mehr Konsum, mehr Emissionen. Obwohl Menschen im globalen Süden durchschnittlich nur einen Bruchteil der natürlichen Ressourcen verbrauchen, die wir im globalen Norden beanspruchen, führt das Wachstum der Weltbevölkerung im globalen Süden in der radikalen Rechten zu genozidalen Fantasien. Es ist zugleich ein Einfallstor für eine rassistische Instrumentalisierung und Umlenkung von Klimadiskursen. Die Unterdrückung oder gar Vernichtung nichtweißen Lebens wird in völkischen Diskursen ein notwendiger Schritt, um die Umwelt zu schützen. Für die ökofaschistische Rechte bedeutet das gleichermaßen die Normalisierung des extremsten Rassismus und die Beantwortung der Klimafrage, ohne Privilegien verlieren oder den Kapitalismus infrage stellen zu müssen. Besonders deutlich wurde der Zusammenhang bei den schwersten rechtsterroristischen Anschlägen der vergangenen Jahre: Die rassistischen Attentäter in Christchurch und in Hanau verfolgten in ihren Pamphleten rassistische Fantasien zur Reduzierung der Weltbevölkerung. Auch der antisemitische Attentäter in Halle (Saale) rechtfertigte seinen Anschlag unter anderem damit, dass der Feminismus der Grund für niedrige Geburtenraten Weißer sei. Doch das Schicksal künftiger Generationen wird nicht von Einwanderung bedroht – sondern durch die Klimakrise.

Es trifft nicht alle gleich IV: Generationenungerechtigkeit

»Der Staat schützt auch in Verantwortung für die künftigen Generationen die natürlichen Lebensgrundlagen und die Tiere im Rahmen der verfassungsmäßigen Ordnung durch die Gesetzgebung und nach Maßgabe von Gesetz und Recht durch die vollziehende Gewalt und die Rechtsprechung.« Dazu hat sich die Bundesrepublik Deutschland bereits 2002 durch Artikel 20a im Grundgesetz verpflichtet. Der Grundgesetzartikel führte im April 2021 zu einem Urteil des Bundesverfassungsgerichts, das für Klimaschutz und Generationengerechtigkeit weithin als historisch bewertet wurde. Das oberste Gericht urteilte, dass die Maßnahmen Deutschlands zum Schutz des Klimas im Rahmen des »Klimaschutzgesetzes« nicht ausreichen. Die Reduzierung der Treibhausgasemissionen dürfe nicht weiter verschleppt und damit zukünftigen Generationen überantwortet werden. Die Freiheit nachfolgender Generationen sei dadurch bedroht, dass die heutige Generation ihre Verantwortung nicht ausreichend wahrnehme. Wörtlich heißt es im Karlsruher Urteil, es »darf nicht einer Generation zugestanden werden, unter vergleichsweise milder Reduktionslast große Teile des CO_2-Budgets zu verbrauchen, wenn damit zugleich den nachfolgenden Generationen eine radikale Reduktionslast überlassen und deren Leben umfassenden Freiheitseinbußen ausgesetzt würde. Künftig können selbst gravierende Freiheitseinbußen zum Schutz des Klimas verhältnismäßig und verfassungsrechtlich gerechtfertigt sein; gerade deshalb droht dann die Gefahr, erhebliche Freiheitseinbußen hinnehmen zu müssen«.[53]

Klimaschutz als Grundrechtsschutz

Dass wir heute maßlos CO_2 emittieren, wird für die kommenden Generationen zu massiven Freiheitseinschränkungen führen. Diesen verfassungswidrigen Zustand muss die Politik beenden. Das bedeutet auch: mehr Klimaschutz und, wo nötig, mehr Einschränkungen heute, um die Last unseres Wohlstands nicht auf morgen und übermorgen zu verlagern. Geht es nach den Kläger:innen und dem BVG: Schluss mit »Nach uns die Sintflut«. Aus der Verfassung ergibt sich demnach die Notwendigkeit, »mit den natürlichen Lebensgrundlagen so sorgsam umzugehen und sie der Nachwelt in solchem Zustand zu hinterlassen, dass nachfolgende Generationen diese nicht nur um den Preis radikaler eigener Enthaltsamkeit weiter bewahren könnten«. Nach Art. 20a GG folgt nach höchstrichterlicher Urteilssprechung also der konkrete Auftrag, »den Anstieg der globalen Durchschnittstemperatur dem sogenannten ›Paris-Ziel‹ entsprechend auf deutlich unter 2 Grad C und möglichst auf 1,5 Grad C gegenüber dem vorindustriellen Niveau zu begrenzen. Um das zu erreichen, müssen die nach 2030 noch erforderlichen Minderungen dann immer dringender und kurzfristiger erbracht werden«. Der epochale Erfolg für Klimagerechtigkeit vor dem Bundesverfassungsgericht wurde, wie die Richter:innen anmerken, von »zum Teil noch sehr jungen Beschwerdeführenden« erwirkt. Kinder, Jugendliche und junge Erwachsene, darunter beispielsweise die Klimaaktivistin Luisa Neubauer von *Fridays for Future*, haben die Klage gemeinsam mit der *Deutschen Umwelthilfe* juristisch erstritten. Viele damalige Regierungspolitiker:innen begrüßten das Urteil. Zynisch, wenn man bedenkt, dass das BVG ihre Politik abgewatscht hat. Doch schon seit Jahren versuchen die Parteien der Mitte und Teile der Industrie, die von jungen und engagierten Menschen geprägte Klimabewegung durch Umarmung zu erdrücken und junge Menschen für sich zu gewinnen. Mit dem Gerichtsurteil wurde die lautstarke Kritik der vielen, vor allem jungen Menschen bestätigt, die in der Klimabewegung für ihre Rechte und Freiheit kämpfen.

Jüngste Untersuchungen renommierter Klimaforschender zeigen, dass Kinder, die im Jahr 2020 geboren wurden, im Vergleich zu Menschen, die 1960 geboren wurden, unter den derzeitigen klimapolitischen Zusagen einen zwei- bis siebenfachen Anstieg von Extremereignissen erleben werden. Die Sicherheit der jüngsten Generationen ist ernsthaft gefährdet. Neben anderen warnt der Weltklimarat, dass unsere Kinder und Enkel viel stärker betroffen sein werden als wir. In der Forschung wird die Diskriminierung von Personen aufgrund ihres Lebensalters als Ageism bezeichnet. Systematisch diskriminiert der Status quo die Chancen künftiger Generationen auf Gesundheit, Freiheit, gleichwertige Lebensverhältnisse und gelingendes Leben. Alles, was heute nicht investiert und nicht getan wird, um CO_2-Emissionen zu begrenzen, wird in der Zukunft mit vielfachen Kosten zu Buche schlagen – für die Demokratie, für die Menschen und für die Wirtschaft. Damit ist Nichthandeln gegen den menschengemachten Klimawandel, einschließlich dessen Leugnung, gegen die Verfassung.

Für die Verfassungsfeind:innen der AfD kommentierte Karsten Hilse im Bundestag das Urteil des Bundesverfassungsgerichts: »Die grünen Kommunisten fühlen sich ermuntert, Klimaschutz jetzt zu propagieren, weil Richter des Bundesverfassungsgerichts das Grundgesetz in seinen Kernelementen beerdigt haben. Sie übergaben die weiße Fahne der Selbstaufgabe an die grün-roten Kommunisten und ihre Mitläufer in allen Parteien, die ihren schleichenden Staatsstreich seit nunmehr 30 Jahren zielstrebig betrieben und siegreich beendet haben. Damit ist nach den als vierte Gewalt bezeichneten Medien, nach der Exekutive und der Legislative auch die Judikative – zumindest das oberste Gericht – offensichtlich zu einem großen Teil in der Hand derer, die Deutschland zu einem totalitären, antifreiheitlichen Staat umbauen wollen bzw.

das zulassen.«[54] Diese antidemokratische und falsche Tirade ist angesichts wachsender sozialer Ungleichheit absurd. Paradox ist ebenfalls immer wieder, dass extreme Kritik an einem angeblich »totalitären« Staat in dessen demokratischer Herzkammer vorgetragen werden darf, ohne danach in Foltergefängnissen zu verschwinden. Gleichwohl ist die Demagogie gefährlich: Behauptungen, es handle sich um »kommunistische« Richter:innen oder die Gerichtsentscheidungen seien ideologisch motiviert, waren in Ländern wie Ungarn und Polen der Hebel, um die unabhängige Verfassungsgerichtsbarkeit zu beseitigen. Und die Struktur dieser Argumente ist alt.

Allerdings darf bei der großen Gefährdung nachfolgender Generationen durch die Art und Weise, wie wir wirtschaften und leben, nicht außer Acht gelassen werden, dass bereits heute auch hierzulande Menschen besonders stark unter dem Klimawandel leiden. Vergessen werden sollte nicht, dass gerade vorerkrankte sowie ältere und gebrechliche Menschen heute und in Zukunft unter den Folgen des industriegemachten Klimawandels leiden und davon bedroht sein werden. Vor allem große Hitze macht ihnen zu schaffen. Mehr als jeder dritte Hitzetote ist Forschenden zufolge der Erderwärmung zuzuschreiben.[55] Außerdem sind diejenigen besonders gefährdet, die sich keine Kühltechnik leisten können, obdachlos sind oder sich aus beruflichen Gründen überwiegend im Freien aufhalten müssen.

5 Menschenfeindliches Klima

Die Begleiterscheinungen sowie Folgen des industriegemachten Klimawandels gehen besonders stark zulasten derjenigen, die in der Gesellschaft ohnehin schon diskriminiert sind. Meist sind diejenigen auch in ihren Möglichkeiten, auf die Bedrohungen zu reagieren, benachteiligt. Klimawandel bedeutet strukturelle Diskriminierung pur: gegen Menschen im globalen Süden, gegen Black, Indigenous and People of Color, gegen Sinti:zze und Rom:nja, gegen Frauen, gegen ärmere und schutzlose Menschen, gegen junge und ungeborene Generationen, gegen alte und gebrechliche Menschen … Selbst diese Aufzählung ist unvollständig.

Ableismus, die Abwertung und Diskriminierung behinderter Menschen, hat viele strukturelle Formen: von nicht barrierefreien Zugängen bis hin zu geringeren Überlebenschancen im Katastrophenfall. Extreme Wetterereignisse oder die Ausbreitung von Krankheiten, die im Zuge des Klimawandels zunehmen, gefährden nicht nur ältere, sondern auch kranke Menschen und Menschen mit Behinderungen besonders stark. Bei den Überflutungen im Ahrtal im Sommer 2021 starben in Sinzig in Rheinland-Pfalz zwölf Menschen, die in einem Pflegeheim für behinderte Menschen wohnten. Sie konnten nicht rechtzeitig gerettet werden. Menschen in Pflege- und Altersheimen, in Krankenhäusern sowie Hilfsbedürftige in den eigenen vier Wänden müssen besonders vor Umweltkatastrophen geschützt werden. Sie sind häufiger auf Hilfe angewiesen, zum

Beispiel, um vor extremen Wetterereignissen zu fliehen. Der Zusammenbruch von Lieferwegen für Medikamente sowie von Möglichkeiten der Versorgung in Krankenhäusern und des Krankentransports betrifft sie am meisten.

Wie kann dieser Schutz in ärmeren und viel stärker betroffenen Regionen der Welt gelingen? Oder führt der Klimawandel direkt in eine neue Ära von Menschenfeindlichkeit, Egoismus und rassistischer und sozialdarwinistischer Selektion? – Bei allen Maßnahmen zum Schutz des Klimas und zur Anpassung an unvermeidbare Klimafolgen müssen die Bedarfe der Schwächsten berücksichtigt werden. Diejenigen, die besonders gefährdet sind, weil die Gesellschaft so ist, wie sie ist, müssen beim Suchen nach Antworten und Lösungen einbezogen werden, anstatt sie auf die Rolle als Betroffene, Bittsteller:innen oder Hilfsempfänger:innen zu reduzieren.

Die Überwindung von Benachteiligungen braucht vielfältige Perspektiven. Denn ungerechtfertigte Ungleichheiten, einschließlich derer, die durch den Klimawandel geschaffen oder verstärkt werden, sind oft intersektional. Das bedeutet, dass Betroffene häufig nicht nur von Benachteiligungen aufgrund einer Dimension betroffen sind, sondern aufgrund mehrerer. Wer beispielsweise arm und weiblich ist und im globalen Süden lebt, ist besonders benachteiligt. Verschiedene Aspekte von Ungleichheit verstärken sich gegenseitig. Die Reichsten und die Weißen, die am meisten für den Klimawandel verantwortlich sind, leben wahrscheinlicher in Regionen, die weniger betroffen sind. Insbesondere ungerechte wirtschaftliche Benachteiligungen (Klassismus) gehen häufig mit anderen Formen wie Rassismus oder Sexismus einher. Eine Gewichtung oder gar ein Gegeneinanderausspielen verschiedener Betroffenheiten bringt gar nichts – außer einer Spaltung, die dem Status quo und dem antiökologischen Lager nutzt. Das Ziel muss intersektionale Solidarität sein, die aus der Vielfalt der Perspektiven und Gruppen Stärke zieht. Das erfordert die Kraft, Unterschiede und Widersprüche auszuhalten.

Und die Rechten? Sie wehren eine konstruktive und kritische Beschäftigung mit Diskriminierung und Ungleichheit ab. Sozial gemachte Ungleichheit verklären sie als »natürlich«, sie geben »Afrikanern«, »Muslimen« oder »Juden« die Schuld an den Problemen, die unser System hervorbringt, sie inszenieren sich als Retter. Mit Falschinformationen, Verschwörungserzählungen und Sündenbockideologien lenken sie von Problemen und Gefahren ab. Ein gefährlicher Evergreen rechtsradikaler Ideologien bleibt dabei der Antisemitismus.

Alles nur erfunden – aber von wem?

In rechten Telegram-Kanälen wird der menschengemachte Klimawandel offen und in extremer Form geleugnet. Das soziale Netzwerk Telegram wird praktisch nicht reguliert und hat sich dadurch zu einem Sammelbecken für Rechtsradikale und Verschwörungsideolog:innen entwickelt. Was bedeutet es, wenn Menschen die ideologische Überzeugung teilen, dass der Klimawandel in Wahrheit ein Hoax, also eine Lüge ist, obwohl in Medien und Politik ständig die unumstößlichen Fakten über den Klimawandel vermittelt werden? Vor allem eine Antwort auf diese Dissonanz erscheint dann plausibel: Es müsse jemand den Klimawandel erfunden haben, um damit Böses zu bezwecken. Mal mehr, mal weniger offen werden die Triebkräfte hinter der vermeintlichen »Klimalüge« als jüdisch oder den Interessen von Juden dienend beschrieben. Als Chiffren werden die Namen jüdischer Familien, wie Rothschild, oder eben Begriffe wie »Kulturmarxisten« oder »Globalisten« genutzt. Dahinter steht die Vorstellung einer globalen Verschwörung gegen die Nationen. Diese Verschwörung wiederum diene den Interessen »wurzelloser« Juden. Weil der Kapitalismus nicht als System verstanden wird und nicht verstanden werden will, werden die Ressentiments gegen Moderne und Globalisierung auf vermeintlich bösartige Weltenlenker projiziert.

Die historischen Ursprünge des Antisemitismus reichen bis weit vor die Zeit der Industrialisierung in den christlichen Antijudaismus zurück. Aus Europa wurde der Antisemitismus in die ganze Welt exportiert. Der Hass auf Juden war nicht nur ideologischer Kern des Nationalsozialismus, sondern auch Teil des Mainstreams im industriellen Kapitalismus. Adolf Hitler und Heinrich Himmler verehrten beispielsweise Henry Ford, den Pionier bei der Massenproduktion von Autos, weil er ein glühender Antisemit war. Fords zwischen 1920 und 1922 veröffentlichte Buchreihe *Der internationale Jude: Ein Weltproblem* wurde in verschiedene Sprachen übersetzt und war eine der einflussreichsten Quellen für antisemitisches Verschwörungsdenken, wie es bis heute nachwirkt. Die vom Industriellen Ford geschürten Mechanismen des Antisemitismus sind noch heute aktuell. In seinem Buch heißt es unter anderem: »Der internationale jüdische Bankier, der kein Vaterland hat, sondern alle Länder gegeneinander ausspielt, und das internationale jüdische Proletariat, das von Land zu Land streicht, um die ihm genehmen wirtschaftlichen Bedingungen zu suchen, sind hinter allen Problemen zu finden, die heutzutage die Welt beunruhigen.«[1]

Fast wortgleich rechtfertigen antisemitische Terrorist:innen heute ihre Gewalt. Rechtsradikale chiffrieren diesen Antisemitismus gegenwärtig als »Bevölkerungsaustausch«, für den »Globalisten« oder vermeintliche oder tatsächliche Juden wie George Soros verantwortlich seien. Maßnahmen zur Abwehr des Klimawandels werden als Instrumente einer jüdischen Weltverschwörung dargestellt, um die Völker zu unterdrücken. Wie stark Verschwörungsvorstellungen mit Antisemitismus zusammenhängen, haben bereits zahlreiche Studien bewiesen. In der Coronapandemie wurden diese Denkstrukturen in vielen Protesten sichtbar und integrierten dabei ganz unterschiedliche politische Strömungen. Vor allem mit der Erzählung des »Bevölkerungsaustauschs« ist es der radikalen Rechten gelungen, alte antisemitische und rassistische Ideologien in Teilen neu zu formulieren. Demnach nutzt der Feind, die »Globalisten« (eine häufig genutzte Chiffre für Jüd:innen), Migration als Waffe gegen die Nationen.

Die antisemitische Schuldabwehr von Shoa und Weltkrieg in der Vergangenheit geht oft mit einer Verantwortungsabwehr für die Zukunft einher, denn im antisemitischen Denken sind die Erinnerung an die Opfer des Nationalsozialismus ebenso wie die Mahnung vor dem Klimawandel und seiner Opfer Instrumente der moralischen Demütigung, Bevormundung und Unterdrückung des (deutschen) Volkes durch jüdische Interessen. Dass antisemitisches Denken auch heute noch für so viele Menschen attraktiv ist, hat einen wichtigen Grund: Es entlastet davon, Verantwortung dafür zu übernehmen, das komplizierte System sowie die eigene Position darin zu reflektieren.

Nicht im Geheimen oder mit finsteren Tricks, sondern öffentlich und mit weitgehend legalen Methoden werben Netzwerke für Klimaleugnung für die fossile Industrie und treiben dabei die Öffentlichkeit seit Jahrzehnten mit Desinformationen in die Irre.

6

Die Rechten und der Klimawandel in Deutschland

Ein Grund für die Bagatellisierung des Klimawandels und für die Gegnerschaft zur Energie- und Mobilitätswende sind Abwehrreflexe gegen den notwendigen gesellschaftlichen Wandel. Dies hat zunächst nicht unbedingt etwas mit radikal antidemokratischen Orientierungen zu tun. Vor allem Menschen, die mit dem Handeln von Politiker:innen seit Längerem unzufrieden sind und ihnen Misstrauen entgegenbringen, versperren sich gegenüber der ökologischen Wende, denn sie verbinden damit eine bedrohliche Entwicklung.

Die Wahrnehmung, Maßnahmen des Klimaschutzes würden von politischen Eliten und Institutionen dem »Volk« gegen seinen Willen und zu seinem Schaden aufgezwungen, hängt wesentlich damit zusammen, dass man generell starke Zweifel daran hegt, dass »die da oben« die Interessen der »einfachen Leute« vertreten. Vor allem die negativen Erfahrungen in den zahlreichen Strukturumbrüchen – z. B. in ländlichen Regionen in Ostdeutschland nach 1989 oder auch in den ehemaligen Industriehochburgen im Westen – haben sich in das kollektive Gedächtnis eingeschrieben. Viele fühlen sich von der Politik im Stich gelassen und nicht gehört, deshalb sind sie frustriert. Vor allem sind sie nur sehr schwer für neue gesellschaftliche Projekte zu gewinnen, die mit tiefgreifendem Wandel verbunden sind und auf eine ungewisse Zukunft weisen. Von Krisenzeiten und Umbrüchen haben sie die Nase voll – der Politikwissenschaftler Everhard Holtmann spricht von »multiplen Transformationsschocks«.[1] Daher sehnen sie sich nach Sicherheit und Stabilität. Und nun erzählen die Politiker:innen, im Zeichen der Klimakrise müsse es noch viel größere Veränderungen als bisher geben? Energiewende, Mobilitätswende, ganze Bündel von Reformen, gar der Umbau der gesamten Wirtschafts- und Konsumwelt? Das sind keine vertrauensfördernden Maßnahmen. Die Diskurse sind geeignet, um den Graben zwischen der Bevölkerung und den politisch Verantwortlichen zu vertiefen. Die Wahrnehmung einer vermeintlich übertriebenen, sinnlosen und schädlichen Klimaschutzpolitik steigert eine seit längerer Zeit schwelende Legitimationskrise der Demokratie, das Wegbröckeln des Vertrauens in die politischen Akteur:innen, die demokratischen Institutionen, das ganze politische System. Und genau hier kann die radikale Rechte ansetzen.

Rechte Ideologie zielt darauf ab und ist dazu geeignet, Abwehrreflexe und politische Einstellungen gegen die ökologische Wende zu verstärken. Die Propaganda dazu wird über die Publikationskanäle der radikal rechten Medienlandschaft verbreitet, maßgeblich in den sozialen Netzwerken. Wie bereits in der Coronapandemie sind damit erhebliche Mobilisierungs- und Radikalisierungspotenziale verbunden. Nach Darstellung der radikal rechten Verschwörungsideolog:innen ist die Pandemie eine »Generalprobe« der »globalistischen Eliten« für die zukünftige Klimadiktatur. Mit der Klimafrage konstruieren diese radikal rechten Ideolog:innen bereits seit längerer Zeit einen weiteren, möglicherweise noch größeren Mobilisierungsanlass. Dazu streuen sie breit und zahlreich Desinformationen[2] und versuchen Angst und Vorbehalte gegenüber der Demokratie zu schüren. Der gesellschaftliche Diskurs soll mit Demagogie gekapert werden. Die Klimapolitik wird zum teuflischen Plan stilisiert, zur Weltverschwörung der Eliten, der man Widerstand entgegenbringen müsse. Wie immer in der radikal rechten Ideologietradition: um Volk und Nation zu retten und aus Notwehr, mit der letztlich sogar Gewalt als legitimes Mittel erscheint. In Wirklichkeit geht es dabei um die Verteidigung des vermeintlichen Rechts darauf, die Welt auf Kosten der Schwächsten zu ruinieren und dafür keine Verantwortung zu übernehmen.

Das ist das Gegenteil eines echten christlichen, liberalen oder solidarischen Freiheitsverständnisses, denn dieses ist – von der Bibel über Kant bis in unsere Verfassung – geprägt von der Verantwortung für andere. Politische Kräfte, die den Klimawandel und die globale Ungerechtigkeit nicht bekämpfen, sind in Wahrheit freiheitsfeindlich. Denn der Status quo der Emissionen eines kleinen Teils der Weltbevölkerung schränkt die Freiheit eines größeren Teils bereits heute ein. Wenn so weiter gemacht wird wie bisher, werden die äußeren Zwänge anwachsen. Dann wird es immer weniger Spielraum für freie Entscheidungen geben. Rechte Politik kommt aktuell in zwei Hauptvarianten daher, die die eigenen Privilegien entweder verleugnet oder brutal verteidigt: im Antiökologismus und im Ökofaschismus. Widmen wir uns zunächst dem Antiökologismus, der die ökologische Wende sabotiert und eine rückwärtsgewandte, nationalistische Wohlstands- und Wachstumsideologie vertritt.

Antiökologismus: der Kampf gegen die ökologische Wende

Die Klimapolitik der AfD

Die AfD leugnet, dass der Klimawandel durch menschliches Handeln verursacht wird oder zweifelt zumindest die Bedeutung des menschengemachten Anteils an der Erderwärmung an. Einige AfD-Politiker:innen bestreiten auch, dass es überhaupt einen Klimawandel gibt. Vor allem aber lehnt die AfD die Energiewende ab.[3] Ihre energiepolitischen Positionen sind der Soziologin Andrea Amri-Henkel zufolge »von Polarisierung, Anti-Elitarismus und Anti-Intellektualismus«[4] geprägt. Der AfD geht es vor allem um Abwehr, um die Verweigerung einer »irrationalen« Politik, die den Bürger:innen von den »etablierten Parteien« angeblich aufgedrängt werde; um die »Unvernunft« einer abgehobenen Elite, die gegen die Interessen des »Volkes« handle. Bei Teilen der Wähler:innenschaft scheint dies zu verfangen. Eine 2018 veröffentlichte Studie ermittelte, dass immerhin 44 Prozent der selbsterklärten »Energiewende-Gegner:innen« die AfD wählten.[5] Bemessen an den deutschlandweiten Wahlergebnissen der Partei sind deren Wähler:innen also in dieser Gruppe signifikant überrepräsentiert. Die allgemeine Ablehnung staatlicher Politik und geringes Vertrauen gegenüber den demokratischen Institutionen macht sich bei vielen von ihnen offenbar in der Abwehr der ökologischen Energiepolitik bemerkbar: Windräder? Solarkraft? Abschied von den fossilen Energieträgern? – Linksgrüne Ideologieprojekte zum Schaden des Volkes! Das Mobilisierungspotenzial für die AfD ist deshalb so groß, weil es »strukturelle Affinitäten zwischen dem Rechtspopulismus der AfD einerseits und dem Protest gegen Energiewende-Projekte andererseits gibt«, wie es Forschende der Projektgruppe »Akzeptanzkriterien und Gerechtigkeitsvorstellungen in der Energiewende« bereits 2017 formulierten.[6] Denn die AfD, die sich als besonders bürgernah inszeniert, kämpft ihren Kampf gegen Windmühlen angeblich stellvertretend für jene, die sich generell von der gesellschaftlichen Entwicklung überrollt sehen und fürchten, ihren Status und ihre Privilegien einzubüßen.

Vieles von dem, was im Wahlprogramm der AfD zur Bundestagswahl 2021 unter der Überschrift »Dem Klimawandel positiv begegnen« zu lesen war, ist falsch und entlarvend. Besonders auffällig war die folgende Aussage: »Das Spurengas CO_2 ist als Voraussetzung für alles Leben unverzichtbar. Der

Anstieg der Konzentration von CO_2 in der Atmosphäre hat in den letzten Jahrzehnten zu einem Ergrünen der Erde beigetragen.«[7]

Auch die Benennung anderer, angeblich positiver Seiten des Klimawandels ist nicht nur ignorant, sondern zynisches Kalkül. Es ist ein Schlag ins Gesicht jener, die weltweit schon heute unter zunehmender Dürre und Lebensmittelknappheit leiden. Doch aus der privilegierten und ausbeuterischen Position, die die radikale Rechte propagiert, lebt man ja in einer anderen Welt. Und für die weißen, vor allem männlichen und relativ wohlhabenden Wähler:innen der AfD und in den Lobbygruppen des Antiökologismus stimmt das in Vergangenheit und Gegenwart: Sie profitierten vom CO_2-Ausstoß ebenso wie von Kolonialismus, Kapitalismus und der Unterdrückung von Frauen. Warum sollten sie diese Privilegien freiwillig aufgeben? Die Anerkennung der Fakten des menschengemachten Klimawandels wäre nicht weniger als das Eingeständnis, dass die glorifizierte »abendländische« Zivilisation auf Ausbeutung und Zerstörung basiert.

Das *Institute for Strategic Dialogue* (ISD) untersuchte im Bundestagswahlkampf 2021 die Klimadiskurse der Parteien in den sozialen Medien. Ergebnis: Im Vorfeld der Wahlen dominierte die AfD die Klimadebatte in deutschsprachigen sozialen Medien. Obwohl die Onlinekampagnen der AfD an Schlagkraft verloren hatten, gehörten Posts, in denen sich die Partei gegen Klimaschutzmaßnahmen aussprach und andere Parteien für ihre Positionen in der Klimafrage angriff, zu den am häufigsten geteilten Inhalten. Im Vergleich mit anderen Parteien profitierte die AfD demnach von der Debatte zum Klimawandel. Unter anderem mit bezahlten Werbeanzeigen wie »Darf ich noch nach Kreta, Greta?« konnte sich die AfD provokativ abgrenzen und durch zynischen Humor die Dringlichkeit der Klimafrage konterkarieren. Laut der ISD-Studie war die Leugnung des Klimawandels dabei nicht zentral. Stattdessen wurden Schutzmaßnahmen als unnötig denunziert und die Klimafrage zum Kulturkampf stilisiert. Die Forscher:innen stellten fest, dass »Klimaschutzmaßnahmen als Bedrohung für den Lebensstil der Wähler:innen«[8] dargestellt und »in diesem Kontext bewusst Existenzängste der Menschen ausgenutzt und mit nationalistischen Elementen verbunden« wurden.[9]

Begründet werden diese Positionen, die AfD-Politiker:innen auf Bundes- und Landesebene auch in Reden, parlamentarischen Anfragen und Gesetzesentwürfen vertreten, mit Verweisen auf die angeblich wissenschaftlichen Gutachten vermeintlicher Fachleute. Doch diese sind meist der internationalen Klimaleugnungsszene zuzurechnen und besetzen zum Teil Schlüsselpositionen in den Lobbynetzwerken der fossilen Industrie.

In der Coronapandemie hat sich die AfD ambivalent verhalten und mit verteilten Rollen gespielt: Während einige Politiker:innen die Nähe zum Milieu der Pandemieleugner:innen und Verschwörungsgläubigen demonstrierten, war die Hauptlinie der Partei durch die »Grundrechte«- bzw. »Freiheits«-Erzählung bestimmt. Außerdem warnte man vor volkswirtschaftlichen Folgeschäden und gerierte sich als Sprachrohr des Mittelstands. Dies wird in den kommenden Jahren auch die Hauptlinie der AfD in Sachen Klimapolitik bleiben. Damit fischt die Partei nicht nur am »Rand«, sondern kann Protestpotenziale aus ganz unterschiedlichen Teilen der Gesellschaft ansprechen – etwa Menschen, die Veränderungen scheuen, sich Sorgen um ihre Zukunft machen und befürchten, auf die Verliererseite des Systems zu geraten.

Mit Klimaleugnung auf Stimmenfang?

Im scharfen Kontrast zu den Anhänger:innen aller anderen im Bundestag vertretenen Parteien sehen AfD-Anhänger:innen mehrheitlich nur wenig oder gar keinen Handlungsbedarf in Sachen Klimaschutz.[10] Und doch gibt es offensichtlich unter erklärten Wähler:innen der AfD relativ viele, die in Sachen Klimawandel nicht mit der »Parteilinie« übereinstimmen. Bei ihnen ist keine Klimaleugnung und auch keine rigorose Ablehnung von Energiewende und Windkraft erkennbar. Im *ARD-DeutschlandTrend* im Mai 2019 stimmten insgesamt 86 Prozent der Befragten der Aussage zu: »Das Klima ändert sich verstärkt durch den Einfluss des Menschen.« Unter den AfD-Wähler:innen waren es immerhin noch 60 Prozent, also eine deutliche Mehrheit.[11] Nach Einschätzung der Autor:innen der »Mitte-Studie« der Friedrich-Ebert-Stiftung, die das »Propagandafeld Klima« untersucht haben, zeichnet sich ein Dilemma für die AfD ab: Sie macht sich mit ihren Positionen zum Sprachrohr eines kleinen Protestmilieus, das nicht die breiten Wähler:innenschichten repräsentiert, auf die die AfD eigentlich schielt und die sie für sich gewinnen möchte. Sie hat – wie in anderen Politikfeldern – ein Alleinstellungsmerkmal, bleibt aber isoliert: Selbst in klima- und energiepolitischen Fragen ist die AfD auf absehbare Zeit nicht koalitionsfähig. Allerdings ist derzeit völlig offen, ob die von radikal rechten Demagog:innen genährte Angst und die wohl unvermeidlichen Debatten über die Veränderung »unserer« Lebensweise infolge des Klimawandels der AfD in Zukunft nicht doch größere Spielräume eröffnen werden. Auch in anderen Parteien organisiert sich der Widerstand gegen die ökologische Wende mit teilweise gefährlichem Populismus. So warb die CDU in Thüringen im Landtagswahlkampf 2019: »Windrad-Wahnsinn – Schluss damit!«. Neben anderen nahmen die CDU-Ministerpräsidenten in Sachsen-Anhalt und Sachsen im März 2022 den russischen Angriffskrieg auf die Ukraine zum Anlass für die Forderung, den Kohleausstieg noch weiter in die Zukunft zu verschieben. Man muss keine hellseherischen Fähigkeiten besitzen, um vorauszusagen, dass sich die AfD noch stärker auf das Thema der Sozialverträglichkeit der Klimapolitik verlagern wird, anstatt den Klimawandel an sich abzustreiten. Die AfD inszeniert sich als Partei des »gesunden Menschenverstandes« und als Fürsprecherin der »einfachen Leute«. Diese Kümmerer-Strategie wird auch dann Menschen ansprechen, wenn für die Letzten längst klar ist, dass der Klimawandel tatsächlich katastrophale Auswirkungen hat und nicht mehr aufgehalten werden kann. Die Partei wird vermutlich stärker auf die Strategie setzen, ihre pauschale »Systemkritik« mit der Skandalisierung eines vermeintlich oder tatsächlich unzureichenden Schutzes der Bevölkerung vor den Klimawandelfolgen zu verbinden. Für viele Bürger:innen ist diese Ablenkung attraktiv, denn so müssen sie sich weder mit systemischen Ungerechtigkeiten noch mit ihrem eigenen Verhalten auseinandersetzen.

Die rechte Agitation gegen den Klimaschutz

Bei bloßer Klimaleugnung bleibt die radikale Rechte nicht stehen. Wenn AfD-Politiker:innen die Herausforderungen der globalen Klima- und Umweltthematik der »Lebenswirklichkeit und den Interessen der einfachen Leute« entgegenstellen, markiert dies ein großes gesellschaftliches Konfliktpotenzial.[12] Steigende Energiepreise, Mobilitätswende mit Reduktion des Individualverkehrs, Umstellung von Produktionsweisen und ganzen Industrien, gar der Verzicht auf viele lieb gewordene Konsumgewohnheiten? Dies wird soziale Ungleichheit erhöhen und Verteilungskämpfe in der Gesellschaft entfachen. Außerdem sind einige der möglichen Maßnahmen zwar aus Sicht von Klimafachleuten sinnvoll oder sogar dringend geboten, politisch aber umstritten, z. B. der Abschied vom Diesel und das Tempolimit. In vielen dieser Streitfragen ist es notwendig, genauer hinzusehen. Einerseits ist richtig, dass viele Menschen (noch) auf den Diesel bauen oder sogar angewiesen sind. In Deutschland gibt es derzeit ca. 15 Millionen Pkw mit Dieselmotor – immerhin sind das 30 Prozent der insgesamt ca. 50 Millionen zugelassenen Pkw.[13] Andererseits wird der Diesel immer unattraktiver. Einer Befragung aus dem Oktober

2021 zufolge würden sich nur noch neun Prozent aller Autofahrer:innen einen Diesel kaufen.[14] Und dass das allgemeine Tempolimit von 130 km/h auf deutschen Autobahnen sonderlich unpopulär sei, suggerieren in erster Linie bestimmte Teile der Politik. Zuletzt verhinderte die FDP, deren Mantra »Freie Fahrt für freie Bürger« jahrzehntelang die Debatte prägte, mit ihrem Veto bei den Ampel-Koalitionsgesprächen Ende 2021 die Einführung des Tempolimits. Im Januar 2022 bezeichnete FDP-Verkehrsminister Wissing das Tempolimit als »ganz kleines Thema, auch wenn es ein sehr emotionales Thema ist«.[15] Doch laut einer Bevölkerungsbefragung zur gleichen Zeit befürwortete mit 64 Prozent eine Mehrheit der Deutschen das Tempolimit. Nur 36 Prozent lehnten es ab, dabei 15 Prozent »eher« und 21 Prozent »auf jeden Fall«.[16] Doch gerade aus solchen – keineswegs kleinen – Minderheiten versuchen auch radikale Rechte ihr Potenzial zu schöpfen. Sie wollen jene für sich mobilisieren, die *dagegen* sind, und umgarnen sie als vermeintliche Opfer der um sich greifenden staatlichen »Verbotspolitik«.

Seit Langem ist die AfD daher bemüht, sich auf den Themengebieten Klima, Umwelt, Energie und Mobilität zumindest punktuell fachpolitisch aufzustellen. Bisher wird dafür vor allem auf der Klaviatur der Sorgen und Ängste der Bevölkerung gespielt. In völliger Verkehrung der Tatsachen suggerieren die Rechtspopulist:innen, dass »wir« gerade dann dem Untergang geweiht sind, wenn konsequenter Klimaschutz betrieben wird. Dabei ist die Hauptgefahr für den Wohlstand und das Leben aller, jetzt nichts zu tun. Gerade die Verweigerungshaltung, die die AfD schürt, wird sich als schwerwiegender Fehler herausstellen: Schätzungen des Umweltbundesamtes von 2020 zufolge würde ein konsequenter Klima- und Umweltschutz viele Milliarden Euro einsparen, weil die Gesamtschäden des Nichtstuns die Kosten der ökologischen Wende um ein Vielfaches übersteigen.[17] Volkswirtschaftler:innen pflichten dem bei. Claudia Kemfert vom Deutschen Institut für Wirtschaftsforschung in

Berlin meinte 2021 vor dem Hintergrund der Hochwasserkatastrophe: »Jeder Euro, den wir jetzt investieren, spart 15 Euro Klimaschäden ein.«[18]

Doch die AfD ist sicher, »unser« Wohlstand und »unser« Wirtschaftsstandort stünden auf dem Spiel. Ein solcher Alarmismus spricht die Verlustängste und die Zukunftsunsicherheit vieler Menschen an, er erweckt negative Emotionen und bekräftigt böse Vorahnungen. Und gegen dieses Bauchgefühl ist mit nüchternen Zahlen und Fakten schwer anzukommen. Der Rechtspopulismus setzt auf Faktenfreiheit, auf die Erweckung von Gefühlswelten. Und in Sachen Klima gehört dazu auch mythische Überhöhung des Autos, des Dieselmotors, ja sogar der Kernkraft als *Kulturgüter* und Symbole einer nationalen Kollektividentität. Deutschland, das »Land der Erfinder und Ingenieure« mit der besten Technologie der Welt! Nach dem Kulturkampf um Migration und Gender inszeniert die Rechte nun einen Kulturkampf ums Auto und um die Energieerzeugung. Denn auch in der »sauberen« Kernenergie sei Deutschland führend gewesen, bevor ein unnötiger Ausstieg besiegelt wurde. Nicht zuletzt wird dem Kohletagebau das Wort geredet, wobei sich ausgerechnet in der sonst so »heimatverbundenen« AfD niemand ernsthaft für das Wegbaggern uralter Dörfer interessiert.

Mediale Mobilmachung gegen Klimaaktivist:innen

Im rechten Framing spielt die Erzählung von »Verbotspolitik« und »Klimadiktatur« eine entscheidende Rolle: Die Menschen sollen das Gefühl bekommen, dass ihnen unrecht getan wird. Folglich sei es legitim und wichtig, aus Notwehr Widerstand zu leisten, Widerstand gegen den angeblichen »Irrsinn«, der »unseren Wohlstand vernichtet« – und gegen alle, die sich für den Klimaschutz engagieren. Dafür kommt den Rechten jede Lüge und jede Verdrehung gelegen. Sie nutzen vor allem die sozialen Medien, um ihre Erzählungen zu verbreiten.

Seit *Fridays for Future* den Klimawandel als drängendstes Problem der Gegenwart in das öffentliche Bewusstsein gebracht hat, kam es explosionsartig zur Verbreitung von Online-Beiträgen, Videos, Memes und Hashtags, in denen der Klimawandel abgestritten oder bagatellisiert wird. Hass und Häme werden zudem über Klimaaktivist:innen und grüne Politiker:innen ausgeschüttet. Auch Klischees von ökologisch bewusst lebenden Menschen werden lächerlich gemacht – oder aggressiv angefeindet, bis hin zu Mordfantasien, die oftmals in Form eines »frechen« Humors gekleidet werden, etwa »Hängt die Grünen, solange es noch Bäume gibt«. Es wird Stimmung gemacht: Wir gegen die! Die Bekloppten mit ihren Übertreibungen oder Erfindungen vom menschengemachten Klimawandel! Für die klimaleugnende und klimaskeptische Online-Community und für rechte Hetzmedien wie das *COMPACT-Magazin* steht fest, dass dahinter eine Verschwörung steckt: Die »linksgrünen Eliten« würden den Klimawandel nur vorschieben, um Freiheitsrechte abzuschaffen und Menschen ins Elend zu stürzen. Das Ziel ist Emotionalisierung, mit Fakten wird beliebig umgegangen, und die Wahrheit bleibt auf der Strecke. So hat Jürgen Elsässer, Gründer des *COMPACT-Magazins* und Redner bei den rassistischen *Pegida*-Kundgebungen in Dresden, vor laufender Kamera zugegeben, dass er mit Verschwörungserzählungen und Lügen Propaganda betreibt, um die Gemüter der Menschen in Wallung zu bringen und gegen das »System« zu mobilisieren. Gegenüber Journalist:innen des ARD-Magazins *Kontraste* sprach Elsässer von »mythische[n] Übertreibungen«, die für eine »Weiterentwicklung der Gesellschaft« notwendig seien.[19] Ganz in diesem Sinne verbreitet *COMPACT* seit Jahren Hetze gegen Geflüchtete und Asylsuchende. Das Magazin mischte kräftig mit beim Streuen von rechten Erzählungen über die Coronapandemie als »von oben geplantes Projekt« der Eliten, nährte den Widerstand gegen die staatlichen Maßnahmen zur Eindämmung der Pandemie und befeuerte die Impfgegnerschaft mit kruden »Enthüllungsstorys« über eine angebliche »genetische Umprogrammierung des Menschen« und andere finstere Pläne einer »satanischen« Elite.

Leib- und Magenthemen im Magazin von Jürgen Elsässer sind der »Great Reset« und die »Klimadiktatur«, die mit der »Coronadiktatur« angeblich vorbereitet werden. In einer Sonderausgabe vom November 2021, übertitelt mit »Das große Erwachen – der spirituelle Kampf gegen den Great Reset«, wird der australische Satiriker, Trump-Anhänger und klimaleugnende Antiökologe Rowan Dean mit den Worten zitiert: »Es ist ein Programm, das darauf abzielt, uns all unsere fundamentalen demokratischen Grundrechte zu entziehen, zugunsten einer neuen Gesellschaftsform – diktiert von den Eliten. […] Es ist eine knallharte, linke Horrorshow – vollgestopft mit Quasi-Faschismus.«[20] Das Schreckgespenst des linken Kollektivismus und des übergriffigen Staates, der angeblich seine Bürger:innen am Gängelband führt, ist in *COMPACT* allgegenwärtig. Daher wird bevorzugt von »Öko-Diktatur« und »Öko-Sozialismus« geschrieben. Die Grünen gelten als »Verbotspartei«, die Bürger:innen »umerziehen« und Autofahrer:innen »enteignen« wolle. Auf dem Titelblatt der *COMPACT*-Ausgabe 4/2019 hieß es: »Greta nervt – Klima-Hysterie als Ersatzreligion«. »Greta-Jünger« ist eine im Magazin oft verwendete Bezeichnung für angeblich ideologisch verblendete Klimaschutzaktivist:innen, die mit ihrem »Klimawahn« die Gesellschaft bedrohen würden. Die Engagierten von *Ende Gelände*, die schon mehrfach Zielscheibe rechter Gewalt wurden, werden als »Stalinisten« und »Linksterroristen« diffamiert, während man den rechtsradikalen Verein *Zukunft Heimat* aus Cottbus im Lausitzer Braunkohlerevier als »Bürgerbewegung« bezeichnet.[21] Dieser 2015 gegründete »Heimatverein« organisierte Demonstrationen gegen die Aufnahme von Geflüchteten sowie gegen die staatlichen Maßnahmen in der Coronapandemie. *Zukunft Heimat* gilt als Scharnier zwischen bürgerlich auftretenden Rechten, der Naziszene und der rechten Fußball-Hooliganszene in der Region. Als das Bündnis *Ende Gelände* im November 2019 in Cottbus für den Kohleausstieg demonstrierte, wurde es von Neonazis bedroht und tätlich angegriffen; es erfuhr aber auch von vermeintlich normalen Kohlebefürworter:innen Anfeindungen. Während eines Fußballspiels des FC Energie Cottbus entrollten Fans ein Transparent mit dem Spruch: »Wann Ende im Gelände ist, bestimmt nicht ihr! Unsere Heimat – unsere Zukunft! Ende Gelände zerschlagen!«[22]

Das rechte Feindbild der angeblichen »Klimahysteriker« und »Klimaschwindler« ist eine Projektionsfläche, auf die »normale« Menschen ihre Unsicherheit, ihren Frust und ihre Aggression lenken können. Noch abstruser wird es aber, wenn sich radikale Rechte als Umweltschützer:innen inszenieren und sich mit einer rassistischen Umdeutung der Klimakrise echter Klimagerechtigkeit in den Weg stellen.

Ökofaschismus: »Heimatschutz« statt Klimaschutz

Für Menschen, die sich nur wenig mit radikal rechter Ideologie beschäftigen, mag es befremdlich wirken, wenn Rechte sich des Themas Umwelt annehmen. Ist Umwelt- und Naturschutz denn nicht eher ein »linkes« Projekt, das man mit Hippies, mit Greenpeace und anderen Aktivist:innen verbindet? Allerlei Menschen haben ein ausgeprägtes ökologisches Bewusstsein und demonstrieren dieses durch nachhaltigen Konsum. Doch das sagt noch nichts darüber aus, welche Weltanschauung, welche politischen Ansichten sie haben. Denn neben linken und alternativen Umweltfreund:innen gibt es auch konservative Schöpfungsbewahrer:innen, grüne Kapitalist:innen und Ökofaschist:innen: Letztere haben die Natur nicht nur gern, sondern sehen sie vor allem durch »Fremde« bedroht. Eine

Verbindung zwischen Naturverbundenheit, nationalistisch übersteigerter Heimatliebe und Rassismus ist bei genauerem Hinsehen logisch. Daher ist Umweltpolitik auch ein Thema für Teile der radikalen Rechten.[23]

»Umweltschutz ist Heimatschutz« – dieser Slogan wird von der NPD, der neonazistischen Kleinstpartei Der III. Weg und der AfD verwendet. In erster Linie ist Heimat für die radikale Rechte das »Eigene«, das vor dem bzw. den »Fremden« geschützt werden müsse. Rechte Ökologie ist grün gewaschene Blut-und-Boden-Ideologie mit langen Traditionslinien. Eine schwärmerische Natur- und Nationalromantik ist seit über 200 Jahren Bestandteil radikal rechten Denkens.

Ökofaschismus der sogenannten Neuen Rechten

Die sogenannte Neue Rechte, die großen Einfluss auf die AfD hat und sich selbst in die Tradition der faschistischen Konservativen Revolution stellt,[24] sowie unverstellt auftretende Neonazis vertreten am offensten rassistische Positionen in der Klimafrage. Mit der Zeitschrift *Die Kehre* um ihren Chefredakteur Jonas Schick aus dem Umfeld des radikal rechten *Instituts für Staatspolitik* in Sachsen-Anhalt hat die radikale Rechte seit 2020 eine eigene Zeitschrift für Naturschutz. Die Rechte unterscheidet in der Regel scharf zwischen einerseits Natur bzw. Umwelt in der eigenen Region und im eigenen Land, die es zu schützen gilt, und andererseits dem globalen Klima, welches, wenn überhaupt, nur eine untergeordnete Rolle spielt. *Die Kehre* soll einen Raum schaffen, um die völkisch-nationalistische Rechte über die Leugnung hinaus auf das Klimathema vorzubereiten. In der Zeitschrift finden sich beispielsweise Artikel zu militantem Umweltschutz, ein langes Interview mit dem Thüringer AfD-Faschisten Björn Höcke oder Auseinandersetzungen mit linken Klima- und Postwachstumsdiskursen. Man will sich »ganzheitlich«, ohne »Verengung« auf »Klimaschutz«, mit »Ökologie« beschäftigen und setzt damit alte Traditionen völkischer Blut-und-Boden-Ideologie fort. Insofern steht auch hier nicht der Schutz des Klimas, sondern des Volkes vor Veränderungen der Moderne im Vordergrund – einschließlich reaktionär-romantischer Verklärung der Vergangenheit. Chefredakteur Schick geriert sich als Vordenker, der für mehr ökologische Politik in der zersplitterten »Mosaikrechten« wirbt und dazu den Umwelt- und Naturschutz von seinem »linksgrünen« Image zu befreien versucht.[25] Er geißelt die Überindustrialisierung, Übertechnisierung und »grenzenloses Wachstum« – wobei aus seiner Sicht auch der Grenzschutz, die Abwehr von Zuwanderung und eine restriktive rassistische Bevölkerungspolitik wichtig seien: »Wir sind schon zu viele mit 60 Millionen echten Deutschen, wir brauchen nicht noch 20 Millionen oben drauf.«[26]

Erfunden hat die sogenannte Neue Rechte diese Ansätze freilich nicht. Zuvor wurde aus dem Umfeld der neonazistischen NPD die ökofaschistische Zeitschrift *Umwelt & Aktiv* publiziert, die sich, wie *Die Kehre,* »ganzheitlich« dem »Umweltschutz« und »Heimatschutz« verpflichtet hat. Das völkische Umweltdenken von heute wurzelt in der ökofaschistischen Tradition des Nationalsozialismus.[27] Aus der Perspektive der Neuen Rechten steht die Moderne für »Degeneration«, für die Zerstörung der traditionellen Ordnung und der »organischen« Verbindung zwischen Mensch und Umwelt, für den »Raubbau an der Natur«: negative Entwicklungen, deren Verursacher und Profiteure die Eliten, die Juden, die »Fremden« seien. Das Verhältnis der radikalen Rechten zur Ökologie ist gleichsam ein instrumentelles wie ein symbolträchtiges. Besonders der deutsche Wald, wie er bereits von Joseph von Eichendorff in seinem Gedicht *An die Meisten* (1810) als Metapher eines geeinten, starken und tatkräftigen Volkes beschworen wurde, gilt der radikalen Rechten bis heute als metaphysisches »Kraftzentrum«. Der Wald wird vermeintlich von äußeren und inneren Feinden (Schädlingen) bedroht und bleibt gerade daher Sehnsuchtsort, Fluchtpunkt und Projektionsfläche. Nicht zufällig trug die NPD lange Zeit – in der Tradition der NSDAP – das Eichenlaub im Emblem. Nicht zufällig inszenieren sich radikal rechte Ideolog:innen und Führungskader als naturverbundene Familienmenschen, die das vermeintlich idyllische und harmonische Dorfleben der Stadt vorziehen. Das Dorf gilt den radikalen Rechten als Ort der »Volksgemeinschaft«, die Stadt hingegen als »Moloch«, als Ort der »Vereinzelung«, der »Vermassung«, der »Überfremdung«, der »Entartung«, des Verfalls von Werten und Sitten. Vor allem jedoch ist die moderne Stadt der Ort der »Gleichmacherei«, die der radikalen Rechten besonders verhasst ist: Industrialisierung, Liberalisierung und Demokratisierung haben den Wohlstandskonsum für viele ermöglicht – ungeachtet ihrer ethnischen, kulturellen oder sozialen Identität und trotz extremer Ungleichheiten. Schattenseiten dieser Entwicklung sind der gestiegene Energiebedarf, die Umweltschäden sowie die Ausbeutung natürlicher Ressourcen und der Arbeit von Frauen, Einwander:innen und vieler Menschen v. a. im globalen Süden.

Auch Felix Menzel, der stramm rechte Burschenschaftler und Herausgeber der *Blauen Narzisse,* steht für den neu entdeckten völkischen Ökofaschismus in der sogenannten Neuen Rechten. Auf der Homepage seines Projekts *Recherche Dresden* ist zu lesen: »Die Wurzeln der Ökologie liegen rechts«. Demnach sei »die Überbevölkerung […] die Mutter aller Umweltprobleme«, und die »Weltbevölkerung muß folglich auf einem niedrigeren Niveau stabilisiert werden«. Die »beste Umweltpolitik« umfasse »sichere Grenzen« zur Abschottung gegen den »Menschenüberschuß« aus Afrika.[28] In die gleiche Kerbe schlug 2019 die Berliner Jugendorganisation der AfD, die Junge Alternative, und forderte von ihrer Partei einen Kurswechsel in der Klimapolitik. Man müsse »von der schwer nachvollziehbaren Aussage Abstand nehmen, der Mensch würde das Klima nicht beeinflussen«. Stattdessen fordern die Jungrechten

Maßnahmen wie die Einführung einer Ein-Kind-Politik für »Schwellenländer«, um damit »einem der größten Klimaprobleme, der Überbevölkerung, entgegenzutreten«.[29] An anderer Stelle haben wir gezeigt, dass die Produktions- und Lebensweise der großen Industrieländer den Emissionsausstoß der ärmsten Länder und der meisten Entwicklungsländer pro Kopf um ein Vielfaches übersteigt. Hier zeigt sich die rassistische Verteidigung nationaler Privilegien in der radikalsten Form.

Andere radikal rechte Autor:innen und Politiker:innen schlagen in die gleiche klimarassistische Kerbe. Und auch in anderen Ländern wurden in den vergangenen Jahren verstärkt ökofaschistische Stimmen laut, beispielsweise vom skandinavischen *Nordic Resistance Movement*[30] oder der neonazistischen *Goldenen Morgenröte*.[31] Diskutable eigene Antworten auf die Klimakrise hat der völkische Ökofaschismus im neurechten Gewand nicht zu bieten, aber die rassistische Umdeutung stellt eine enorme Gefahr dar für Radikalisierungen zu genozidalen Gewaltfantasien, Hasskriminalität und Rechtsterrorismus.

Ökofaschistischer Rechtsterrorismus

Bereits die tödliche rassistische Gewalt des Rechtsradikalen Charles Manson 1969 und etwas später des Unabombers in den USA hatten eine starke ökofaschistische Dimension. Auch einige der schlimmsten rechtsterroristischen Anschläge der vergangenen Jahre beriefen sich auf ökofaschistische Erzählungen, um ihre rassistische Gewalt zu rechtfertigen. Der Rechtsterrorist, der im Juli 2011 in Norwegen 77 Menschen tötete, stellte in seinem Manifest über mehrere Seiten Zusammenhänge zwischen ökologischer Wende und rassistischen, insbesondere muslimfeindlichen Positionen her. So lobte er die Unabhängigkeit vom Öl durch alternative Batterietechniken, die nicht nur die Umwelt schonen, sondern auch »viele muslimische Länder wirtschaftlich völlig ruinieren« würden.[32] Er forderte ein »umfassendes Netzwerk von Kernkraftwerken« sowie globale Geburtenkontrolle vor allem für Länder der »zweiten und dritten Welt«. Der Rechtsterrorist forderte »radikale Maßnahmen«, um die Weltbevölkerung zu dezimieren (von damals 6,8 auf 3 Milliarden Menschen) – und zwar insbesondere im globalen Süden. 51 Menschen tötete im März 2019 ein Rechtsterrorist im neuseeländischen Christchurch bei Anschlägen auf islamische Zentren. Auch dieser Attentäter folgte der identitären Ideologie vom »großen Austausch«, die vor allem von europäischen und nordamerikanischen Rechtsradikalen verbreitet wird. In seinem Manifest erklärte er die angebliche Notwendigkeit rassistischer Gewalt durch die Entwicklung der Geburtsraten von »Nichteuropäern« und Nichtweißen. Er bediente viele zeitgenössische rechtsradikale Schlagworte, von den »Globalisten« bis zu den »Kulturmarxisten«. Und der selbsterklärte »Ökofaschist« argumentierte mit dem Klimawandel: Immigration und Klimawandel seien dasselbe Problem: Die Umwelt werde durch Überbevölkerung zerstört, wobei es nicht Europäer:innen, sondern die »Invasoren« seien, die die Welt überbevölkern würden. Seine barbarische Schlussfolgerung: »Tötet die Invasoren, tötet die Überbevölkerung und rettet so die Umwelt.« In Deutschland nutzten Rechte diesen Klimarassismus, um die Verantwortung für den Anschlag dem ökologischen Milieu in die Schuhe zu schieben: Der Täter sei gar kein brauner, sondern ein grüner Terrorist gewesen. Doch die Hauptmotive des Attentäters waren rassistisch und nationalistisch, er schrieb: »Grüner Nationalismus ist der einzig wahre Nationalismus.«

Nur wenige Monate später, im August 2019, tötete ein rassistischer Attentäter im amerikanischen El Paso 22 Menschen – motiviert durch den Anschlag in Christchurch und die rechtsradikale Ideologie des »großen Austauschs«, die er auf Migration aus Südamerika bezog. Er argumentierte, die amerikanische Lebensweise und insbesondere die damit verbundene Einwanderung in Amerika zerstöre die Umwelt und sei eine massive Belastung für künftige Generationen. Eine nachhaltigere Lebensweise sei dem Rechtsterroristen zufolge nur möglich, »wenn es uns gelingt, genügend Menschen loszuwerden«. Motiviert von der radikal rechten Ideologie des »großen Austauschs« und des Wahns eines rassistischen Bevölkerungskrieges war auch der Attentäter, der an Jom Kippur im Oktober 2019 in Halle an der Saale eine Synagoge attackierte und zwei Menschen tötete. Zu Hause hat er nach Aussage seiner Mutter unter anderem gegen Greta Thunberg gewettert. Im Februar 2020 starben neun Menschen mit Einwanderungsgeschichte bei einem rassistischen Anschlag in Hanau. Der Attentäter hinterließ ein Pamphlet, das Einblicke in seine paranoide, völkische und faschistische Geisteswelt erlaubt. Er propagierte die Vernichtung ganzer Völker und erwog eine »Halbierung der Bevölkerung« in Deutschland. Der Attentäter bezog sich dabei nicht explizit auf den Klimawandel, propagierte aber genozidale Fantasien, wie sie in der ökofaschistischen Rechten zu finden sind.

Diese Morde sind nur die Spitze des Eisbergs. Weitere Anschläge mit ökofaschistischem Hintergrund in verschiedenen Ländern hatten ein weniger großes Ausmaß oder konnten von Sicherheitsbehörden verhindert werden. Mit der steigenden Dringlichkeit der Klimakrise sind weitere klimarassistische und ökofaschistische Terroranschläge zu befürchten. Die Ideologie hinter dieser Gewalt verlagert die von der westlichen Industrialisierung gemachten Probleme der Klima- und Umweltzerstörung auf Sündenböcke. Diese Ideologie kann über populistische Vereinfachung leicht in radikal rechte (Partei-)Politik überführt werden. Nach dem Motto: hier bei uns einfach weiter wie bisher und ein bisschen lokaler Umweltschutz, aber massive Abschottung gegenüber denen, die unter unserem Lebensstil leiden und wegen diesem flüchten müssen. Klimarassismus bietet die Möglichkeit, alte Ideologien als vermeintliche Lösungen für moderne Probleme neu zu popularisieren. Die weltweit agierenden und vernetzten Thinktanks der sogenannten Neuen Rechten sowie der libertären Rechten liefern dafür die Stichworte, Erzählungen und Symbole.

7

Antiökologie weltweit: ideologische Wurzeln und Netzwerke

Archaische Tätowierungen auf nackter Brust, Büffelhörner, Pelzmütze, eine Kriegsbemalung in den Farben der US-Fahne: Es gibt wohl kein Bild, das den kollektiven Wahn der rechten Verschwörungsideologie in der jüngeren Vergangenheit besser repräsentiert als das jenes Mannes, der als QAnon-Schamane beim Sturm aufs Kapitol im Januar 2021 weltweit bekannt wurde. Dieser Mann, der die Hallen der amerikanischen Demokratie im Strom eines enthemmten Mobs stürmte und gleichzeitig aus ihm herausstach, verkörpert sinnbildlich den Moment der Eskalation eines radikal rechten Rauschs, der eine der ältesten Demokratien der Welt trotz handfester Warnzeichen unvorbereitet traf. Der Angriff war das Ergebnis einer Legislatur unter Trump, die die Tore für die radikale Rechte weit aufgestoßen hatte. Am Tag des Sturms reisten Demonstrant:innen aus dem gesamten Land an. Sie kamen aus unterschiedlichen politischen Spektren, die unter dem Trumpismus ein neues Dach gefunden hatten. Anhänger:innen der Alt-Right-Bewegung demonstrierten mit frustrierten Republikaner:innen, religiösen Fanatiker:innen, radikalen Rechtslibertären und den Anhänger:innen der verschwörungsideologischen QAnon-Bewegung, Milizen und stramm rechtsradikalen Gruppen wie den *Proud Boys* und vielen weiteren für eine Rückabwicklung der Präsidentschaftswahlen und gegen die Demokratie.

Die Ursprünge des Trumpismus reichen Jahrzehnte zurück. Sie wuchsen innerhalb der republikanischen Partei heran, lange bevor die politische Ideologie einen Namen und Anführer gefunden hatte. Die spätere Machtbasis Trumps, die Tea-Party-Bewegung, formierte sich seit ihrer Gründung 2009 als radikale Bewegung im Umfeld der Republikanischen Partei. Offiziell ging es darum, eine breite Bürgerbewegung gegen die Steuerpolitik des US-Präsidenten Barack Obama auf die Straße zu bringen, doch folgt man den Analysen der Politikwissenschaftler Brian Cervais und Irwin Morris, dann sollte im Kern vor allem eine soziale und ethnische Polarisierung aggressiv vorangetrieben werden.[1] In ihrem Buch *How the Tea Party capured the COP* kommt die Politikwissenschaftlerin Rachel Blum zu einem ähnlichen Schluss: Mit der Tea-Party-Bewegung wurde der Fokus republikanischer Politik auf »kulturelle Bedrohungen« verschoben.[2]

Was hat all das mit dem Klimaschutz zu tun? Auf den ersten Blick wenig – auf den zweiten Blick viel. Der Hass, die Wut und die Demokratieverachtung fielen nicht über Nacht vom Himmel. Sie sind Zeugnis autoritär rechter Einstellungen, die bereits lange vorher in der Gesellschaft verbreitet waren. Mit dem Aufkommen progressiver sozialer Bewegungen in den Feldern des Antirassismus, der sozialen Gerechtigkeit und des Umweltschutzes sahen sich Teile der größtenteils weißen amerikanischem Mittel- und Oberschicht in ihrer Vormachtstellung bedroht. Sie reagierten mit einer rechten Konterrevolution. Die Gegenbewegung wurde gezielt mobilisiert und instrumentalisiert, finanziert und mit aufgebaut. Und hier sind wir beim Klimawandel angelangt: Dieselben Netzwerke, die den Aufbau der Tea-Party-Bewegung finanzierten und organisierten und die Trump ins höchste Amt spülten, sind auch die, die seit Jahrzehnten einen aggressiven Kampf gegen den Klimaschutz vorantreiben. Hinter dem Aufstieg der Rechten und den Angriffen auf das Klima steht die Verteidigung wirtschaftlicher Interessen und gesellschaftlicher Machtstrukturen, die mit einem aggressiven rechten Kulturkampf in vielen Teilen der Welt geführt wird. Die ideologischen Hauptströmungen dieses Kampfes kommen aus dem Lager der radikalen Rechten und des neoliberalen bzw. rechtslibertären Marktfundamentalismus. Wirtschaftliche Interessen und Ideologie sind dabei kein Widerspruch, ganz im Gegenteil: Die Ideologie ist Mittel zum Zweck und zugleich der Zweck selbst.

Um einzuordnen, wie sich heutige Antidemokrat:innen und Antiökolog:innen in wichtigen gesellschaftlichen Fragen positionieren, müssen wir verstehen, wie sich die klimafeindliche Gegenbewegung ideologisch gerüstet hat. Die rechten und die neoliberalen bzw. rechtslibertären politischen Strömungen eint, trotz vieler Unterschiede, dass sie in aggressiver Weise gesellschaftliche und globale Ungleichheit rechtfertigen und verteidigen. Teile der Rechten und Teile der Neoliberalen haben sich seit Ende des vergangenen Jahrhunderts im rechtsautoritären Neoliberalismus zu einer gefährlichen Allianz vereint. Lange bevor Trump an die Macht kam, hatten rechtspopulistisch gesinnte Denker aus dem Lager der Rechtslibertären die ideologischen Grundlagen seiner Politik und zahlreicher rechtspopulistischer Parteien bereits ausformuliert.

Der rechte Kampf um Privilegien ist nicht neu. Das rassistische und koloniale Ausbeutungsprojekt wurde über Jahrhunderte in unterschiedlicher Form durchgesetzt und gerechtfertigt – mit brutaler Unterdrückung und Gewalt im globalen Süden, mit philosophischen, künstlerischen und wissenschaftlichen Erzählungen einer rassistischen und europäisch-westlichen Überlegenheit im globalen Norden. Doch Anfang bis Mitte des 20. Jahrhunderts wurden neue Deutungen einflussreich und vermischten sich mit den alten. Die Strategien änderten sich. Edward Bernays Forschung zur Wirkung von Propaganda galt als bahnbrechend und revolutionierte damit nicht nur die Werbeindustrie.[3] Auch die rechten Antiökolog:innen nutzen diese Form der Propaganda bis heute erfolgreich für ihre Zwecke.

Mit der aufkommenden Energiewende sahen sich die Lobbyist:innen der fossilen Industrie und rechtslibertäre Großunternehmen bedroht und entschieden, sich strategisch gegen den nahenden Bedeutungsverlust und die drohenden Gewinneinbußen zu wappnen. Sie nutzten die zahlreichen rechtskonservativen, libertären und marktradikalen Thinktanks als Ausgangspunkt ihres antiökologischen Feldzuges. Und sie finanzierten eine Fake-Wissenschaft gegen die Erkenntnisse der Klimaforschung, sie bedienten eine riesige Propagandamaschinerie und streuten gezielt und trotz besseren Wissens Desinformationen zum Klimawandel. Ziel war es, möglichst viel Zeit zu erkaufen, um weiterhin Gewinne einzustreichen – so lange wie nur irgend möglich. Amerikanische Forscher:innen konnten nachweisen, dass Ölkonzerne wie ExxonMobil die Öffentlichkeit seit den 1970er-Jahren systematisch über Umwelt- und Klimaschäden hinweggetäuscht haben und sich dabei in ihrer Kommunikationsstrategie explizit an der Tabakindustrie orientierten.[4] Ein weiteres Beispiel: Die Tea-Party-Bewegung, die sich als »Graswurzelbewegung« bezeichnet, wurde von großen Tabakkonzernen und Organisationen aus dem Umfeld der rechtslibertären Koch-Brüder mitinitiiert und finanziert.[5] Ultrarechte und libertäre Thinktanks und Pseudo-Graswurzelbewegungen trieben mit Unterstützung rechtslibertärer, konservativer Medien auch die Brexit-Kampagne voran. Ihnen allen ging es in erster Linie darum, den staatlichen Einfluss auf ihre Profitsphären im Sinne ihrer marktwirtschaftlichen, rechtslibertären Ideologie abzuwenden. Auf diese Weise rückte auch der Klimaschutz zum Angriffsziel auf – drohte er doch staatlich reguliert zu werden; damit waren auch die fossilen Grundlagen des westlichen Wohlstands unmittelbar bedroht.

Die Situation in Deutschland ist mit der amerikanischen Lage nur bedingt vergleichbar. Aber es gibt Parallelen. Auch hier blicken wir auf Jahre massiver rechter Mobilisierung zurück, die vor einiger Zeit noch als undenkbar galt. Allianzen, die seit Jahren geschmiedet wurden, offenbarten sich während der Coronaproteste. Auch wenn die Milieus auf den ersten Blick unterschiedlicher nicht sein könnten, charakterisieren eine diffuse Wut und ein geteilter Populismus die Wissenschaft- und Medienfeindlichkeit sowie die Offenheit gegenüber rechtsradikalen Bewegungen und Ideen. Wie beim Sturm auf das amerikanische Kapitol wehten über den Köpfen deutscher Demonstrant:innen gelbe Flaggen mit der aufgerichteten Klapperschlange, ein Symbol der Rechtslibertären und der Tea-Party-Bewegung, oder das überdimensionale Q – Erkennungszeichen der amerikanischen antisemitischen QAnon-Verschwörungserzählung. Studien über die Gegner:innen der Coronamaßnahmen in Deutschland haben ergeben: Sie sind in ihrer Unterschiedlichkeit in einem libertären Freiheitsverständnis geeint, »in dem Individualität, Eigenverantwortung und Selbstbestimmung nahezu absolut gesetzt werden«.[6] In sozialen Medien wurde mit denselben uralten Slogans von der Klimadiktatur, der Coronadiktatur und der drohenden kommunistischen Weltverschwörung Stimmung gemacht. Und auch in Deutschland sind Klimaleugnungsgruppen, Rechtsradikale und Marktradikale über Einzelpersonen, soziale Medienplattformen und rechte Blogs eng vernetzt. Sie treiben den Kampf gegen den Klimawandel, die Demokratie und unser aller Zukunft mit ähnlichen Allianzen, Strategien und Erzählungen voran.

Was eint die radikal Rechten und die Neoliberalen bzw. Rechtslibertären? Welche Rolle nimmt die fossile Industrie im Kampf gegen Klimawandel und Demokratie ein und welcher Strategien und Erzählungen bedienen sich die klimaleugnenden Antiökolog:innen? Das sind drängende Fragen, und diese zu beantworten, hilft zu verstehen, warum wir heute so ungebremst auf die Klimakatastrophe zurasen – und das, obwohl doch das Problem des industriegemachten Klimawandels und die Lösungsstrategien inzwischen seit einem halben Jahrhundert auf dem Tisch liegen.

Ideologische Wurzeln

Geschichte des Neoliberalismus

In den frühen 1930er-Jahren steckte der Liberalismus in einer tiefen Krise. Die sozialistische Revolution, der Mussolini-Faschismus in Italien und das Erstarken des Nationalsozialismus prägten die politische Landschaft Europas. Diese Entwicklungen forderten den Liberalismus heraus, der zuvor zur Entstehung der Nationalstaaten und erster demokratischer Systeme entscheidend beigetragen hatte. Mit den gravierenden Folgen der Wirtschaftskrise standen etablierte wirtschaftstheoretische Ideen und Leitbilder stärker infrage. In dieser Krise des Liberalismus liegt der Gründungsimpuls dessen, was heute als Neoliberalismus geläufig ist: Im Jahr 1938 trafen sich zahlreiche liberale Denker in Paris zum *Colloque Walter Lippmann.* Bereits bei dem Treffen offenbarten sich große Unterschiede: Während einige Teilnehmer für eine Erneuerung des Liberalismus durch eine stärkere Einbettung des freien Marktes in staatliche Strukturen argumentierten, überwogen Stimmen, die am Laissez-faire-Liberalismus der Vergangenheit festhalten wollten. Der deutsche Wirtschaftswissenschaftler Alexander Rüstow war Anhänger der ersten Position, die als Ordoliberalismus bezeichnet wird. Das Neue am Liberalismus im Sinne von Rüstow und seinen Mitstreitern bestand in einer stärkeren staatlichen Einhegung des Marktes. Rüstow verwendete den bereits vorher genutzten Begriff Neoliberalismus, der sich fortan als Bezeichnung für diesen neuen Liberalismus etablierte. Durchgesetzt hat sich allerdings die Position der Gegner:innen staatlicher Intervention. Damit ist die Bedeutung des Begriffs bis heute ambivalent.

1947 fanden sich auf Einladung des österreichischen Ökonomen und Sozialphilosophen Friedrich August von Hayek 36 Intellektuelle zusammen. Im schweizerischen Mont Pèlerin erfolgte die Gründung der *Mont Pèlerin Society* (MPS), die sich zu einem der einflussreichsten neoliberalen Netzwerke entwickelte. Vor dem Hintergrund unterschiedlicher Positionen, die unter den Begriff Neoliberalismus fallen, muss auch die MPS eher als Sammelbecken gesehen werden. Gemeinsam war ihnen die hohe Bedeutung des freien Marktes sowie eine Skepsis gegenüber Formen des Kollektivismus und gegenüber staatlicher Marktregulierung. Rund um die MPS wurden zahlreiche Denkfabriken gegründet. Wie der Wirtschaftswissenschaftler Walter Ötsch erklärt, ging es um die strategische Vernetzung einflussreicher Denker:innen mit Wissenschaftler:innen, Denkfabriken und prominenten Medienvertreter:innen, also um eine direkte Einflussnahme auf Politik, Medien, intellektuelle und wirtschaftliche Eliten und die Öffentlichkeit.[7] Auch wenn die MPS dabei selbst keine aktive Rolle einnahm, entwickelte sich von hier aus ein globales Netzwerk neoliberaler Stiftungen und Denkfabriken. Zahlreiche bedeutende Denkfabriken wie das *Atlas Network*, die *Heritage Foundation*, das *Cato Institute* und viele weitere gingen aus Einzelinitiativen von MPS-Mitgliedern hervor oder sind um sie herum vernetzt.[8]

Die Wege der Geschichte sind zu stark durch unvorhersehbare Ereignisse und das Zusammenspiel vieler Faktoren und konkurrierender Gestaltungskonzepte geprägt, als dass ein Plan einfach reibungslos verlaufen könnte.[9] So war es auch mit der Genese des Neoliberalismus. Zunächst prägte ein Konzept, das die gesamtwirtschaftliche Nachfrage und staatliche Investitionen in den Vordergrund stellte (Keynesianismus), das wirtschaftspolitische Leitbild für Jahrzehnte. Erst mit dem Ende des Nachkriegswachstums und mit der einsetzenden Inflation lässt sich die Geburtsstunde des Neoliberalismus als wirtschaftspolitische Ideologie markieren: Unter den Regierungen von Ronald Reagan in den USA und Margaret Thatcher in Großbritannien in den 1980er-Jahren änderte sich die wirtschaftspolitische Programmatik beider Länder grundlegend. In der Folge kam es zu einer Schwächung von Gewerkschaften und Arbeitnehmer:innenrechten. Der Dreiklang aus Steuersenkungen, Deregulierungen bzw. Privatisierungen und Demontage des Sozialstaates entsprach den Konzepten der neoliberalen Planer und revidierte zahlreiche soziale Errungenschaften der Keynes-Ära. Verstärkt begannen auch sozialdemokratische Regierungen der neoliberalen Doktrin zu folgen. In Deutschland zum Beispiel gelang der Durchbruch, von Ausnahmen abgesehen, erst unter der rot-grünen Schröder-Regierung – mit umfangreichen Steuersenkungen und der Reform des Arbeitslosengeldes (Hartz IV).

Der rechte Libertarismus

Das politische Freiheitsverständnis der rechten Libertären ist, im Gegensatz zu linken, sozialistischen und anarchistischen Strömungen, eng auf die freie Marktwirtschaft und private Eigentumsrechte bezogen. Der Einfluss des Staates soll zugunsten des freien Marktes und der individuellen Freiheitsrechte auf ein Minimum beschränkt werden. Freie Marktwirtschaft, Minimalstaat und das Recht auf Waffenbesitz sind häufig geteilte Forderungen, hinzu kommt eine ausgeprägte Skepsis gegenüber sozialstaatlichen Interventionen und staatlichen Steuereinnahmen.

In vielen Bereichen ähneln sich die Ideen der rechten Libertären und der Neoliberalen, obwohl entwicklungshistorische und ideologische Unterschiede zwischen beiden Strömungen bestehen. Allerdings wird der englische Ausdruck »libertarian« häufig im Sinne der deutschen Begriffe »wirtschaftsliberal« und »marktradikal« verwendet. Viel stärker als hierzulande ist der Rechtslibertarismus in den USA verbreitet. Dort beeinflusst er zahlreiche konservative Politiker:innen – von der Tea Party bis zur Trump-Administration von 2017 bis 2021. Die drittgrößte Partei der USA ist die Libertarian Party. Libertäre Ideen sind auch in der Bevölkerung populär, große Verbreitung fanden sie zum Beispiel über den Roman *Atlas Shrugged* der Autorin Ayn Rand. Ein Teil der marktwirtschaftlich orientierten Libertären verteidigt individuelle Freiheitsrechte auch explizit im Sinne progressiver Minderheitenrechte. Doch häufiger trifft man heutzutage in den USA und in Europa auf einen Libertarismus, bei dem marktradikale Positionen mit gesellschaftspolitischen Vorstellungen der Rechtskonservativen verbunden werden (Paläolibertarismus). Ein Teil der Rechtslibertären lehnt den Staat vollständig ab (Anarchokapitalismus bzw. Anarcho-Libertarismus). Nicht alle rechten Libertären teilen rechtskonservative und bei Weitem nicht alle teilen rechtsradikale Wertvorstellungen. Aber ab Ende des 20. Jahrhunderts gingen Teile der Rechtslibertären inhaltliche und strategische Allianzen mit radikal rechten Strömungen ein. Es ist notwendig, die Anfänge der Bewegung und ihre Öffnung nach rechts außen nachzuvollziehen, um zu verstehen, wie diese Allianz zur Bedrohung für die Demokratie und den Klimaschutz werden konnte.

Der heutige rechte Libertarismus wurde wesentlich durch die Ideen der neoliberalen Österreichischen Schule beeinflusst. Die umfasst in erster Linie ein Bündel unterschiedlicher ökonomischer Positionen. Im Vordergrund stehen hier die politischen Ideen. Wichtige Vordenker waren die Ökonomen und Philosophen Friedrich August von Hayek (1899–1992), Ludwig von Mises (1881–1973) sowie Murray Newton Rothbard (1926–1995). Hayek erhielt den Nobelpreis für Wirtschaftswissenschaften, seine Werke wurden international bekannt. Mises beflügelte wie kaum ein anderer die Ideenwelt heutiger Libertärer, und Rothbard, ein wichtiger Vertreter des Anarchokapitalismus, knüpfte an die Konzepte der »Österreicher« an und radikalisierte sie politisch. Bekannte spätere Vertreter sind bzw. waren beispielsweise Hans-Hermann Hoppe und Roland Baader.

Das rechtslibertäre Gesellschaftsbild

Kaum eine Selbstbeschreibung Rechtslibertärer kommt ohne die Begriffe Freiheit und Eigentum aus. Beide Begriffe sind in diesem Verständnis so eng verknüpft, dass der eine ohne den anderen nicht existieren kann. Nach Hayeks Vorstellung ist Eigentum »die einzige von der Menschheit bisher entdeckte Lösung des Problems, individuelle Freiheit mit der Vermeidung von Konflikten zu vereinbaren«[10]. Freiheit kann in diesem Verständnis nur durch Privateigentum gewährleistet werden. Zentral sind dabei ein radikaler Individualismus und der Glaube an die universelle Gestaltungskraft freier Märkte. Rechtslibertäre blicken mit großem Misstrauen auf die Steuerungsfunktion des Staates, die praktisch in allen Gesellschaften nötig ist, um individuelle und kollektive Interessen miteinander auszuhandeln und im Idealfall eine Balance zwischen beiden herzustellen. Rechtslibertäre sehen hinter den meisten Formen gesellschaftlicher Regulierung das Einfallstor eines übergriffigen Staates, eines ausufernden Kollektivismus und verachten insbesondere den Sozialismus und den Marxismus. Viele ihrer Schriften wurden unter dem Eindruck der russischen Oktoberrevolution und des Stalinismus verfasst. Allerdings werden auch heute teils paranoid wirkende Schreckensszenarien entworfen. Die Behauptung der Rechtslibertären: Wo staatliche Intervention, Steuerabgaben und Wohlfahrtsstaatlichkeit draufsteht, seien Sozialismus, staatliche Gängelei und Diktatur drin. Nach rechtslibertärer Lesart steht der Sozialismus heute nicht nur auf der Türschwelle, sondern ist längst da – auch in Deutschland. Sozialist:innen finden sich nach Ansicht vieler Rechtslibertärer nicht nur in der Linkspartei, in der SPD oder bei den Grünen, sondern auch in der CDU, in der FDP oder in Institutionen wie der EZB. Besonders viel

Resonanz finden heutige Vertreter:innen dieser marktradikalen Denkweisen in der Rechten. In den Werken und Reden heutiger Rechtslibertärer, beispielsweise bei Markus Krall und Roland Baader, finden sich offensichtliche Bezüge zur rechtsradikalen Verschwörungserzählung vom Kulturmarxismus wieder.[11] »Kulturmarxismus« ist eine Schlüsselvokabel aus der Mottenkiste der rechtsradikalen Ideologie – die Nazis sprachen von »Kulturbolschewismus«, meinten aber dasselbe. Seit Jahren hantieren auch die US-amerikanische Alt-Right-Bewegung und die Neue Rechte in unseren Breitengraden ganz offen mit dem antisemitisch konnotierten Kampfbegriff, um liberale und demokratische Werte, den angeblich linken Zeitgeist und deren Verfechter:innen, beispielsweise linke Intellektuelle, zu attackieren.

Hayek sah die Rolle des Liberalismus darin, staatliche Macht zu beschränken, und die Rolle der Demokratie darin, den Staat zu lenken.[12] Er plädierte für eine »beschränkte Demokratie«, in der die Macht des Staates stark reduziert sein müsse, um als Demokratie nicht zu scheitern. Aus der Sicht von Hayek und Mises speist der demokratische Staat seine Legitimation in erster Linie aus der Frage, inwiefern individuelle und ökonomische Freiheits- und Eigentumsrechte garantiert sind. Aus dem beschränkten Demokratieverständnis resultiert ein fragwürdiges Verhältnis zu Diktaturen und zum Faschismus. Hayek sagte einst über den chilenischen Diktator Augusto Pinochet: »Ich persönlich ziehe einen liberalen Diktator einer demokratischen Regierung ohne Liberalismus vor.«[13] Aus dieser einen Aussage kann nicht geschlossen werden, dass Hayek ein grundsätzlicher Gegner der Demokratie und Verfechter der Diktatur war, aber es offenbart sein problematisches Verständnis von einer »beschränkten Demokratie« deutlich. Mises bekundete eine bedenkliche Nähe zum faschistischen Diktator Benito Mussolini. »Es kann nicht geleugnet werden, daß der Faszismus und alle ähnlichen Diktaturbestrebungen voll von den besten

Absichten sind und daß ihr Eingreifen für den Augenblick die europäische Gesittung gerettet hat. Das Verdienst, das sich der Faszismus damit erworben hat, wird in der Geschichte ewig fortleben«, schrieb er 1927.[14] Mises sah in Mussolini eine Art Bollwerk gegen die »sozialistische Bedrohung«, auch wenn er im weiteren Verlauf des Textes und bei anderer Gelegenheit den Faschismus kritisierte und als Irrweg ablehnte.

Die Bereitschaft, im Zweifelsfall solche antidemokratischen Prinzipien gegenüber der »sozialistischen Bedrohung« zu favorisieren, zeigt sich bei einigen der radikalen Rechtslibertären auch heute, beispielsweise im positiven Bezug auf die Monarchie und im Anzweifeln demokratischer Grundrechte wie dem Wahlrecht für alle.[15] So forderte etwa der Rechtslibertäre Markus Krall in seinem Buch *Die bürgerliche Revolution*, Empfänger:innen von Transferleistungen das Wahlrecht abzuerkennen.[16] Die Forderung, das Wahlrecht an den gesellschaftlichen Leistungsbeitrag des Einzelnen zu knüpfen, hatten zuvor bereits der ehemalige Bundessprecher der AfD, Konrad Adam[17] und der Herausgeber der rechtslibertären Zeitschrift *eigentümlich frei* André Lichtschlag[18] öffentlich in der Zeitung *Die Welt* erhoben.

Viele Neoliberale und Rechtslibertäre betrachten den Sozialstaat äußerst kritisch, da er ihrer Ansicht nach die Mechanismen des freien Marktes unzulässig verzerrt. Steuern bezeichnete Rothbard zum Beispiel als Diebstahl,[19] Mindestlöhne und sozialstaatliche Transferleistungen sind in den Augen vieler Neoliberaler staatliche Unterstützungsmaßnahmen, die Anreizsysteme des freien Marktes unterlaufen.[20] Die neoliberale Freiheitsutopie ist von großen strukturellen Unterschieden in den Zugriffschancen auf soziale und materielle Ressourcen geprägt und entpuppt sich damit im Angesicht gesellschaftlicher Realitäten als radikale, teils undemokratische Elitenideologie. Der österreichische Ökonom Joseph Schumpeter, der früher selbst eine Demokratiekonzeption vertreten hat, die auf dem Eliten- und Konkurrenzprinzip aufbaute,[21] bezeichnete Hayeks Idee als eine theoretisch edle, die jedoch ausschließlich »Selfmade-made-Gentlemen und Sklavenhaltern« zu empfehlen sei.[22] Am radikalsten positionieren sich hierbei die sogenannten Anarchokapitalist:innen, die staatliche Einflussnahme generell ablehnen. Entworfen wird eine Gesellschaft, die frei ist von der ›lästigen‹ Anwesenheit der Belange Dritter. Es ist eine völlig neue Konzeption von Gesellschaft: Statt Staat regieren Privatiers und Unternehmen. Bildung, Straßen, Nahverkehr, Gesundheitsvorsorge – all das sollte vom Staat in private Hände übergehen und marktwirtschaftlich organisiert werden. Freiwillige Charity-Konzepte ersetzen soziale Wohlfahrt – wenn überhaupt. Polizei und Justiz werden durch private Sicherheitsfirmen, Schlichtungs- und Versicherungsgesellschaften ersetzt, die die komplexen Vertragswerke zwischen einzelnen privaten Unternehmen verhandeln und die Einhaltung garantieren sollen. Ein radikaler Gegenentwurf zur Sozialdemokratie, aber auch zum Ideal einer sozialen Marktwirtschaft.

All das wird auf die Spitze getrieben, wenn rechtslibertäre Vordenker von privaten Städten, genauer von Privatstaaten träumen. Hier sollen elitäre, rechtslibertäre Gesellschaftskonzepte den Staat und seine Institutionen ersetzen. Häufig soll in kleinen, ökonomisch gering entwickelten Staaten Land aus der staatlichen Souveränität gekauft werden und vollständig in private Hände übergehen. Die Idee dahinter: Flucht vor der Demokratie und ihren ›lästigen‹ Regularien. Das klingt nach gefährlichen Utopien? Gefährlich ja, utopisch keineswegs, denn derartige Projekte werden bereits verwirklicht, weitere sind geplant. Der Soziologe Andreas Kemper, der jahrelang zu rechtslibertären Strukturen geforscht hat, nennt Beispiele:[23] Eines davon ist Honduras, wo eine Verfassungsänderung 2013 grünes Licht für den »Staat im Staat« gegeben hatte. Beteiligt ist ein internationales Netzwerk rechter Libertärer – unter ihnen der PayPal-Mitbegründer Peter Thiel, Patri Friedman, Enkel des wichtigen neoliberalen Vordenkers Milton Friedman, und der Publizist und Unternehmer Titus Gebel, der seit Langem für das Konzept der Privatstädte auf Werbetour durch die rechten und rechtslibertären Kreise zieht.[24] Doch nicht alle Libertären gehen so weit. Die sogenannten Minarchist:innen unter ihnen lehnen zum Beispiel solche libertär-anarchistischen Vorstellungen als Utopien ab und plädieren für einen Minimalstaat. Zugleich sind diese Positionen weit entfernt vom Gesellschaftsbild, das ihren geistigen Vordenkern Hayek und Mises vorschwebte. Allerdings haben die Ideen rechter Anarchokapitalisten an Einfluss gewonnen. Ihre Ansichten sind – zumindest in den USA – weit verbreitet. Der Einfluss von Rothbard und seinen Anhänger:innen auf die Rechtslibertären besteht in einer Radikalisierung der politischen Positionen hin zum Anarchokapitalismus und einer Öffnung zum Rechtspopulismus.[25]

Schnittmengen zur Rechten: der rechtsautoritäre Neoliberalismus

Hayek jedenfalls war überzeugt davon, dass die Sozialist:innen dann Erfolge erringen konnten, wenn sie intellektuelle Fürsprecher:innen für ihre Ideen gewannen. Dementsprechend propagierte er einen »battle of ideas«, kollektivistische Leitbilder sollten so durch eigene Ideen ersetzt werden. Rothbard dagegen war überzeugt davon, dass es neben dem langwierigen Prozess der Durchsetzung von Ideen auch unmittelbarer und praktischer Formen der gesellschaftlichen Mobilisierung bedürfe; nicht nur die Denkereliten, sondern die breite Bevölkerung sollte angesprochen werden – und zwar in ihrer Sprache. Wie das funktionieren könnte, breitete er 1992 in seinem Aufsatz *Right Wing Populism* aus. Hier verteidigte er den ehemaligen *Ku-Klux-Klan*-Chef David Duke und entwarf ein rechtspopulistisches Programm, das einige der heutigen Rechtsaußenparteien vor Neid erblassen ließe: Es wurde ein Traktat voll radikal populistischer und radikal libertärer Kernforderungen mit Slogans wie »Steuern und Sozialhilfe senken, ›Penner‹ loswerden, Bankster attackieren und Familienwerte verteidigen« sowie weiteren Kampfbegriffen der rechtskonservativen bis radikalen Rechten; am Ende stand ein bekannter Slogan: »America First«.[26] Offen demokratiefeindlich äußerte sich sein Schüler Hans-Hermann Hoppe. In einer libertären Gesellschaftsordnung dürfe es keine »Toleranz gegenüber Demokraten und Kommunisten geben«. Sie müssten ebenso wie die Verfechter von »individuellem Hedonismus, Parasitismus, der Anbetung von Natur und Umwelt, Homosexualität oder Kommunismus [...] physisch aus der Gesellschaft entfernt werden«.[27]

Es sind neben Rothbard auch die Überlegungen Hayeks zur Durchsetzung libertärer bzw. neoliberaler Ideen, die den radikalen gesellschaftlichen Gestaltungsanspruch unterstreichen und in die Tat umgesetzt wurden. Der Gründungsimpuls zahlloser neoliberaler Thinktanks weltweit, in denen Intellektuelle die Gedanken des freien Marktes propagieren, speist sich auch aus Hayeks Vision eines umfassenden (Um-)Gestaltungsanspruchs der gesamten Gesellschaft. Zugleich öffneten unter anderem die Propagandakonzepte Rothbards die Tore für die Mobilisierung der Massen und eine enge Allianz von Teilen der Libertären mit der radikalen Rechten. Eine Allianz, die seit Jahrzehnten bis heute die westliche Politik beeinflusst.

Viele neoliberale und rechtslibertäre Vordenker sahen diese Bemühungen kritisch, für einige standen sie in Widerspruch zu ihrem Liberalismus-Verständnis. Doch sie waren erfolgreich – und folgenreich. Da, wo durch Schnittmengen beider Ideologien neue Bündnisse entstanden sind, kann von einem rechtsautoritären Neoliberalismus gesprochen werden. Die Ideenwelt beider politischer Strömungen verbindet dabei im Kern mehr als nur die Vernetzungsbestrebungen einiger radikaler Denker.

Die Erklärungen des Rechtspopulismus und Neoliberalismus ähneln sich bei genauerer Betrachtung stärker, als häufig angenommen wird. Das hängt mit einigen grundlegenden Missverständnissen über die Zielstellung der politischen Ideenwelt beider zusammen. Zum einen geht es im Neoliberalismus nicht, wie häufig unterstellt wird, um eine Abschaffung des Staates, sondern um einen Umbau des Staates – nach dem Primat des freien Marktes. Andersherum ist der Rechtspopulismus mitnichten nur »Protest« derjenigen, die auf der »Verliererseite« des neoliberalen Umstrukturierungsprozesses stehen. Stattdessen vereint der Rechtspopulismus meist eine Mischung aus Sozialpopulismus und Neoliberalismus in seiner Programmatik. Die Forderungen nach Steuererleichterungen und Deregulierung, die Ablehnung von Egalitarismus und die Betonung von Ungleichheit sind nach dem Historiker Quinn Slobodian häufig geteilte politische Inhalte in beiden politischen Strömungen.[28] Daneben eint das klassische populistische Prinzip rechtspopulistische wie neoliberale Ideologien – und zwar in der Vorstellung, dass sich Gesellschaften in zwei sich gegenüberstehende Gruppen unterteilen lassen.[29] Das Prinzip, die Welt in In- und Outsider (Eigen- vs. Fremdgruppe) zu ordnen und Personen an ihrem Wert für die Eigengruppe zu bemessen, drückt sich in beiden Denkrichtungen an vielen Stellen ähnlich aus.[30]

Der rechte Kulturkampf, der aus Teilen des neoliberalen und rechten Lagers gemeinsam geführt wird, ist also nicht nur aus strategischen Überlegungen, sondern auch aus inhaltlichen Gemeinsamkeiten heraus entstanden. Das ist kein Widerspruch, sondern Teil der Erklärung der rechten und neoliberalen Mobilisierung: Indem sie sich aus strategischem und inhaltlichem Kalkül zum Teil des »einfachen Volkes« erklären, verschleiern sie die eigene Herkunft aus der sogenannten »Elite«. Slobodian schreibt dazu: »Wenn wir den Neoliberalismus als ein Projekt begreifen, das den Staat umgestalten soll, um den Kapitalismus zu retten, dann beginnt sich seine vorgebliche Opposition zum Populismus der Rechten aufzulösen.«[31] Andersherum gilt: Radikal rechte Ideologien wie die des Rechtspopulismus waren und sind ein politisches Projekt zur Verteidigung des Status quo der globalen und nationalen Ungleichheiten. Infolge der Rechtsbewegung in der neoliberalen Denkerfamilie kam es, wie Slobodian sagt, zu politischen Neujustierungen im neoliberalen Lager. Auf der einen Seite stehen die rechtsnational Eingestellten, auf der anderen Seite die Anhänger:innen eines globalistischen Neoliberalismus. Tatsächlich wurde auch aus prominenten rechtslibertären Kreisen, etwa den rechtslibertären Großunternehmern und Politikfinanciers Charles und David Koch, Kritik an der nationalistischen Abschottungspolitik Trumps geübt, da diese internationale Geschäftsbeziehungen gefährdete. Trotz teils heftiger interner Debatten führten derartige Konflikte jedoch nicht zu einem grundlegenden Bruch. Damit ist die rechtsautoritäre Fraktion nach wie vor über neoliberale Thinktanks und Stiftungen mit Politik, Wissenschaft und Wirtschaft vernetzt. Gleichwohl ist es notwendig und sinnvoll, die unterschiedlichen politischen Positionen (Neoliberalismus, rechtsautoritärer Neoliberalismus, grüner Neoliberalismus) im Hinterkopf zu haben, denn auch die Antworten der neoliberalen Denker:innen auf die Klimakrise sind vielfältiger als ihre plumpen Leugnungsversuche.

Die Ideen und Strukturen der neoliberalen und rechten Gegenbewegung sind daher ein wesentlicher Teil der Erklärung der Geschichte der Tea-Party-Bewegung, des Falls der amerikanischen Konservativen und der reaktionären Trump-Ära sowie der Mobilisierungserfolge rechtspopulistischer Parteien quer durch Europa. Sie sind darüber hinaus, wie wir zeigen werden, ein wesentlicher Teil der Erklärung, warum die Klimapolitik über Jahrzehnte verzögert werden konnte. Dazu bleiben wir zunächst in den Vereinigten Staaten: Denn dort, wo Sklavenhandel, extreme Ungleichheit sowie massive Umweltzerstörung die Geschichte und die Gegenwart prägen, beginnt die Geschichte der organisierten Verleumdung des menschengemachten Klimawandels.

»Buying Time«: das weltweite Netzwerk der Skeptiker:innen und Leugner:innen

In einem englischsprachigen Zeitschriftenbeitrag, der sich mit den Auswirkungen von CO_2 auf die menschliche Gesundheit und die Erderwärmung befasst, steht folgender Satz: »Weil die CO_2-Hülle die Wärmeabstrahlung vermindert, wurde vorausgesagt, dass bei Konstanthaltung der derzeitigen Zuwachsrate [des Ausstoßes von CO_2] die Temperatur der Erdatmosphäre ansteigen wird und daraus dramatische Veränderungen des Klimas der Erde resultieren werden. Derartige Temperaturveränderungen werden die Polkappen abschmelzen lassen, was wiederum zur Überflutung vieler Küstenstädte, einschließlich New York und London, führen wird.«[32] Ähnliche Aussagen finden sich bis heute in Tausenden von Artikeln und wissenschaftlichen Studien, die die Auswirkung des erhöhten Kohlenstoffdioxidausstoßes auf das Klima thematisieren. Bemerkenswert ist allerdings, dass der zitierte Satz bereits aus dem Jahr 1966 stammt. Noch interessanter: Der Verfasser des Artikels gehörte nicht der wissenschaftlichen Gemeinschaft an, er war kein Fachjournalist. Er war auch kein »linksgrüner Untergangsprophet«, wie Klimaforschende und -aktivist:innen heute oft von rechten Antiökolog:innen verunglimpft werden. Der Autor war James Garvey, Präsident der *Bituminous Coal Research Inc.*, einer Forschungsvereinigung der US-amerikanischen Kohleindustrie. Ähnliches lässt sich auch für Exxon, BP, Shell und viele weitere Energiegiganten sagen: Spätestens seit den 1980er-Jahren wussten die meisten Unternehmen um die fatalen Gesundheitsschädigungen durch die Emissionen und die Zusammenhänge zur globalen Erwärmung.[33]

Als das Thema der fossilen Brennstoffe und ihrer klimatischen Folgen immer mehr in das Bewusstsein der Öffentlichkeit rückte, wuchs der politische Handlungsdruck. Gerade diejenigen, die am meisten vom fossilen Brennstoff als Motor des westlichen Wohlstandswunders profitierten, sahen sich zum Handeln gezwungen. Was auf diesen Bericht folgte, war ein beispielloser PR-Feldzug, eine organisierte Gegenbewegung rechter und konservativer Gruppen, die die ideologischen und materiellen Privilegien aggressiv verteidigte. Vorteilhaft war: Es konnte dabei auf umfangreiche Expertise in der strategischen Beeinflussung der öffentlichen und politischen Meinung im Unternehmensinteresse zurückgegriffen werden. Die aggressiven Lobbystrategien, die schon in der Vergangenheit politische Entscheidungsprozesse zugunsten industrieller Interessen manipuliert hatten, stellten den Werkzeugkasten, um den drohenden Regularien gegen die Fossilindustrie zu Leibe zu rücken. Frühere Beispiele dafür waren die Debatte um die gesundheitlichen Folgen des Rauchens, der »New Deal«, die Hintergründe des sauren Regens und die Maßnahmen zur FCKW-Reduktion. »Daher ist es nicht überraschend, dass dieselben Leute, die den sauren Regen infrage gestellt, das Ozonloch bezweifelt und das Rauchen verteidigt hatten, nun die wissenschaftlichen Beweise für die globale Erwärmung angriffen«, schreibt die Wissenschaftshistorikerin Naomi Oreskes, die lange zum Netzwerk der klimaskeptischen Antiökolog:innen geforscht hat.[34]

Dank umfangreicher Recherchen von Aktivist:innen, Wissenschaftler:innen und Journalist:innen ist das Wissen über dieses Netzwerk heute groß. Zahlreiche investigative Recherchen, Hintergrundartikel und Buchveröffentlichungen existieren, und die wissenschaftliche Auseinandersetzung mit den Strukturen, Zielen, Arbeitsweisen und Wirkungen ist inzwischen stark angestiegen. Die Netzwerke bestehen aus einem weltweit agierenden Verbund von Thinktanks, Unternehmen und Einzelpersonen bis weit hinein in die politischen Parteien. Es sind Konzernführer aus der fossilen Energie, rechtskonservative, radikal rechte und rechtslibertäre Einzelpersonen, Politiker:innen und Gruppen sowie gut organisierte lobbynahe Wissenschaftler:innen, ›Fachleute‹ und PR-Agent:innen, die seither und bis heute den Kampf gegen die banalsten physikalischen Erkenntnisse und Schlussfolgerungen führen. Selten kommen die ›Fachleute‹, die der Bewegung wissenschaftliche Legitimität verleihen sollen, selbst aus der Klimaforschung. Häufig sind sie aus anliegenden Disziplinen, fachfremd. Das ist auch nicht nötig, denn um eine faktische Debatte, um tatsächliche Zweifel und die besseren Argumente geht es dabei nicht. Ziel war es, die Debatte um den Klimawandel zu attackieren, um die daraus resultierenden Konsequenzen hinauszuzögern, indem Verwirrung und Verunsicherung gestreut wurden. »Buying Time«, also das Kaufen von Zeit, nannte das Naomi Oreskes. Auf den folgenden Seiten zeigen wir, wie die ideologischen Allianzen gewachsen sind und wie stark die Verbindungen in die politische Sphäre und die Wirtschaftsinteressen fossiler Unternehmen sind.

Im Zweifel dagegen: die Anfänge der Klimaleugnung in den USA

Bereits ab Mitte des 20. Jahrhunderts gründeten sich in den USA Denkfabriken, Institute und Stiftungen, die sich zusammenschlossen, um einen Feldzug für die eigenen Profite – und damit gegen den wissenschaftlichen Konsens, gegen die Interessen nachfolgender Generationen und die Schwächsten der Welt – anzutreten. Die Leugnung des Klimawandels ist dabei ein wesentliches, aber nicht das einzige Ziel. Vielmehr muss das Netzwerk im Sinne seiner intellektuellen Vorgeschichte und der Veränderungsdynamiken in der amerikanischen Gesellschaft als eine eng vernetzte politische Gegenbewegung begriffen werden, die sich sowohl materiell als auch kulturell in der

Defensive sah. Der Weg der Konterrevolution führt von den libertären Vordenkern und Strategen über milliardenschwere Unternehmen, Privatfinanciers und ein Spektrum libertärer und konservativer Politiker:innen, Intellektueller und Wissenschaftler:innen bis zu den Denkfabriken und Stiftungen – und von dort hinein in die Köpfe politischer Entscheidungsträger:innen, Medien und der Bevölkerung. Die geistigen Vordenker, beispielsweise Hayek, hatten die erfolgreiche Durchsetzung der neoliberalen Ideen daran geknüpft, in welchem Umfang es ihnen gelänge, diese über den Einfluss intellektueller Eliten in der Gesellschaft hegemonial werden zu lassen. Just in jener Zeit befanden sich die USA in einem schwerwiegenden gesellschaftlichen Umbruch. Ab Mitte des Jahrhunderts erfasste die antirassistische Bürgerrechtsbewegung Teile des Landes und spätestens ab den 1970er-Jahren gewann auch die Umweltbewegung an Einfluss. Teile der weißen amerikanischen Ober- und Mittelschicht sahen in den progressiven Entwicklungen eine Bedrohung und einen Angriff auf den Status quo ihrer gesellschaftlichen, kulturellen und materiellen Vormachtstellung.

Die Gründung von Denkfabriken als Teil der politischen Reaktion nahm ab den 1950er-Jahren an Fahrt auf. Bereits 1955 gründet Anthony Fisher, ein prominenter britischer Libertärer und Mitglied der neoliberalen Denkerelite *Mont Pèlerin Society*, das *Institute of Economic Affairs* in Großbritannien. Zahlreiche amerikanische Thinktanks folgten kurz darauf. Ideengeber für die Institutsgründung war nach Recherchen der Journalistin Jane Mayer Friedrich August von Hayek, der Initiator der *Mont Pèlerin Society*.[35] Fisher selbst war von Beginn an Mitglied der *Mont Pèlerin Society* und gründete 1981 die *Atlas Economic Research Foundation*, heute als *Atlas Network* bekannt. Das Atlas-Netzwerk umspannte nach Aussagen des Wirtschaftswissenschaftlers Schulmeier im Jahr 2016 rund 451 »free-market organizations« in über 90 Ländern.[36] Große Spendenbeträge flossen auch hier vom Republikanischen Großspender Richard Mellon Scaife[37], vom *Donors Trust*, von Exxon Mobil und Shell[38], vom Tabakgiganten Philip Morris[39] und vom Pharmariesen Pfizer[40] in das Netzwerk und von dort aus in die organisierte Klimaleugnung. Nach Einschätzung der Journalistinnen Susanne Götze und Annika Joeres hat das riesige neoliberale Netzwerk in Sachen Klimapolitik eine klare Ausrichtung: Partner von Atlas seien so ziemlich »alle neoliberalen Thinktanks, die klimaskeptische Positionen vertreten«.[41] Atlas selbst sponserte in der Vergangenheit Veranstaltungen des *Heartland Institute*, auf denen die Gefahren des Klimawandels relativiert wurden.[42] Die Organisation *Atlas* ist global bestens vernetzt, ein Partner von *Atlas* in Deutschland wiederum ist die *Friedrich A. von Hayek-Gesellschaft*.

Einige Zeit später wurde die *Heritage Foundation* ins Leben gerufen. Der Unternehmer Joseph Coors gründete die konservativ-libertär ausgerichtete Stiftung 1973. Sie lehnte klimapolitische Maßnahmen als staatliche Gängelung der freien Marktwirtschaft kategorisch ab.[43] Die *Heritage Foundation* gilt als politisch außerordentlich gut vernetzt, insbesondere unter der Trump-Regierung wuchs ihr Einfluss deutlich. Nach Angaben des Journalisten der *New York Times* Jonathan Mahler sollen mehr als 60 aktive oder ehemalige Mitarbeiter:innen unter Trump in der Regierung untergekommen sein.[44]

Das erwähnte *Heartland Institute* hat inzwischen weltweit zweifelhafte Berühmtheit als »Zentrum der unternehmensgeförderten Klimawandelleugnung in den Vereinigten Staaten«[45] erlangt. Für den *Heartland*-Strategieberater Jay Lehr ist klar: Der Anstieg der Erderwärmung aufgrund der CO_2-Zunahme sei der »größte Schwindel der Menschheitsgeschichte«.[46] Auf der Seite des Instituts prangt neben einer amerikanischen Flagge die bereits erwähnte gelbe Flagge mit der sich aufrichtenden Klapperschlange. Die Gadsden-Flagge ist eine Reminiszenz an den amerikanischen Bürgerkrieg, häufig versehen mit dem Spruch »Don't tread on me«, und ein Symbol rechtskonservativer und libertärer Bewegungen in den USA. Das *Heartland Institute* ist hochaktiv. Eigenen Angaben zufolge wurden die Heartland-Podcasts im Jahr 2018 3,2 Millionen Mal heruntergeladen und wöchentliche Newsletterausgaben verschickt. Bei insgesamt 158 Veranstaltungen war *Heartland* zu Besuch oder beteiligt.[47] Derlei Eigenangaben sollten mit Vorsicht gelesen werden, gleichwohl ist der Einfluss des Thinktanks auf die Politik nicht zu unterschätzen.

Nur kurz darauf gründeten wiederum zwei Mitglieder der *Mont Pèlerin Society*, Edward Crane und der marktradikale Milliardär Charles Koch, gemeinsam mit dem Anarchokapitalisten Murray Rothbard das *Cato Institute*. Es sollte in der Folgezeit zu einem der einflussreichsten Thinktanks in den USA und weit darüber hinaus werden. Auf seiner Seite selbst bewirbt das *Cato Institute* seine Mission als »Vision einer freien, offenen und bürgerlichen Gesellschaft«, die auf den Prinzipien des Libertarismus gründet. Rothbard verließ bald darauf das Institut und stieß zum 1982 von Lew Rockwell gegründeten *Ludwig von Mises Institute* hinzu.

Das *Commitee for a Constructive Tomorrow* (CFACT) ist neben dem *Heartland Institute* einer der aktivsten Klimaleugnungsvereine. Die Gründung im Jahr 1985 initiierten David Rothbard und Craig Rucker. Marc Morano, ein Star der Skeptikerbewegung und PR-Stratege, ist ebenfalls Mitarbeiter bei CFACT. ExxonMobile und die Stiftungen von Richard Scaife und Charles Koch gehörten ebenso wie *Donors Trust* und *Donors Capital Fund* zu den Geldgebern von CFACT.[48]

Mit den zahlreichen Gründungen hat sich eine gewaltige Lobbyaktivität entfaltet. Eine Studie, die 16 000 Dokumente von konservativen Thinktanks untersuchte, zeigt ein exponentielles Wachstum antiökologischer, klimaskeptischer Inhalte im Zeitraum von 1998 bis 2003, die vielen der oben genannten Thinktanks zugeordnet werden konnten.[49] Eine weitere Untersuchung im Jahr 2013 prüfte den Einfluss einer ganzen Reihe von Lobbyorganisationen und Thinktanks und stellte fest, dass diese eine Kehrtwende in der Klimapolitik begünstigten, die unter anderem zum Austritt aus dem Kyoto-Protokoll führte.[50]

Sieg für die Hardliner

Am 1. Juni 2017 trat der amerikanische Präsident Trump vor die Presse und verkündete den Ausstieg der USA aus dem Pariser Klimaschutzabkommen. Ein Sieg für die Hardliner, die unter Trump eine radikale Kehrtwende in der Klimapolitik der Vorgängerregierung eingeschlagen hatten. Mit Trump zog der Geist des plutokratischen Rechtspopulismus, des radikalen Libertarismus und des Klimaskeptizismus stärker ins Weiße Haus ein, als das bei den konservativen Vorgängerregierungen der Fall war. Entsprechend hoch waren die Erwartungen rechtskonservativer und rechtslibertärer Kräfte, die seit Jahrzehnten auf einen radikalen Umbruch hingearbeitet hatten. Trump, ein glühender Verfechter der fossilen Energiegewinnung, weckte berechtigte Hoffnungen der Klimaskepsis- und Maßnahmenkritiker:innen, die in den USA besonders unter konservativen und marktradikalen Gruppen verbreitet sind. Und sie sollten nicht enttäuscht werden. Geschickt nutzte Trump soziale Medien wie Twitter und inszenierte einen rechtsidentitären Kulturkampf.

Zur Wahl Trumps veröffentlichte die Organisation *Heartland Institute* den »Action Plan for President Trump«. Darin hieß es, die Wahl des neuen Präsidenten biete die beste Möglichkeit, »die Größe und die Macht der Regierung einzuschränken und individuelle Freiheit zu vergrößern«.[51] Neben einer ganzen Reihe marktliberaler Reformvorschläge in den Bereichen Steuern, Bildung und Gesundheit findet sich in der Rubrik »Energie und Umwelt« die Forderung, aus dem Pariser Klimaschutzabkommen auszusteigen und die Finanzierung für die UN-Programme zum Klimawandel einzustellen.

Am Rande einer Klimaleugnungskonferenz erzählte später ein sichtlich zufriedener Jay Lehr, Strategieberater beim *Heartland Institute*, dass er zwei Stunden vor Verkündung des Ausstiegs aus dem Pariser Klimaschutzabkommen einen Anruf aus dem Weißen Haus bekommen hatte. »You have won«, hätte es darin geheißen.[52]

Eine Undercover-Recherche der Investigativ-Plattform *CORRECTIV* und vom Politmagazin *Frontal 21* gewährt interessante Einblicke in die Arbeitsweisen der Lobbyorganisation *Heartland*. Die Reporter:innen gaben sich als Angestellte eines deutschen PR-Unternehmens aus, die für Großkunden in der Auto- und Energieindustrie Spendenmöglichkeiten suchten[53] – ein Anliegen, das auf offene Ohren stieß. Nach mehreren gemeinsamen Treffen stand ein schriftliches Angebot, das politische Einflussnahme in Deutschland gegen entsprechende Spenden versprach. Slogans, Fakten und Erzählungen zur Ehrenrettung der deutschen Automobil- und Fossilindustrie wurden vorgeschlagen. Entsprechende ›Fachleute‹, mit den notwendigen akademischen Titeln, gab es im Paket obendrauf. Das Geld könne über Stiftungskonstrukte, z. B. den *Donors Trust*, zuverlässig und anonym an andere Organisationen fließen. *Donors Trust* wiederum ist eine Thinktank-Stiftung, die Unternehmen und Privatpersonen eine steuerfreie Spendenplattform zur Finanzierung libertärer und konservativer Thinktanks anbietet. Der Vorteil ist, dass die direkten Finanzierungswege nicht ersichtlich sind. Diese Trusts haben am Finanzbudget der Thinktanks seit Beginn der 2000er-Jahre einen stark wachsenden Anteil, während direkte Einzelspenden zurückgingen.[54] Nach Angaben von Greenpeace USA sollen zwischen 2002 und 2011 etwa hundert klimaskeptische Gruppen auf diesem Weg finanziert worden sein. Mehr als 140 Millionen Dollar seien so geflossen.[55] Über 188 Millionen Dollar verfügte der Trust später nach Angaben der Autorinnen des Buches *Die Klimaschmutzlobby* Susanne Götze und Annika

Joeres. Von dort aus fließt das Geld auch in die amerikanische antiökologische Klimaleugnungsbewegung, unter anderem zur *Heritage Foundation*, zum *Cato Institute*, zum *Competitive Enterprise Institute*, zur *Atlas Economic Research Foundation* und zum *Ludwig von Mises Institute*.[56]

Bei der Finanzierung und Gründung der neoliberalen Denkfabriken fallen immer wieder die Namen amerikanischer Unternehmer und Privatfinanciers, die mit millionenschweren Stiftungen die finanziellen Grundlagen schufen. Dazu gehören die Koch-Brüder, die Stiftungen des Milliardärs Richard Mellon Scaife und die Mercer Family Foundation des Milliardärs Robert Mercer. Neben zahlreichen weiteren privaten Stiftungen sorgten Konzerne aus der Tabakindustrie und der fossilen Energiegewinnung für einen wahren Spendenregen. Nach Angaben der Rechercheplattform *DeSmog* flossen zwischen 2005 und 2008 knapp 25 Millionen Dollar über drei Stiftungen in rund 40 Organisationen, die den Klimawandel anzweifelten oder gegen die Klimamaßnahmen vorgingen.[57] Mit den Entwicklungen unter Trump, vor allem seiner protektionistischen Ausrichtung, sollen sich die Koch-Brüder allerdings zunehmend von den Republikanern entfernt haben. Der 2014 verstorbene US-Milliardär und Unternehmer Richard Mellon Scaife, Unterstützer der Republikanischen Partei, nahm politischen Einfluss über die *Sarah Scaife Foundation*, die *Carthago Foundation* und die *Alleghany Foundation*, die eine große Zahl wirtschaftsnaher und rechtsgerichteter Organisationen fördern, darunter auch solche, die den Klimawandel infrage stellen.[58] Finanziert wurden viele dieser Organisationen auch durch Energiemultis wie ExxonMobil. Nach einer Recherche des amerikanischen Journalisten Chris Mooney unterstützte der Konzern allein in den Jahren 2000–03 mit über acht Millionen Dollar rund 40 Organisationen, die systematisch den Klimawandel leugnen. Geld floss zudem direkt in die Politik: Allein in der Legislaturperiode 2013 bis 2015 sollen aus der Privatwirtschaft 641 Millionen Dollar an Kandidat:innen für die Kongresswahl geflossen sein, die den Klimawandel leugneten.[59]

8

Die Rechten und der Klimawandel: Beispiele aus Europa und der Welt

Nach ähnlichen Organisationsmustern und mit ähnlichen politischen Motiven wie in den USA wird der Klimawandel auch in europäischen Ländern und weltweit strategisch geleugnet und relativiert, um die Klimaschutzpolitik zu verhindern oder auszubremsen. Innerhalb Europas ist die Bandbreite der Akteur:innen und Strategien groß. Ausschlaggebend ist jeweils, welche Parteien in der Regierung und welche in der Opposition sind. Hinzu kommen Besonderheiten des politischen Systems, der Wirtschaftsstruktur und der Medienlandschaft. Die offensichtlichsten und erschreckendsten Beispiele dafür, wie rechte Politik den Klimaschutz in den vergangenen Jahren und Jahrzehnten untergraben hat, finden sich in Australien, in den USA und in Brasilien.

Rechte Parteien in Europa

Quer durch Europa positionieren sich Rechtsaußenparteien eher klimaskeptisch. Doch die Positionen sind in der Umwelt- und Klimafrage keineswegs einheitlich. Stella Schaller und Alexander Carius[1] zeigen in einer 2019 erschienenen Studie, dass die Parteiprogramme und das Abstimmungsverhalten europäischer Rechtsaußenparteien in der Umwelt- und Klimaschutzpolitik gespalten sind. Das liegt auch daran, dass für die Rechten Umweltschutz und Klimaschutz häufig nicht dasselbe sind. Viele positionieren sich pro Umweltschutz und contra Klimaschutz. Nur die wenigsten bestreiten die Notwendigkeit, die Umwelt zu erhalten und zu schützen. Denn genau wie bei den selbst erklärten deutschen »Patrioten« ist die Umwelt im Verständnis der meisten europäischen Rechten schützenswert, da sie als Grundlage der Heimat und als »Lebensraum« des »Volkes« angesehen wird. Doch in der Klimafrage, die bisher vor allem ohnehin diskriminierte Bevölkerungsgruppen betrifft, setzen die meisten Rechtsaußenparteien auf den Zweifel.

Ein Teil bestreitet und leugnet wie die AfD in Deutschland explizit den wissenschaftlichen Stand zum Klimawandel. Neno Dimov von der Partei IMRO, der *Bulgarischen Nationalen Bewegung*, bekannte 2014: »Klimawandel ist eher eine Frage der Manipulation als ein ernstzunehmendes Problem.«[2] Ähnliche Töne sind von der *Dänischen Volkspartei* zu hören, die den menschengemachten Klimawandel kurzerhand zur »Glaubensfrage« erklärte. Die britische *UK Independence Party* (UKIP) bezeichnete den Kampf gegen den Klimawandel als eines der »größten und dümmsten kollektiven Missverständnisse«. Scharfe Kritik an Klimaschutzmaßnahmen äußerte auch die Rechtsaußenpartei *Finns Party*: Das 2015er Klima-Abkommen von Paris sei »katastrophal« für Finnland, allerdings seien »Klimaprobleme« real. Vom belgischen *Vlaams Belang* war zu vernehmen, dass die »Klimageschichte« vor allem ein Vorwand für höhere Steuern sei. Geert Wilders von der niederländischen *Partij voor de Vrijheid* behauptete 2017: »Sie sorgen sich um den Klimawandel. Aber bald werden sie den islamischen Winter erleben.« Ähnliches war von Matteo Salvini von der italienischen *Lega* zu lesen: »Es ist verrückt, ein ernstes Thema wie das Klima zu missbrauchen, um illegale Migration zu legitimieren.« Die immer wieder vorgebrachte Sorge vor

Migration scheint auch bei der österreichischen FPÖ größer zu sein als die Sorge vor dem Klimawandel: Österreich könnte »geflutet werden, mit Millionen von Klimaflüchtlingen«. Die FPÖ hat auch Klassiker der Klimaleugnung im Repertoire: Man könne angesichts »einer Erwärmung der Sonne die globale Erwärmung nicht korrigieren«. Ökofaschistische Ansätze in Reinform nach der Parole »Umweltschutz ist Heimatschutz« vertrat die neonazistische *Goldene Morgenröte* in Griechenland.[3]

Nur wenige Rechtsaußenparteien akzeptieren den Klimawandel und die damit verbundenen Klimaschutzmaßnahmen. Dazu gehören die ungarische Fidesz von Viktor Orbán und die Nationale Allianz aus Lettland.

In den letzten Jahren haben sich einige der europäischen Rechtsaußenparteien in ihrer Klima- und Umweltpolitik neu aufgestellt. Ein Beispiel dafür ist die *British National Party,* ein anderes der französische *Rassemblement National* von Marine Le Pen. Le Pens Programm: Schutz des Klimas, Schutz der Grenzen, Atomkraft als klimafreundliche Schlüsseltechnologie und eine Wiederbelebung der Ökologie von rechts. Allerdings sind Zweifel angebracht, inwiefern es sich hier nicht um bloße Lippenbekenntnisse handelt. So will Le Pens Partei zwar den Klimaschutz stärken, gleichzeitig jedoch die Solar- und Windenergiegewinnung stoppen. Dennoch: Einige rechtsradikale Parteien in Europa modernisieren den traditionellen völkischen Ökofaschismus im Sinne eines grünen radikal nationalistischen und kapitalistischen Programms. Beobachter:innen sehen daher Tendenzen eines Wiedererstarkens des Ökofaschismus.[4] Ein Kurswechsel in der Klimaprogrammatik, wie ihn die *British National Party* und der *Rassemblement National* zumindest auf dem Papier vormachen, könnte den Rechtsaußenparteien eine höhere Anschlussfähigkeit an breite gesellschaftliche Schichten ermöglichen und eine glaubhafte Grundlage für ihre populistische Oppositionspolitik bieten. Es gibt also viele Gründe, den neuen »Klimarealismus« der europäischen Rechten sehr kritisch zu sehen.

Rechte Klimapolitik in Tschechien und Ungarn

Seit Jahren sammeln die Fachleute des *Climate Change Performance Index* Daten aus mehr als 60 Ländern, die in Summe für 90 Prozent der weltweiten Emissionen verantwortlich sind. Die einzelnen Länder werden nach Energiebedarf, Emissionsausstoß, Klimapolitik und dem Anteil erneuerbarer Energien in einem Rankingsystem bewertet. Ein Teil der europäischen Länder findet sich unter den Top Ten der Bestbewertungen, einige auf den letzten Plätzen.[5] Hier stechen beispielsweise Tschechien und Ungarn ins Auge.

Václav Klaus, der ehemalige tschechische Ministerpräsident (1992–1998) und Staatspräsident (2003–2013), war Mitglied der *Mont Pèlerin Society*, begeisterter Anhänger von Hayeks Ideen und Verfechter der neoliberalen Schocktherapie im postsozialistischen Transformationsprozess seines Landes. Klaus ist eine Art Prototyp des rechtsautoritären Neoliberalen, der einer marktradikalen Agenda rechtspopulistische Verschwörungserzählungen beimischte. In seinem Buch *Blauer Planet in grünen Fesseln. Was ist bedroht: Klima oder Freiheit?* stellte er die Erkenntnisse der Klimaforschung infrage, Klimaschutz setzte er an anderer Stelle mit »Ökoterrorismus« gleich.[6] Mit dieser Haltung war er gern gesehener Redner auf Veranstaltungen der AfD, FPÖ, des amerikanischen Lobby-Instituts *Heartland* und der *Mont Pèlerin Society*. Eine bemerkenswerte Querverbindung von Tschechien in die Kohlegruben Deutschlands haben die Journalistinnen Susanne Götze und Annika Joeres in ihrem Buch *Klimaschmutzlobby* herausgearbeitet: Einer der Financiers des Václav-Klaus-Instituts ist gemeinsam mit seiner Unternehmensgruppe PPF Holding und der Holding EPH Betreiber der Lausitzer Braunkohlegesellschaft LEAG. Daniel Křetínský, Gründer der EPH, mischt wiederum als Mitinhaber des *Czech News Center*, das unter anderem die Boulevardzeitung *Blesk* herausgibt, kräftig bei der öffentlichen Meinungsbildung mit. In dieser Zeitung erschienen Artikel, die sich kritisch mit der *Fridays-for-Future*-Bewegung auseinandersetzten und an anderer Stelle Klimaaktivismus mit marxistischen Bewegungen verglichen.[7] Die Regierungszeit von Klaus liegt lange zurück und in seiner Zeit als Staatspräsident war sein Einfluss auf die Ausgestaltung des Regierungskurses begrenzt, dennoch hatte es ein rechtspopulistischer, klimaleugnender Antiökologe in das höchste Amt des Landes geschafft.

In Ungarn ist mit der Partei *Fidesz* seit mehr als einem Jahrzehnt eine rechtspopulistische Partei in der Regierungsverantwortung. Im Unterschied zu den meisten anderen rechtspopulistischen Parteien positioniert sie sich in Klimafragen durchaus progressiv. Nicht nur der menschengemachte Klimawandel wird als Tatsache anerkannt, sondern auch die Notwendigkeit, entsprechende Klimaschutzmaßnahmen zu ergreifen. Dies kann jedoch nicht über die menschenrechtsfeindliche Politik gegen Geflüchtete, das antisemitische Geraune und den Rückbau von Demokratie und Rechtsstaat unter der *Fidesz* hinwegtäuschen. Vieles spricht außerdem dafür, dass die tatsächliche Bereitschaft zur Umsetzung der Maßnahmen nur gering ausgeprägt ist, denn im Klimaschutzranking des *Climate Change Performance Index* liegt Ungarn abgeschlagen auf Platz 53 von 63 Plätzen.[8] Gründe dafür sehen Fachleute im mangelnden Ausbau im Bereich der Windenergie und in der regressiven EU-Politik, die aus ihrer Sicht eine effektivere Zusammenarbeit auf internationaler Ebene behindert.[9]

Rechte Thinktanks und die Industrie gegen den Klimaschutz

Eine Undercover-Recherche deutscher Journalist:innen zeigte: Das Geschäftsmodell der antiökologischen klimaskeptischen Einflussnahme auf die Öffentlichkeit wird auch in Europa praktiziert: Zahlreiche prominente klimaskeptische Antiökolog:innen waren oder sind für den Energiesektor tätig. In den Niederlanden wertete ein journalistisches Team bereits in den 1990er-Jahren die »Shell-Files« aus, eine riesige Sammlung an Daten des Klimaleugners Frits Böttcher.[10] Er war Chemieprofessor und einer der Gründer des niederländischen *Club of Rome*. Mehr als eine halbe Million Euro an Spenden internationaler Großunternehmen wie Shell, Bayer, Thyssen Krupp, von der ING-Bank und Texaco floss von 1989 bis 1998 in Projekte rund um Böttcher. Das Geld steckte Böttcher in den Aufbau eines Netzwerkes. Seine Motivation war es, mit dem angeblichen »CO_2-Mythos« aufzuräumen und die »CO_2-Hexenjagd« zu beenden.[11] Dazu initiierte er das »CO_2-Projekt«. Seine Strategien und Erzählungen ähneln den amerikanischen Vorbildern: Der Schaden für das Klima durch CO_2 sei nicht nachgewiesen, die positiven Effekte würden überwiegen. Eine pseudowissenschaftliche Kulisse sorgte für Glaubwürdigkeit. Böttcher veröffentlichte zahlreiche Bücher zum Thema, hielt Vorträge, schrieb Positionspapiere – in enger Zusammenarbeit mit den bekannten Klimaleugnern Frederick Seitz und Fred Singer vom US-amerikanischen Science and Environmental Policy Project. Mit Mistreitern gründete er später das European Science and Environment Forum. Böttcher und seine Kollegen traten eine Debatte los, mit der wissenschaftlich fundierte Fakten öffentlich infrage gestellt wurden. Sie schufen so auch die Grundlagen für eine Jahrzehnte währende klimaskeptische Agitation in Europa, insbesondere in den Niederlanden.

An den verbindenden Erzählungen hat sich heute einiges geändert, Strategien wurden angepasst. Aber vieles von dem, was sich in jahrzehntelanger Praxis in der US-amerikanischen Szene der klimaskeptischen und klimaleugnenden Antiökolog:innen bewährt hat, findet sich bis heute in europäischen Staaten: Eine Studie aus dem Jahr 2020 über den Einfluss der amerikanischen Klimaleugnungsnetzwerke in Europa kommt zu dem Schluss, dass die antiökologischen, klimaskeptischen Thinktanks in Europa zentrale Prinzipien und die strikte neoliberale Agenda übernommen haben. Als die einflussreichsten dieser Denkfabriken in Europa identifizierten die Forschenden das *Europäische Institut für Klima & Energie* (EIKE) in Deutschland, das österreichische *Austrian Economics Centre*, das französische *Institut économique Molinari*, das spanische *Instituto Juan de Mariana*, das schweizerische *Liberales Institut* und die britischen Thinktanks *Centre for Policy Studies*, *Institute of Economic Affairs* und *The Global Warming Policy Foundation*.[12]

Raus aus der EU und zurück in die fossile Verbrennung: das Beispiel Großbritannien

Die Szene der klimaskeptischen und klimaleugnenden Antiökolog:innen in Großbritannien ist bestens vernetzt und seit Langem aktiv. Die Rechercheplattform *DeSmog* hat in akribischer Detailarbeit die Verbindungen von Thinktanks, Parteien, Lobby- und Kampagnengruppen zusammengetragen.[13] Das Ergebnis dieser Recherchen ist eine Netzwerkkarte, die zeigt, wie die Gruppen Desinformationen zum Klimawandel streuen und sich zugleich für den Brexit starkgemacht haben. Wichtige konservative Politiker:innen sind in ein Netzwerk aus libertären Denkfabriken und rechten Lobbyist:innen eingebunden. Aus diesem Netzwerk wurde die Brexit-Kampagne vorangetrieben, und von hier aus werden Desinformationen zum Klimawandel gestreut – darunter sind neoliberale und libertäre

Thinktanks sowie Lobbygruppen wie das *Adam Smith Institute* und das *Institute of Economic Affairs*, explizit antiökologische klimaskeptische Lobbygruppen wie die *Global Warming Policy Foundation*, rechte und rechtspopulistische Gruppen wie die *Brexit Party* und UKIP sowie Brexit-Initiativen wie *Vote Leave* und zahlreiche Hardliner der britischen Konservativen.

Die inhaltliche Nähe manifestiert sich auch räumlich. In einer zentral gelegenen Immobilie in London waren oder sind Gruppen wie die *Global Warming Policy Foundation* angesiedelt, Tür an Tür mit EU-skeptischen Gruppen wie Business for Britain und der EU-kritischen und klimaskeptischen *European Foundation*. Auch die *Tax Payers Alliance*, mit personellen Schnittmengen zu *Vote Leave*, die für radikale Steuersenkungen eintritt und klimaskeptische Positionen vertritt, hatte dort Räume bezogen.[14] Ganz in der Nähe residieren weitere neoliberale Gruppen und Thinktanks, etwa das *Adam Smith Institute*, die *Free Trade Initiative* und das *Institute of Economic Affairs*.[15] Nach den Recherchen von *DeSmog* flossen auch Gelder der Öl- und Kohleindustrie (u.a. ExxonMobil) in das klimaskeptische Pro-Brexit-Netzwerk in der Tufton Street.[16] Ob Zufall oder nicht, hier zeigt sich, was wir immer wieder sehen: Marktradikale und rechte Gruppen teilen eine wirtschaftspolitische – häufig auch nationalistische – Agenda, bei der der Klimaschutz direkt attackiert wird oder unter die Räder wirtschaftlicher Interessen gerät. Für die rechten Brexit-Parteien war das ein Erfolg versprechendes Unterfangen: 2016 zeigte eine Studie, dass Brit:innen, die den menschengemachten Klimawandel anzweifelten, deutlich häufiger den Brexit befürworteten als solche, die den Klimawandel nicht anzweifelten.[17]

Die neuere Initiative *Net Zero Watch*, die viele konservative Politiker:innen zu ihrem Unterstützungskreis zählt, verpackt eine klimaschutzskeptische Agenda erfolgreich als Maßnahmenkritik.[18] Der Autor Richard Black, der zu den Klimaskeptikern publiziert hat, sieht darin eine Neuausrichtung, denn der alte antiwissenschaftliche Kurs der *Global Warming Policy Foundation* sei »unhaltbar« geworden.[19] Damit werden neue politische Themenfelder eröffnet, beispielsweise die steigenden Kosten der Energieversorgung und der Ukraine-Konflikt. Es wird deutlich: Das explizite Leugnen des Klimawandels kommt auch in Großbritannien aus der Mode. Doch der Brexit hat uns gelehrt, die Schlagkraft der rechten Allianz mit ihrem breit aufgestellten internationalen Unterstützungsnetzwerk nicht zu unterschätzen.

All das steht zumindest auf den ersten Blick in einem starken Kontrast zum internationalen Ranking Großbritanniens des *Climate Change Performance Index*. Das Land rangiert in der Gesamtbewertung unter den Top Ten der am besten bewerteten Länder.[20] Allerdings hängt das, trotz der ambitionierten klimapolitischen Aussagen von Premierminister Johnson (der selbst vor nicht allzu langer Zeit noch klimaskeptische Äußerungen tätigte),[21] auch mit der konsequenten Klimaschutzpolitik der Vorgängerregierungen zusammen. Die gute Klimabilanz geht insbesondere auf die wegweisenden Klimaschutzziele des *Climate Change Act* zurück, der 2008 unter *Labour* mit breiter parteiübergreifender Unterstützung beschlossen wurde.[22] Mit der gut verankerten antiökologischen klimaskeptischen Lobby im Hintergrund und mit den aktuellen Verwerfungen in der Energiekrise wittern die rechten Antiökolog:innen neue Möglichkeiten, die progressive Klimapolitik zurückzudrehen. Ein weiterer Grund für das gute Abschneiden führt uns zurück zum Problem des Klimarassismus: Großbritannien ist auch deswegen so effektiv in der Reduzierung von Emissionen, weil große Teile des Ausstoßes in andere Länder ausgelagert werden. Eine Studie des WWF hatte ergeben: Knapp die Hälfte der konsumbasierten Emissionen ist auf Produkte und Dienstleistungen zurückzuführen, die aus Übersee importiert werden. Die tatsächliche nationale Emissionsreduktion liegt diesen Berechnungen nach deutlich niedriger, als die regulären Zahlen suggerieren.[23] Das ist bei Weitem kein Alleinstellungmerkmal Großbritanniens, sondern betrifft die meisten importorientierten westlichen Industriegesellschaften. Die teuer werdenden Emissionen werden externalisiert – darunter leiden müssen andere.

Ein weiterer Faktor in der öffentlichen Auseinandersetzung um den Klimaschutz ist die Medienlandschaft. Auch in Großbritannien ist augenfällig, dass ein Teil der Medienlandschaft zu antiökologischen klimaskeptischen Positionen beiträgt und bereits für den Brexit trommelte. Sichtbar wird das an den Medien des Murdoch-Konzerns, die für ihre klimaskeptische Berichterstattung bekannt sind. Das reichweitenstarke Blatt aus dem Hause Murdoch, *The Sun*, hatte im Vorfeld mit Desinformationen für den Brexit Stimmung gemacht. Am Tag des Referendums titelte sie: »Independence Day: Sie können heute Großbritannien aus den Klauen der EU befreien.«[24]

Die Rolle der Massenmedien: das Beispiel Rupert Murdoch

Rupert Murdoch ist ein weltweit einflussreicher Medienunternehmer und politischer Netzwerker – ein Milliardär und politischer Lobbyist, dessen Medienimperium eine maßgebliche Rolle in der Beeinflussung der Öffentlichkeit in Australien, Großbritannien und in den USA spielt. Er vertritt stramm konservative Ansichten und steht libertären Haltungen nahe.[25] Im Jahr 1997 trat er dem Vorstand des einflussreichen rechtslibertären *Cato Institute* bei. Er begrüßte den Wahlsieg Donald Trumps, engagierte sich für den Brexit und machte aus seiner persönlichen Haltung zum Klimaschutz keinen Hehl. Er selbst bezeichnete sich 2015 als »Klimawandelskeptiker, nicht als Leugner«.[26] Statt als Stand der wissenschaftlichen Forschung wurde der Klimawandel bei *Murdoch News Corporation* deutlich häufiger als eine Frage der »Political Correctness« oder »Orthodoxie« diskutiert.[27] Die Medien des Murdoch-Imperiums weisen eine gewisse Bandbreite auf, was die Ansprache verschiedener politischer Milieus in den unterschiedlichen Ländern anbetrifft. Dennoch ist eine politische Grundhaltung erkennbar, die ganz nach Murdochs Vorstellungen gestaltet ist – und das hat gravierende Auswirkungen: In den USA wuchs *Fox News*, ein schon immer erzkonservativer Sender, zum Haus- und Hofsender von Ex-Präsident Trump heran und gewann enormen Einfluss auf Teile der amerikanischen Öffentlichkeit. In Großbritannien positionierten sich die Murdoch-Blätter für den Brexit. Weltweit zogen Murdoch-Medien gegen den Klimaschutz zu Felde. Der ehemalige australische Premierminister Kevin Rudd bezeichnete das Medienimperium als Gefahr für die Debattenvielfalt und als »cancer on democracy«, also als Krebsgeschwür, das die Demokratie befallen habe. Rudd verglich die Murdoch-Medien mit der Mafia.[28]

Die mediale Berichterstattung beeinflusst, wie sich wissenschaftliche Erkenntnisse in gesellschaftliches Wissen und von dort aus in politische Handlungen übersetzen. Es ist insofern wenig verwunderlich, dass die mediale Sphäre ein hart umkämpfter Austragungsort unterschiedlicher politischer und wirtschaftlicher Interessengruppen ist. Über reguläre Medien, insbesondere durch das Fernsehen, gefolgt von den großen Onlinemedien, informieren sich mit Abstand die meisten Menschen über den Klimawandel.[29] Die Bemühungen der internationalen Klimaleugnungsallianz, ausgestattet mit zahllosen Thinktanks, Millionenetats und professionellen PR-Strategien, wirken sich auf die mediale Berichterstattung aus. Die Umweltsoziologin Rachel Wetts wertete mehr als 30 000 Artikel zum Klimawandel mit 1700 Presseveröffentlichungen verschiedener Organisationen aus, die über einen Zeitraum von 30 Jahren in US-amerikanischen Medien erschienen waren. In ihrer 2020 veröffentlichten Studie kam Wetts zu dem Ergebnis, dass große Unternehmen eine viel höhere Chance haben, mit ihren Statements in der Berichterstattung über den Klimawandel sichtbar zu werden als kleinere wissenschaftliche Organisationen. Über Institutionen und Akteur:innen, die sich gegen Klimaschutzmaßnahmen aussprachen, wurde mit doppelt so hoher Wahrscheinlichkeit berichtet als über solche, die für Klimaschutzmaßnahmen eintraten.[30] Es ist also überaus bedeutsam, wie in den Medien über die Klimakrise berichtet und wem dabei in welchem Umfang Gehör verschafft wird. So wie sich die gesellschaftlichen und politischen Diskurse zum Klimawandel in den letzten Jahren gewandelt haben, veränderte sich auch die mediale Rezeption durch rechtskonservative und rechtslibertäre Medien. Erst kürzlich verkündete das Murdoch-Imperium, wissenschaftlichen Perspektiven auf die Klimakrise künftig mehr Raum bieten zu wollen. Ähnliche Ankündigungen gab es bereits 2007.[31] So bleibt abzuwarten, was daraus wird.

Konsequenzen der klimafeindlichen Politik der Rechten

Australien

Australien ist das Geburtsland Robert Murdochs – von hier aus baute er sein Medienimperium auf. Australien ist ein Paradebeispiel für die Regionen, die unmittelbar mit den Folgen des Klimawandels zu kämpfen haben; erinnert sei beispielsweise an die verheerenden Brände im australischen Hitzesommer 2019/20. Ihr Ausmaß und die Folgen sind in Zahlen kaum zu fassen: rund 12,6 Millionen Hektar Land, etwa ein Drittel der Fläche Deutschlands, fiel den Bränden zum Opfer. 33 Menschen starben, mehr als 10 Millionen wurden vom Rauch in Mitleidenschaft gezogen, sorgten sich um ihre Sicherheit oder die ihrer nahen Verwandten und Freund:innen. Nach konservativen Schätzungen starben mehr als eine Milliarde Säugetiere, Vögel und Reptilien.[32] Dennoch waren die politischen und medialen Debatten in Australien stark durch Klimaleugnung und Klimaskepsis geprägt – bis in die Regierungsspitze hinein. Der ehemalige australische Premierminister Scott Morrison stritt mehrfach einen Zusammenhang zwischen den gravierenden Waldbränden und dem Klimawandel ab. Der Ex-Vize-Premier Michael McCormack wischte die Bezüge zum Klimawandel als »das Geschwafel einiger […] woker Hauptstadt-Grüner« weg.[33] Morrison spazierte 2017 mit einem Stück Steinkohle ins Parlament, um sich über die Kritik an der fossilen Energiepolitik mit den Worten »Das ist Kohle, haben Sie keine Angst« lustig zu machen.[34] Auch in Australien lobbyiert eine gut vernetzte antiökologische klimaskeptische Szene gegen Klimaschutzmaßnahmen und die CO_2-Reduktion. Ein Beispiel ist die *Carbon Sense Coalition*, die sich die Verteidigung des Kohlenstoffs auf die Fahne geschrieben hat. Die Kohlelobby ist in Australien unter anderem deshalb stark, weil die nationale Energiegewinnung und die Exportbilanzen entscheidend von dem Sektor abhängen.[35]

Dass sich der Kohlekonsens für so lange Zeit – auch gegen die offensichtlichsten Konsequenzen der fossilen Verbrennung – halten konnte, liegt an dem Energiemix und der fossilen Abhängigkeit, der Leugnung des Zusammenhangs von Wetterextremen und dem Klimawandel durch die Politik, dem langen Arm der Kohlelobby, aber auch in den klimaskeptischen Relativierungen der Medien begründet. Eine Studie analysierte im Zeitraum 2019/20 vier wichtige australische Medien des Murdoch-Imperiums. Die Ergebnisse lassen keinen Zweifel an dem aktiven klimafeindlichen Kurs. Unter den Artikeln mit Bezug zum Klimawandel waren 45 Prozent solche, die den wissenschaftlichen Konsens entweder ablehnten oder anzweifelten.

Entsprechend belegt Australien einen der letzten Plätze im Ranking des *Climate Change Performance Index*. Fachleute zeigen sich besorgt, weil das internationale Ansehen Australiens durch den Klimaskeptizismus der Politik und die fehlende Bereitschaft zu ambitionierten Klimazielen gefährdet sei. Ganz ähnliche Töne schlägt der nationale australische Klimarat an. Anlässlich der katastrophalen Folgen konstatierte er, der Klimawandel sei entgegen den politischen Relativierungsversuchen »keine Fußnote in der Geschichte der Überflutung«, sondern »die Geschichte selbst«.[36] Die Politik habe trotz wissenschaftlicher Warnungen seit Jahrzehnten versagt, und Australien bezahle dafür nun einen »hohen Preis«.[37] Hoffnung auf eine Trendwende in der Klimapolitik nährte die australische Parlamentswahl im Mai 2022, die wegen der gravierenden Klimakatastrophen der vergangenen Jahre auch als »Klimawahl« bezeichnet wurde. Die klimafeindliche Politik der Vorgängerregierung wurde abgestraft und unter Anthony Albanese, dem neuen Premier der Labour-Partei, wurden die Klimaschutzziele Australiens deutlich verschärft und ein umfangreicher Ausbau erneuerbarer Energien angekündigt.

USA

Blicken wir noch einmal zurück auf die Vereinigten Staaten. Hier begann die Geschichte der organisierten Klimaleugnung, und hier wirkte sie über Jahrzehnte am erfolgreichsten. Das rechte Lager, das sich in den letzten Jahren um Donald Trump gesammelt hat, kämpft gegen vieles: gegen die grundlegendsten demokratischen Prinzipien wie freie Wahlen, gegen die Unabhängigkeit der Justiz, gegen Minderheitenrechte, gegen soziale Integration. Der Kampf gegen das Establishment, den der Rechtspopulist Trump im Wahlkampf beschwor und angeblich im Interesse der »einfachen Leute« führte, richtete sich allerdings gegen die Demokratische Partei und die Linksliberalen im Land, keineswegs gegen »die Eliten« in Gänze. Ganz im Gegenteil: Es gibt vermutlich kaum passendere und aktuellere Beispiele für eine skrupellose Lobby- und Klientelpolitik, die im Interesse einer schwerreichen Industrie gesellschaftliche Allgemeingüter zum Nutzen einer wirtschaftlich-politischen Machtelite missbrauchte und die Folgen dieser Politik auf seine Bürger:innen umlegte. Eine Studie des Thinktanks *Influence Map* schätzte die Lobbyausgaben der fünf größten börsennotierten Öl- und Gasgiganten (ExxonMobil, Royal Dutch Shell, Chevron, BP und Total) und der mit ihnen verbundenen Gruppen in den ersten drei Jahren nach dem Pariser Klimagipfel von 2015 auf mehr als eine Milliarde Dollar.[38] Ein Großteil dieser Gelder floss auch republikanischen Abgeordneten und Projekten zu. Nach Trumps Wahlsieg wurden mehrere Protagonisten der organisierten Klimaleugnung und der fossilen Industrie in die Regierung berufen. Ein paar Beispiele? Scott Pruitt ist ein bekannter Klimaleugner[39] mit engen Verbindungen in die fossile Energiebranche, der sein Geld unter anderem damit verdient hatte, die Umweltbehörde EPA wegen Umweltschutzauflagen[40] zu verklagen. Unter Trump wurde ausgerechnet Pruitt zum neuen Chef der EPA ernannt. Es folgten schlimme Zeiten für die Umwelt und das Klima; die Zeit sei ein Tiefpunkt der Behörde gewesen, sagte später ein hoher Mitarbeitender: »Wir hofften und warteten, dass endlich ein paar Erwachsene auftauchen.«[41] Rex Tillerson, 2017/18 Außenminister unter Trump, blickt ebenfalls auf eine lange Karriere in der amerikanischen Fossilindustrie zurück. Vor seiner Ernennung zum Außenminister führte er lange Zeit die Geschäfte des Erdöl-Giganten ExxonMobil. Tillerson hatte bereits 2011 einen Vertrag ausgehandelt, der ExxonMobil Abbaurechte in der russischen Arktis zusicherte – gegen Beteiligungen des russischen Ölkonzerns Rosneft an Exxons Aktivitäten im Golf von Mexiko und Texas.

Die Folgen dieser Politik für die Umwelt und das Klima lassen sich nur schwer benennen. Was aber feststeht: Mehr als 100 Regularien zum Umwelt- und Klimaschutz wurden unter der Trump-Regierung aufgehoben oder abgeschwächt.[42] Umstrittene Pipeline-Projekte wurden genehmigt, neue Fördergebiete für fossile Rohstoffe erschlossen, die Gelder für die nationale Umweltbehörde gekürzt und im Forschungsbereich benötigte Gelder gestrichen. Ihren Höhepunkt auf der internationalen

Ebene erreichte Trumps klimafeindliche Politik mit dem 2017 verkündeten Ausstieg aus dem Pariser Klimaschutzabkommen.

Brasilien

Brasilien ist ein weiteres Land, das uns in den vergangenen Jahren die drastischen Konsequenzen des radikal rechten Backlashs für die Umwelt- und Klimapolitik vor Augen führte. Mit dem Amtsantritt Jair Bolsonaros im Jahr 2018 meldete sich nicht nur der alte Geist der Militärdiktatur und des Chauvinismus auf höchster Regierungsebene zurück, sondern auch die Klimaleugnung schaffte es auf die Bretter der großen Weltpolitik. Denn die Konsequenzen der umweltfeindlichen Innenpolitik sind auch eine globale Bedrohung. Bolsonaro steht dem Klimaschutz nicht einfach nur skeptisch gegenüber – er hält ihn für ein lästiges Hindernis seiner wirtschaftspolitischen Ambitionen. Wie häufig mischen sich auch bei ihm eine ausgrenzende, nationalistische, antielitaristische Rhetorik mit einer neoliberalen Agenda, die Wirtschaftsinteressen und Klientelismus an erster Stelle platziert. Er rechtfertigt seinen umwelt- und klimafeindlichen Kurs mit wirtschaftlichen Notwendigkeiten, inszeniert sie aber zugleich als Teil eines Kulturkampfes. Auch Ernesto Araújo, bis 2021 brasilianischer Außenminister, vertrat die Meinung, der Klimawandel sei eine Verschwörung »kultureller Marxisten«, um wirtschaftliches Wachstum auszubremsen.[43]

Jair Bolsonaro trat 2018 mit Wahlversprechen an, die ein Segen für die brasilianische Agrarlobby und eine Katastrophe für den nationalen und globalen Klimaschutz waren. Darunter: der Austritt aus dem Pariser Klimaschutzabkommen von 2015, die Abschaffung des Umweltministeriums und die Legalisierung und Ausweitung des Raubbaus in den indigenen Gebieten, die große Teile des Amazonas-Regenwaldes umfassen.[44] Die Umweltschutzorganisation Greenpeace hat die drei ersten Jahre unter Bolsonaro analysiert:[45] Von 2019 bis 2020 stiegen die Treibhausgasemissionen in Brasilien um rund zehn

Prozent. Viel davon geht auf die massiven Waldzerstörungen zurück, die in Bolsonaros Amtszeit stark zunahmen. Allein zwischen August 2020 und Juli 2021 wurden – nicht nur im Amazonasgebiet – 13 234 Quadratkilometer Waldfläche abgeholzt. Das entspricht einem Anstieg um mehr als 75 Prozent gegenüber dem Vorjahr. Die Restriktionen für Abholzungen wurden gelockert und die Gelder der Umweltbehörden drastisch gestrichen. Im Zusammenhang mit den Abholzungen nahmen Landkonflikte deutlich zu, die meist zulasten der indigenen Bevölkerung des Regenwaldes gehen. Diese Landkonflikte werden oft blutig ausgetragen, motiviert durch die Untätigkeit und Duldung der Regierung. 18 Menschen starben 2020 im Zuge der Konflikte, weitere 35 Personen fielen Mordversuchen zum Opfer.[46] Die Dunkelziffer wird höher sein.

Neben dem Trumpismus ist Bolsonaros Politik ein markantes Beispiel für den Siegeszug des rechtsautoritären Neoliberalismus – eine Politik, die sich selbst nur noch über Ausgrenzung, Fakten- und Wissenschaftsfeindlichkeit und Verschwörungsideologie legitimiert, nationale und wirtschaftliche Interessen priorisiert und rücksichtslos zulasten der Umwelt, des globalen Klimas und ohnehin bereits benachteiligter Gruppen verfolgt wird. Es ist eine Politik, die aufgehört hat, Politik zu sein – zumindest nach einem Verständnis von Politik als friedlicher Verhandlung gesellschaftlicher Interessenskonflikte. Reale gesellschaftliche Konflikte werden geleugnet und als kulturelle Konflikte umgedeutet und verschärft. Durch die Brille der Rechten betrachtet, zerfällt die Gesellschaft in zwei sich unversöhnlich gegenüberstehende Lager: »Wir« und »die Anderen«, die »Freunde« und die »Feinde« des »Volkes«. Dadurch wird ununterbrochen eine Krise suggeriert und ein anhaltender Kulturkampf konstruiert. In diesem Dualismus werden Kompromisse durch Überlegenheit ersetzt, Überzeugungen durch das Prinzip der Unterwerfung. Statt tatsächliche Krisen, etwa die Klimakrise, zu lösen, wird auf die Verwaltung von Krisen gesetzt.

Die globale Rechte zieht in den Krieg: die Rolle Russlands

Was wenig bekannt ist: Russland mischte beim internationalen Feldzug gegen die Forschung zum Klimawandel mit. 2009 erbeuteten Unbekannte große Mengen an E-Mails durch einen Hackerangriff auf RealClimate, eine Organisation von Klimaforschenden. Einige E-Mails, die aus dem Kontext gerissen den Anschein von Unstimmigkeiten vermitteln sollten, wurden herausgegriffen und zu einer Schmutzkampagne aufgebauscht. Eine unabhängige Überprüfung der Vorwürfe förderte keinerlei Anhaltspunkte für Fehlverhalten zutage, dennoch: Rechte, klimaskeptische, verschwörungsideologische und reguläre Medien (allen voran der Sender *Fox News* und das *Wall Street Journal* von *Murdoch Media*) stürzten sich auf den Fall. Das Vertrauen in die Klimaforschung war erschüttert. Russland und Saudi-Arabien sollen nach Aussagen des Klimaforschers Michael Mann eine zentrale Rolle im Wiederhochladen und Verteilen der Inhalte gespielt haben.[47] Spätestens seit 2015 wird aus Russland auch ganz konkret an der Vernetzung der radikal rechten Internationalen gearbeitet. Die russische Nichtregierungsorganisation *SOWA-Zentrum* veröffentlichte Papiere, die die Gründung einer Organisation namens *World National-Conservative Movement* belegen.[48] Mehr als 70 Organisationen weltweit waren eingeladen, viele davon aus den USA und Europa: Auf der Liste standen rechtsradikale Gruppen, beispielsweise die deutsche NPD, die italienische *Forza Nuova*, die griechische *Goldene Morgenröte*, die *Nordische Widerstandsbewegung* aus Skandinavien, die ungarische *Jobbik* und viele mehr. Im Manifest heißt es, die Welt werde von Ideologien des Liberalismus, Multikulturalismus und der Toleranz regiert. Das alles führe zur »Erosion der Nationen, Massenmigration aus Ländern mit fremden Zivilisationen«, zu der »Abkehr von der Religion, dem Ersetzen der Spiritualität durch den Materialismus, der Verarmung der Kulturen« und zur »Zerstörung der Familie und gesunder moralischer Werte« durch »Abtreibung und Propaganda der Ausschweifung und Akzeptanz sexueller Perversionen«.[49]

In dem Pamphlet steckt all das, was Putins Russland zu einem rechtsradikalen Sehnsuchtsort hat werden lassen. Es ist ein radikaler Gegenentwurf zum Konzept der liberalen Demokratie, die von Rechtsradikalen weltweit verachtet wird. Rechtsradikale stilisieren sich als Unterdrückte unter dem Joch des Gendersternchens, des Pluralismus, der Woke-Culture und der Political Correctness und suchen Zuflucht in einem regressiven Autoritarismus, den Putin wie kein anderer verkörpert. Rechtsradikale wie Steve Bannon, Donald Trump, Marine Le Pen und Jair Bolsonaro sowie die Parteien der radikalen Rechten von der AfD über die *Lega Nord* und die FPÖ bis zur *Fidesz* hofierten ihn genau aus diesem Grund und haben in den meisten Fällen eine extrem Putin-freundliche Politik betrieben. Kurz nach dem Start des russischen Angriffskrieges gegen die Ukraine herrschte weltweites Entsetzen und Sprachlosigkeit, doch das galt nicht für alle: »Wenn Putin nach Berlin durchmarschiert … – fällt das Gendern weg, – sind Männer Männer u. keine Frauen, – wird der Strom billiger, – wird der Sprit billiger, – wird die Islamisierung beendet, – Linksgrün wird eingesperrt«, frohlockte der Schweizer Rechtsradikale Ignaz Bearth auf seinem Telegram-Kanal.[50] Die in nur einem Satz komprimierte zynische und menschenverachtende Sichtweise teilen unzählige Rechtsradikale rund um den Globus. In den USA, Europa und vielen weiteren Ländern mit rechtsradikalen Bewegungen wird das Russland unter Putin als starkes Bollwerk gegen den »schwächlichen« und »verkommenen« Liberalismus des Westens glorifiziert. Das trifft nicht auf alle im Lager der radikalen Rechten zu. Die ist in der Russland-Ukraine-Frage gespalten, jedoch vertritt nur ein kleinerer Teil proukrainische Positionen.

Vieles deutet darauf hin, dass Putins kriegerisch imperialistische Expansionspolitik durch die faschistische und imperialistische Propaganda radikal rechter Vordenker und Politiker in seinem fernen und nahen Umfeld inspiriert ist. Seit Langem kursieren innerhalb der radikalen Rechten Russlands imperiale Raumexpansionskonzepte etwa von Wladimir Schirinowski und Dimitri Rogosin. Der im April 2022 verstorbene Schirinowski war Chef der nationalistischen und rechtspopulistischen Liberal-Demokratischen Partei Russlands. Er favorisierte bereits 1993 ein Konzept russischer Expansion, das zusätzlich zu den meisten postsowjetischen Staaten eine territoriale Übernahme bis in die Türkei, Afghanistan und Iran vorsah.[51] Rogosin ist ein ehemaliger Führer der ultranationalistischen Partei *Rodina*, die an der Gründung des World National-Conservative Movement beteiligt gewesen sein soll: Er propagiert eine Mischung aus ethnischem und imperialem Nationalismus, der die Krim, große Teile der Ukraine, das Baltikum und viele weitere ehemalige Sowjetstaaten umfasst.[52] Einer der relevanten Denker in Putins weiterem politischen Umfeld ist der neofaschistische Geisteswissenschaftler Alexander Dugin. Er gilt als bestens vernetzt unter westlichen Rechtsradikalen und als Einflüsterer des russischen Präsidenten.[53] Sein 1997 (bislang nur auf Russisch und in einer englischen Übersetzung) erschienenes Buch *Die Grundlagen der Geopolitik. Die geopolitische Zukunft Russlands* liest sich vom Einmarsch in Georgien über den Brexit (Dugin schlägt eine Separation Großbritanniens von Europa vor), die Schwächung transnationaler Bündnisse wie der EU bis zur Annexion der Krim wie ein Drehbuch der russischen Außenpolitik der vergangenen Jahrzehnte unter Putin.[54] Nach dem Angriff auf die Ukraine im Februar 2022 schrieb er, dieser Krieg werde nicht gegen die Ukraine geführt, sondern gegen den Globalismus und Liberalismus; Russland baue sich nun »seine Welt«.[55]

Im Grauen des Krieges offenbart sich, wie absurd und perfide die Lügen der rechtsradikalen »Freiheitskämpfer« sind. Die Freiheit wird nicht von denen bedroht, die rassistische und sexistische Normalität im Sprachgebrauch kritisieren und auch nicht von denen, die ökologische Nachhaltigkeit propagieren oder für globale Gerechtigkeit eintreten. Die »Feinde der Freiheit« formieren sich in einer internationalen rechtsradikalen Allianz, deren inoffizieller Anführer nun erneut in den Krieg gezogen ist. Der Angriffskrieg gegen die Ukraine ist auch ein Krieg gegen die Demokratie und die Freiheit. Zugleich ist es ein Krieg um die Zukunft der Fossilenergie und gegen den Klimaschutz: Die Unterstützerallianz des globalen Rechtsradikalismus ist auch eine »Anti-Klimaschutz-Allianz«, wie der *Spiegel*-Kolumnist Christian Stöcker zutreffend schreibt: »Rupert Murdochs Medien *(Fox News)*, die mit der Öl- und Kohlebranche verbandelten US-Republikaner und Wladimir Putin eint nicht zuletzt der Wunsch, dass noch möglichst lang fossile Brennstoffe verfeuert werden.«[56] Weltweit formieren sich rechte bis rechtsradikale Gegner:innen der Energiewende und nehmen das Kriegsgeschehen zum Anlass, den Ausstieg aus der alternativen Energie zurückzudrehen. Einige Beispiele haben wir genannt. Mit teils absurden Argumenten: Die fossile Energiegewinnung solle fortgesetzt werden und das, wo doch die internationale Abhängigkeit von fossilen Energieträgern die sicherheitspolitische Dimension der Klimadebatte gerade erst drastisch aufgezeigt hat. Während niemand so richtig ausschließen will, dass die Kriegshandlungen an oder in unmittelbarer Nähe zu ukrainischen Kernkraftreaktoren im schlimmsten Fall zu nuklearen Katastrophen führen können, fordern andere ein Zurück zur Kernkraft.

Ob unmittelbar oder übers Eck: Jeder Cent der Hunderte von Millionen,[57] die allein die EU noch im April 2022 täglich zur Deckung ihres immensen Energiehungers an russische Gaskonzerne überwiesen hat, unterstützt den Krieg vor Ort. Die Energieabhängigkeit erklärt das zögerliche Verhalten in Europa und in Deutschland in der Vergangenheit. Auf jede der unzähligen innen- und außenpolitischen Aggressionen bestand die Antwort des Westens darin, die wirtschaftliche Umarmung Putins noch enger zu schließen, anstatt auf die vielfältigen Warnzeichen zu hören. Der Krieg und seine Vorgeschichte ist, wie es bereits die Klimaaktivist:innen von *Fridays for Future* auf ihren Friedensdemonstrationen betont haben, ein »fossiler Krieg« und zugleich ein höchst ideologischer.

»Wir haben alle Zeit der Welt«: das deutsche Netzwerk der Antiökolog:innen

Das Klimaleugnungsmodell der amerikanischen Netzwerke wurde zum Exportschlager für ganz Europa. Seit Jahrzehnten fliegen bekannte Protagonist:innen der Szene immer wieder über den Atlantik, um Aufbauhilfe und Unterstützung für die antiökologische klimaskeptische Gegenbewegung in Europa zu leisten. So auch im Dezember 2021. Der Präsident des *Heartland Institute* James Taylor hatte sich auf den weiten Weg nach Gera in Thüringen gemacht, um seine deutschen Kolleg:innen auf einer ihrer Konferenzen zu unterstützen. Auf der Agenda standen zwar »Klimawandel« und »Energiewende«, doch die ideologische Schlagseite der Veranstaltung war offensichtlich. Ehemalige und aktuelle AfD-Politiker:innen waren angereist, das rechte Magazin *Junge Freiheit* lag auf den Plätzen bereit.[58] »Wir arbeiten seit einigen Jahren sehr eng mit dem *Heartland Institute* zusammen«, bestätigte EIKE-Gründer und -Vorsitzender Holger Thuß in Gera.[59] Taylor meinte, entgegen der Situation in seinem Land, in dem große Sympathien für die Anliegen der klimaskeptischen Antiökolog:innen bestünden, sei die Situation in Europa und Deutschland schwieriger; die Bevölkerung werde mit »einseitiger Propaganda« geflutet, und ohne Gruppen wie EIKE sei »die Sache verloren«.[60]

Das Institut mit der irreführenden Namensgebung *Europäisches Institut für Klima und Energie e. V.* (kurz: EIKE) ist laut Selbstbeschreibung ein Zusammenschluss » [...] von Natur, Geistes- und Wirtschaftswissenschaftlern, Ingenieuren, Publizisten und Politikern«. Der menschengemachte Klimawandel ist nach ihrer Vorstellung »naturwissenschaftlich nicht begründbar« und damit »als Schwindel gegenüber der Bevölkerung« anzusehen. Klimapolitik sei nur ein »Vorwand [...], Wirtschaft und Bevölkerung zu bevormunden und das Volk durch Abgaben zu belasten«.[61]

Die Verbindungen zur internationalen Lobby der klimaskeptischen Antiökolog:innen nach Deutschland bestehen über das *Heartland Institute* hinaus. Ein Beispiel: Das bereits erwähnte *Commitee for a Constructive Tomorrow* soll mit der Postfachadresse seines europäischen Ablegers just unter jener firmieren, die auch bei EIKE im Impressum zu finden gewesen sein soll.[62] Taylor mag in diesem Punkt recht haben: Die klimaskeptische Politik ist, verglichen mit den USA, in Deutschland weniger verbreitet. Nichtsdestotrotz agiert auch hier eine immer lauter werdende, gut vernetzte Gegenbewegung in die deutsche Politik und Wirtschaft hinein. Mittels Blogs, sozialer Medien, Artikeln und Konferenzen werden klimaskeptische Gegenöffentlichkeiten systematisch auf- und ausgebaut.

Insbesondere die Unterschiede in den gesetzlichen Regularien zur Finanztransparenz machen es in Deutschland schwieriger, Verbindungen zwischen Thinktanks, Stiftungen, Privatwirtschaft und Politik nachzuvollziehen. Wenngleich in geringerem Umfang, finden sich klare Hinweise auf die Einbettung der klimaskeptischen Antiökolog:innen rund um EIKE in die rechtsradikale AfD, Verbindungen von klimaskeptischen Antiökolog:innen in die Privatwirtschaft und in ein lose vernetztes Spektrum rechtskonservativer, libertärer, radikal rechter Vereine, Lobbygruppen, Blogs, Zeitschriften und Social-Media-Angebote. Dem Klimaleugnungsverein EIKE kommt eine herausragende Stellung in diesem Netzwerk zu. EIKEs Mission ist nicht weniger als die Rettung der »Freiheit« – und daran wird fleißig gearbeitet: mit Vortragsveranstaltungen, unzähligen Artikeln, eigenen »Klima-Konferenzen« und zahlreichen Videos auf sozialen Medienplattformen.

Verbindungen zur AfD

Die Verbindungen zwischen EIKE und der AfD sind eng. Wenngleich EIKE-Vizepräsident Michael Limburg betont, parteipolitisch unabhängig zu sein, pflegt EIKE enge Kontakte zu AfD-Politiker:innen. Nicht nur dass einige EIKE-Mitglieder der AfD angehören oder für Ämter der Partei kandidierten – EIKE liefert auch den pseudowissenschaftlichen Hintergrund für die klimaleugnenden Antiökolog:innen innerhalb der Partei. Michael Limburg, der für die Partei zur Bundestagswahl 2017 als Kandidat angetreten war, saß im AfD-Bundesfachausschuss Energiepolitik. Horst-Joachim Lüdecke, der den Pressesprecherposten bei EIKE innehat, sagte bereits mehrmals als Sachverständiger auf Einladung der AfD aus.[63] Karsten Hilse, AfD-Bundestagsabgeordneter und ehemaliger sächsischer Verkehrspolizist, ist klimapolitischer Sprecher der Partei und meint, der Klimawandel sei »ein aus kranken Gehirnen ausgeschwitztes Weltuntergangs-Szenario«[64]. Hilse bezweifelt die menschengemachten Ursachen des Klimawandels und lehnt Klimaschutzmaßnahmen kategorisch ab. Gemeinsam mit seinen Parteikolleg:innen sagte er »der Irrlehre des von Menschen gemachten Klimawandels den Kampf an«[65] – eine Position, mit der er innerhalb der Partei keineswegs allein steht. Auf Nachfrage der *taz* bestätigte er, den EIKE-Vize »auf einer Viertelstelle in meinem Bundestagsbüro« zu beschäftigen.[66] In seiner Funktion trägt Hilse den Kampf gegen die wissenschaftlichen Erkenntnisse zum Klimawandel über Anhörungssitzungen und Plenarprotokolle in die politischen Debatten. Mit der AfD haben die klimaleugnenden Antiökolog:innen einen direkten Draht ins Parlament. Gleichzeitig sind die medialen Ausspielkanäle der AfD groß. Rechtspopulistische und alternative Medienplattformen und Parteien wie die AfD haben einen großen Anteil an der klimaskeptischen Propaganda, die Tag für Tag durch die sozialen Medienblasen wabert.[67] Die Kooperation ist für beide Seiten profitabel.

Schnittmengen mit anderen Parteien

Auch wenn die klimaskeptische Debatte sich am radikalsten um EIKE und die AfD artikuliert: Lautere und leisere klimaskeptische Positionen finden sich auch mitten in der Gesellschaft in wirtschaftlichen Interessenvertretungen, politischen Parteien und öffentlichen Debatten. Ein aktuelles Beispiel ist die Lobbyvereinigung *Initiative Neue Soziale Marktwirtschaft*. Die im Jahr 2000 gegründete Organisation wird von Arbeitgeberverbänden getragen und lobbyiert, mitunter mit marktradikalen Positionen, gegen sozialstaatliche Regulierung und unternehmerische Regularien. Die Vorstöße zur Privatisierung und Deregulierung der Arbeitsmarkt- und Sozialpolitik vermitteln den Eindruck, dass das »Neue« an der »sozialen Marktwirtschaft« eher in einer Rückabwicklung der sozialstaatlichen Einhegung des freien Marktes bestehen soll. Auch in der Klimapolitik propagiert die *Initiative Neue Soziale Marktwirtschaft* eine Rückwärtsrolle: Faktenchecks kritisierten die INSM-Kampagne »12 Fakten zur Klimapolitik« als teilweise irreführend oder faktisch falsch und als vorrangig von Unternehmensinteressen geleitet.[68] Im Bundestagswahljahr 2021 polarisierte die Lobbyvereinigung mit einer Kampagne gegen die grüne Spitzenkandidatin Annalena Baerbock und ihre Partei mit der altbekannten »Verbotsrhetorik«. Rhetorisch liegt das nahe an der altbekannten Erzählung von der grünen »Klimadiktatur«. Ein Faktencheck förderte auch hier ungenaue und teils falsche Aussagen zutage.[69] Außerdem bediente die Kampagne nach Einschätzung des Antisemitismus-Experten Michael Blume antisemitische Klischees.[70]

Auch in demokratischen Parteien – insbesondere bei Teilen der CDU und FDP – finden sich Einzelstimmen und Interessenvertretungen, die nahe an den klimaskeptischen Positionen von EIKE und ihren Mitstreiter:innen liegen. Einzelne FDP-Politiker:innen organisierten in der Vergangenheit Veranstaltungen mit bekannten klimaskeptischen Antiökolog:innen und vertraten Teile ihrer Positionen öffentlich. Der CDU-Politiker Philipp Lengsfeld gründete beispielsweise die *re:look climate gGmbH*. Die hat es sich zum Ziel gesetzt, wissenschaftliche Analysen im Bereich des Klimawandels voranzutreiben. Nach Angaben der *taz* war der zweite Gründer der bekannte deutsche klimaskeptische Autor Fritz Vahrenholt.[71] Lengsfeld soll auch zu den Verfassern eines Aufrufs des sogenannten Berliner Kreises der CDU gehört haben, der klimaskeptische Positionen verbreitete.[72] Die Haltung steht keineswegs repräsentativ für die CDU-Abgeordneten insgesamt, vielmehr attackierten einzelne klimaskeptische CDUler und CDU-nahe Gruppierungen damit auch die Klimapolitik unter Angela Merkel.

Eines dieser Projekte ist die *WerteUnion*, eine radikalkonservative Splittergruppe, die nach eigenem Bekunden eine »konservative Erneuerung« anstrebt. Nach Einschätzungen von Fachleuten geht es dabei aber – analog zur amerikanischen Tea-Party-Bewegung – eher um eine Radikalisierung konservativer Positionen insbesondere im Feld der Umwelt-, Migrations- und Familienpolitik.[73] Prominente ehemalige Köpfe der Vereinigung, beispielsweise der frühere Verfassungsschutzpräsident Hans-Georg Maaßen, verbreiteten in der Vergangenheit rechte Verschwörungserzählungen von »sozialistischen und globalistischen Kräfte[n]«.[74] Gegen den ehemaligen Vorsitzenden Max Otte wurde ein CDU-Parteiausschlussverfahren eingeleitet, nachdem er bei der Wahl zum Bundespräsidenten als Kandidat für die AfD angetreten war. Das 2020 veröffentlichte Klimamanifest der *WerteUnion Bayern* leugnet zentrale Erkenntnisse der Klimaforschung und führt zahlreiche alte

Klassiker aus der Argumentationskiste der Klimaleugnungsbewegung ins Feld. Insgesamt 16 Falschinformationen haben Forscher:innen der Plattform *Skeptical Science* in dem achtseitigen Positionspapier ausgemacht.[75]

Derartige Bestrebungen zeigen, dass die politische Leugnung des wissenschaftlichen Konsenses zum Klimawandel nicht beim AfD-Parteibuch endet. Und das ist gefährlich, gerade deshalb, weil die größte Bedrohung für eine schnelle und aktive Klimapolitik nicht primär aus dem Lager der radikalen klimaleugnenden Antiökolog:innen, sondern aus dem breiteren politischen Spektrum der »Klima-Bremser« kommt, wie Susanne Götze und Annika Joeres in ihrem Buch *Die Klimaschmutzlobby* aufzeigen.[76] Die Klima-Bremser sind in der Öffentlichkeit und in Parteien wesentlich breiter aufgestellt und in Regierungsverantwortung ein wesentlicher Grund für die schleppende ökologische Wende. Sie stehen für eine Klimapolitik, die zwar verbal Klimaschutzmaßnahmen bejaht, aber eine Politik der angezogenen Handbremse betreibt. Dort, wo der Wille zum politischen Handeln gering ist, fallen auch die Argumente der klimaskeptischen Antiökologie auf fruchtbaren Boden und entwickeln eine breite Wirkung, die über den eigenen Dunstkreis hinausreicht: »[D]ie einflussreichere Gruppe der Klimaschutz-Bremser profitiert von der Unsicherheit und dem Zweifel, den Skeptiker und Leugner säen«, schreiben Götze und Joeres.

Neoliberale und libertäre Gruppierungen

Verfolgt man die institutionellen und persönlichen Verbindungen der klimaskeptischen Antiökolog:innen in Deutschland, zeigt sich ein Muster, wie wir es bereits aus den Vereinigten Staaten und anderen Ländern kennen. Verbunden über Einzelpersonen und Institutionen treten enge Beziehungen zwischen marktradikalen, rechtslibertären und rechtskonservativen bis hin zu rechtspopulistischen Gruppen zutage – untereinander und in die deutschsprachige Szene der klimaskeptischen

Antiökolog:innen. Häufiger fällt dabei der Name einer Gesellschaft, deren Namensgeber bereits bekannt ist: die *Friedrich A. von Hayek-Gesellschaft*. Ziel der 1998 gegründeten Gesellschaft ist die Förderung von »Forschung und Erkenntnis im Geiste Friedrich A. von Hayeks sowie deren Verbreitung«.[77] Die Verbindungen reichen ins radikal rechte AfD-Milieu zu EIKE und weit in politische und wirtschaftliche Lobbyorganisationen. Mindestens drei Personen bei EIKE sind oder waren ebenfalls Mitglieder der libertären *Friedrich A. von Hayek-Gesellschaft*.[78] Die AfD-Abgeordneten Peter Boehringer, Alice Weidel und Beatrix von Storch waren bzw. sind ebenfalls Mitglieder der marktradikalen Denker-Elite.[79] Die *Friedrich A. von Hayek-Gesellschaft* vereint eine Vielzahl an Mitgliedern mit durchaus unterschiedlichen Positionen und Interpretationen des Liberalismus. Sie vernetzt prominente Politiker:innen, Philosoph:innen und Wirtschaftswissenschaftler:innen mit Journalist:innen und vielen weiteren (markt-)liberalen Einzelpersonen. Mit der zunehmenden Präsenz von AfD-Politiker:innen kam es zum Bruch. Aus Protest gegen die Rechtsverschiebung verließen mehr als 60 Mitglieder die Gesellschaft, unter ihnen der spätere Bundesfinanzminister Christian Lindner. In der Vergangenheit vertrat die Gesellschaft Positionen, welche die wissenschaftlichen Erkenntnisse zum Klimawandel in Zweifel zogen. Unter dem Titel »Die Klimakatastrophe findet nicht statt« wurde auf der Website ein Statement veröffentlicht, das die konsensuale wissenschaftliche Sicht anzweifelte und sich auf die bekannte Klimaleugnungsorganisation *Nongovernmental International Panel on Climate Change* berief.[80] Der Initiator der Gesellschaft Gerd Habermann referierte wiederum 2011 auf der EIKE-Klimakonferenz zum Thema »Klimasozialismus«.[81]

Explizit rechtslibertäre Haltungen werden auch am *Ludwig von Mises Institut Deutschland* vertreten. Das »Verbreiten der liberalen-libertären Lehren in der Tradition von Ludwig von Mises« sei heute »dringlicher denn je geworden«, heißt es in der Selbstdarstellung.[82] Das deutsche Institut ist Teil eines weltweiten Institutsnetzwerks. Eine Studie aus dem Jahr 2021 zählte 21 aktive Mises-Institute und kam zu dem Schluss, dass deren koordinierte Aktivitäten die Mobilisierung einer »Opposition gegen die Klimapolitik« einschließe, unter anderem, indem die Klimaforschung untergraben werde.[83] Im Beirat des deutschen Instituts sitzt mit Hans-Hermann Hoppe ein radikal rechtslibertärer Vordenker. Thorsten Polleit ist Vorsitzender des *Ludwig von Mises Instituts Deutschland*. Er ist als Chefvolkswirt beim Edelmetallunternehmen *Degussa Goldhandel* beschäftigt. *Degussa Goldhandel* gehörte dem 2021 verstorbenen Bankier August von Finck junior, einem mutmaßlichen Großspender der AfD.[84] Sprecher der Geschäftsführung des Unternehmens ist Markus Krall, der in seinen Sachbüchern und bei Vorträgen rechtslibertäre Ideen verbreitet. Dabei bedient er sich teilweise einer drastischen Wortwahl: Auf einer AfD-Veranstaltung sprach Krall über den Sozialismus als »Antithese des Menschlichen« und bezeichnet die Nullzinspolitik der EZB als »Maschinenraum des Völkerselbstmords«.[85] Bei Krall nimmt die rechtslibertäre Ideologie religiös-paranoide Züge an. In seiner Vorstellung ist der Sozialismus »Satan«, er sprach vom »Tier Sozialismus«[86] und warnte vor dem »Klima- und Seuchensozialismus«[87]. Im Zusammenhang mit der Pandemiepolitik der Regierung fantasierte Krall von »zwei Millionen vor dem Kanzleramt« zum »Sturz der Regierung«.[88] In den Büchern Kralls finden sich auch Bezüge zur rechtsradikalen Verschwörungserzählung vom Kulturmarxismus wieder, genau wie bei Roland Baader, einem weiteren rechtslibertären Publizisten.[89] Die Beispiele zeigen: Die Übergänge vom Rechtslibertarismus zur radikalen Rechten sind auch in Deutschland fließend.

Die »rechtsalternativen« Blogs

Einer der wesentlichen Ausspielwege der rechten klimaskeptischen Antiökolog:innen sind Blogs. Hierüber werden Kampagnen initiiert und Schnittstellen in die etablierten Medienformate gesucht. Die vielfältigen Medienprojekte vernetzen die politischen Milieus des Konservatismus, Wirtschaftsliberalismus und Marktfundamentalismus mit radikal libertären und rechtspopulistischen Gruppen und Personen. Auffällig häufig werden antiökologische Positionen vertreten.

Das Online-Portal und die Zeitschrift *eigentümlich frei* ist die wohl prominenteste Plattform der Rechtslibertären in Deutschland. Die enge Verschränkung der Begriffe Eigentum und Freiheit als wesentlicher Bestandteil des Rechtslibertarismus zeigt sich bereits im Zeitschriftentitel. Personelle Verbindungen bestehen zum *Ludwig von Mises Institut Deutschland* und zur *Friedrich A. von Hayek-Gesellschaft. Eigentümlich frei* vertritt rechtslibertäre, z. T. anarchokapitalistische Positionen und ist bestens in das rechtskonservative bis radikal rechte Spektrum vernetzt. Die Zeitschrift sei »die Schnittstelle und der Multiplikator der sogenannten Neuen Rechten hinein ins bürgerlich-liberale Spektrum«, analysiert der Rechtsextremismusforscher Alexander Häusler.[90] Der Kreis der Autor:innen ist groß und umfasst auch neurechte Publizist:innen und Politiker:innen unter anderem aus der AfD. Der bekannte Verschwörungsideologe Oliver Janich, der auf seinem Telegram-Kanal rassistische und rechtslibertäre Inhalte und radikal rechte Verschwörungserzählungen verbreitet, gehört ebenfalls dazu. Er ist Gründer der rechtslibertären, bis dato erfolglosen Kleinstpartei *Partei der Vernunft*, mit der er den »Global-Warming-Blödsinn« beenden wolle.[91] Den Klimawandel hält er ebenso wie Corona für erfunden und vermutet satanische Machenschaften im Hintergrund.

Der Selbstinszenierung nach ist die *Achse des Guten* eine liberale Meinungsplattform der Kritischen und Unabhängigen, die dafür nach Eigenaussage vom Mainstream angefeindet werde. Die Inhalte sprechen eine klare Sprache: In klassisch populistischer Einfärbung wird gegen vermeintliche Meinungsverbote, Klimahysteriker:innen, »geistig verarmte Gutmenschen«, »umlackierte Kommunist:innen« und »geisteskranke linke Medienleute« angeschrieben und es wurden Schreckensszenarien einer drohenden Islamisierung und »linksgrünen Gesinnungsdiktatur« verbreitet. Zum Publikationsumfeld zählen die Rechtsaußen-Publizistin Vera Lengsfeld, der für seine rassistischen Thesen bekannt gewordene Thilo Sarrazin und der unter anderem wegen Volksverhetzung verurteilte Schriftsteller Akif Pirinçci – darüber hinaus Rechtslibertäre wie Titus Gebel. Titel wie »Klimakatastrophe erweist sich als moderner Mythos« und Begriffe wie »Klimahysterie« und »Angstapostel« zeigen, wohin die Reise auf dem Blog in Sachen Klimapolitik geht. Abgearbeitet wird sich an den Klimaschutzmaßnahmen, an Vertreter:innen aus Wissenschaft, Politik und Zivilgesellschaft, die für Klimaschutz eintreten. Unter den Autor:innen finden sich zudem bekannte deutsche und internationale Protagonist:innen der klimaskeptischen und klimaleugnenden Szene. Benny Peiser zum Beispiel ist eine bedeutende Größe in diesem internationalen Netzwerk und steht als Direktor der klimaskeptischen Lobbyorganisation *The Global Warming Policy Foundation* mit Sitz in London vor. Er bestritt in der Vergangenheit den wissenschaftlichen Konsens zum Klimawandel und attackierte Naomi Oreskes nach der Veröffentlichung eines Essays zum Konsens über den Klimawandel innerhalb der Wissenschaftsgemeinde. Ein weiterer klimaskeptischer Autor auf dem Blog war der bekannte deutsche Klimaskeptiker Fritz Vahrenholt.[92]

Roland Tichy ist Journalist und betreibt das Onlinemagazin *Tichys Einblick*, das nach Selbsteinschätzung »liberal-konservativ« sei, aber eher im wirtschaftsliberalen und nationalkonservativen Spektrum im Grenzbereich zum Rechtspopulismus angesiedelt ist. Für Furore sorgte beispielsweise ein Gastbeitrag, in dem »grün-linke Gutmenschen« als »geistig psychisch krank« bezeichnet wurden.[93] Während Tichy Tausende Studien mit eindeutiger wissenschaftlicher Evidenz bezüglich des menschengemachten Klimawandels nicht so recht überzeugen wollen, lobt er EIKE und das Buch *Unerwünschte Wahrheiten* der Klimaskeptiker Vahrenholt und Lüning überschwänglich und honoriert die »geowissenschaftlichen Details«.[94] Er war bzw. ist nach Angaben von *Lobbypedia* ebenfalls Mitglied der *Friedrich A. von Hayek-Gesellschaft* und der *Mont Pèlerin Society*.[95]

Ein weiteres Beispiel ist der Autorenblog *Die freie Welt*, der nach Informationen von *RP Online* auf die AfD-Politikerin Beatrix von Storch und ihren Mann, den rechten Publizisten und Netzwerker Sven von Storch, zurückgeht.[96] Auch im Medienprojekt *Die freie Welt* gesellen sich klimaskeptische Positionen und Angriffe auf Protagonist:innen des Klimaschutzes zur rechtspopulistischen und marktradikalen Rhetorik. Zahlreiche Beiträge, die sich zum Thema Klimawandel auf der Seite finden, sind unter dem Autorennamen »Redaktion EIKE« geführt.

Es sind jedoch nicht ausschließlich die »alternativen« Blogs und Medien, die an der Schnittstelle zur sogenannten Neuen Rechten fungieren und gegen die Klimapolitik mobilisieren. Mit dem rasanten Bedeutungszuwachs sozialer Medienplattformen haben sich die Ausspielwege und Reichweiten der Milieus stark erweitert. Analysen der einschlägigen radikal rechten deutschen Netzwerke auf den Social-Media-Plattformen wie Telegram, Facebook, Instagram und Twitter zeigen eine steigende Relevanz rechter Ideologieproduktion rund um die Konfliktthemen Klimawandel und Klimagerechtigkeit. Besonders bei Events und Themen der Klimaschutzbewegung, anlässlich internationaler Klimaschutzkonferenzen und nationaler Umweltkatastrophen, zuletzt während der Hochwasserkatastrophe im Sommer 2021, stieg die Anzahl an Verschwörungserzählungen zum Klima und die Anzahl von Hassinhalten gegen Klimaaktivist:innen. Mit den auch in Deutschland zu erwartenden klimatischen Krisenverschärfungen wird das Thema künftig wohl noch stärker zum digitalen Konfliktfeld rechter Agitation werden.[97]

Als wichtige Scharniere zwischen den hochaktiven, doch relativ abgeschotteten alternativen Social-Media-Blasen und der Öffentlichkeit fungieren die rechtsalternativen Medienprojekte, die Autor:innen aus dem konservativen, (markt-)liberalen und rechtspopulistischen Spektrum vernetzen. Auch zahlreiche Gastautor:innen und Journalist:innen großer Medien publizieren in den rechten Medienangeboten. Und andersherum finden deren Inhalte so Eingang in einen Teil der großen Medien. Beispielsweise wurde Fritz Vahrenholts und Sebastian Lünings klimaskeptisches Buch *Die kalte Sonne* großflächig in *Bild* besprochen.[98]

Fazit: antiökologische Internationale

In Deutschland, quer durch Europa, in Brasilien, den USA bis nach Russland sehen wir kontinuierliche Bemühungen, mit rechten Feldzügen eine effektive Klimapolitik zu untergraben. Die Muster ähneln sich. Wir haben zahlreiche Beispiele zusammengetragen, die zeigen, wie neoliberale und bzw. oder rechte Interessengruppen systematisch und weltweit vernetzt und finanziert von rechten und libertären Einzelpersonen und Industrieunternehmen einen beispiellosen Kulturkampf mit initiiert, mit aufgebaut und finanziert haben. Ein Kampf, den sie für ihre Privilegien, gegen die Demokratie, gegen die ökologische Wende, gegen die besonders Verletzlichen und gegen die Zukunft führen.

Eine zentrale Herausforderung besteht in der rechtspopulistischen Mobilisierung quer durch Europa. Die Beispiele haben gezeigt: Wo rechtspopulistische und marktradikale Parteien in Regierungsverantwortung sind, ist neben dem gesellschaftlichen auch das meteorologische Klima bedroht. Aber es sind nicht nur die Parteien der radikalen Rechten, die einen konsequenten Klimaschutz ausbremsen. Bei der vergangenen EU-Wahl konnten diese ihre Sitzanzahl zwar um 17 Sitze auf insgesamt 172 steigern, lagen dennoch hinter ihren Erwartungen und sind damit weit davon entfernt, EU-Entscheidungen mit absoluter Mehrheit (376 Sitze) blockieren zu können.[99] Für den Moment ist es sogar relevanter, wie sich die etablierten Parteien, allen voran liberale, konservative und sozialdemokratische, zu den radikalen Positionen innerhalb und außerhalb ihrer Parteien verhalten. »Politik der Mitte« und Klimaschutz muss kein Widerspruch sein, viele Politiker:innen der Parteien haben das erkannt und steuern – wenngleich spät – auf eine progressivere Klimaagenda um. Die Frage, ob es gelingen kann, den Klimaschutzzielen mindestens nahe zu kommen, wird stark davon abhängen, inwiefern die radikale Rechte mit ihren Erzählungen Allianzen in die gesellschaftliche Mitte hinein bilden kann und inwiefern diesen begegnet werden kann: am besten mit einer sozial gerechten, integrativen Wende und mit solidaritätsstiftenden Angeboten.

Je tiefer man sich in die Abgründe antiökologischer klimaskeptischer Erzählungen begibt, desto lauter wird das verschwörungsideologische Raunen. Allerorts lauern demnach die Feinde der Freiheit, die sich in angeblich sozialistischen Absichten verschworen haben, um finstere Ideologien zu verbreiten und die Welt in den Untergang zu stürzen. Die Tatsache, dass große Mehrheiten die Folgen des industriegemachten Klimawandels mit Sorge betrachten, wird zum Beleg für die Wirkungsmächtigkeit der vermeintlichen Verschwörung umgedeutet. Interessanterweise entsteht der Eindruck von Verschwörungen auch dann, wenn man beginnt, zu den antiökologischen klimaskeptischen Akteur:innen und Netzwerken zu recherchieren. Es wirkt wie eine Verschwörung derjenigen, die Verschwörungserzählungen verbreiten. Aber wenn wir das rechte Desinformationsprojekt als Verschwörung begreifen, verpassen wir den entscheidenden Punkt: Die Handelnden dieser »Verschwörung« sind beliebig austauschbar, weil sie unseren gesellschaftlichen Strukturen entwachsen. Es braucht keinen »großen Plan«, um in einer Welt struktureller Ungleichheit die eigenen Privilegien durch die fortgesetzte Ausbeutung der anderen abzusichern. Rechte Ideologien erfüllen die kollektive Funktion, dieses Ausbeutungsprinzip zu legitimieren. Sie verschleiern Klimarassismus, den Zusammenhang zwischen kolonialer bzw. neokolonialer Ausbeutung und dem westlichen Wohlstandswunder, der in die globale Klimakrise geführt hat und die historischen Ungleichheiten fortsetzt und verstärkt. Und sie bieten attraktive Scheinlösungen mit einer gefährlichen Reichweite – weit über den »rechten Rand« hinaus. Denn sie wirken wie Valium auf ein nervöses gesellschaftliches Unterbewusstsein, das sich am Status quo festklammert.

Die vorherigen Kapitel zeigen: Es ist mit organisierten Desinformationskampagnen gelungen, viel Zeit auf Kosten anderer zu erkaufen. Die rechten klimaleugnenden Antiökolog:innen unterliefen erfolgreich Regulierungsansätze, indem sie gezielt und trotz besseren Wissens aufwendige PR-Kampagnen betrieben. Bis heute entziehen sie sich ihrer Verantwortung, für die durch sie verursachten Schäden aufzukommen. Es ist unmöglich, die Schäden zu beziffern, die auf kommende Generationen umgelegt wurden, während die Profite über Jahrzehnte weiterflossen. Es sind nicht nur die Hypotheken zulasten derer, die nach uns kommen, sondern auch Hypotheken zulasten des gesellschaftlichen Zusammenhalts. Die rechte Gegenbewegung grenzt gesellschaftlich benachteiligte Gruppen aus, streut Desinformation, schürt Zweifel und Misstrauen gegenüber gesellschaftlichen Institutionen wie den Medien, der Wissenschaft und demokratischen Parteien. Sie arbeitet aktiv daran, gesellschaftliche Konfliktlinien an den Sollbruchstellen zu attackieren. Der Kampf der Rechten gegen eine ökologische Wende und gegen die Klimagerechtigkeit ist damit auch ein Angriff auf die Demokratie als Ganzes.

9

Die Strategien der klimaskeptischen Antiökolog:innen

Zum Werkzeugkasten der internationalen und deutschen klimaskeptischen Antiökolog:innen zählt ein Sammelsurium unterschiedlicher Taktiken und Erzählungen, die sich den aktuellen gesellschaftlichen Verhältnissen anpassen. Der Umweltforscher Haydn Washington bilanzierte bereits 2011: Zum Standardrepertoire der Klimaleugnung gehört das Verbreiten von Verschwörungserzählungen, die Bezugnahme auf »falsche Experten« (fake experts), das bewusste Missinterpretieren von Studienbefunden und das sogenannte Cherrypicking, also das gezielte Herausgreifen und aus dem Zusammenhang nehmen von Einzelaussagen sowie das Formulieren nicht umsetzbarer Erwartungen.[1] Die Liste umfasst viele Puzzleteile, die immer wieder aufs Neue zusammengesetzt werden, und ließe sich ergänzen. Viele dieser Strategien sind jahrzehntealt. Dennoch tauchen sie immer wieder in aktuellen Debatten auf. Einige Strategien wurden aber auch angepasst, und es wurden neue Slogans entwickelt. Die konkrete Leugnung rückte etwas in den Hintergrund, die Angriffe auf Klimaschutzmaßnahmen bzw. Klimaforscher:innen und -aktivist:innen haben zugenommen.

»Denier for hire«: die bezahlten Fake-Fachleute

Bezahlte Fachleute veröffentlichen eigene »Papers« und Studien, die in den seltensten Fällen die regulären wissenschaftlichen Begutachtungsverfahren durchlaufen, bevor sie in einer Fachzeitschrift abgedruckt werden. Sie organisieren Konferenzen, publizieren Zeitschriften, Newsletter und Strategiepapiere, die sich zielgruppengerichtet an Medien und Öffentlichkeit, vor allem aber politische Entscheidungsträger:innen richten. Jeder Doktor- oder Professorentitel dient der wissenschaftlichen Glaubwürdigkeit, obgleich die vermeintlichen Profis – bis auf wenige Ausnahmen – fachfremd und mehrheitlich bereits emeritiert sind und in den Klimawissenschaften meist keinerlei Reputation vorweisen können. Der Eindruck, der entstehen soll, ist Uneinigkeit. So werden öffentlich Zweifel gesät, wo längst Fakten herrschen. Die politischen und wirtschaftlichen Motive der klimaskeptischen Antiökolog:innen treten in den Hintergrund, und der Klimawandel wird zu einer beliebigen Streitfrage mit vermeintlich guten Argumenten auf beiden Seiten.

Copy & fake: das Beispiel des NIPCC

97 Prozent der Wissenschaftler:innen aus Disziplinen der Klimaforschung teilen den Konsens des industriegemachten Klimawandels. Wie attackiert man einen solch breiten Konsens der Wissenschaftsgemeinde? Am besten, indem man sie imitiert und Scheinriesen aufbaut, die dem Klang und Erscheinungsbild nach möglichst nah am Original liegen und konträre, mindestens aber widersprüchliche Befunde liefern. Das Bild, das entstehen soll: Hier ringen unterschiedlichste Fachleute mit wissenschaftlichen Methoden um Erkenntnisfort-

schritt und gelangen dabei zu höchst unterschiedlichen Deutungen. Und genau das passiert. Eine kleine und unseriöse Minderheit hintertreibt das Vertrauen in die Wissenschaft und sägt damit an unser aller Zukunft. Als »false balance« (falsche Ausgewogenheit) werden Verzerrungsprobleme bezeichnet, in denen Außenseitermeinungen gegenüber dem wissenschaftlichen Konsens zu viel Raum gegeben wird. Dadurch entsteht der falsche Eindruck, Fakten seien umstritten oder nur eine Frage der Perspektive. Antiökolog:innen und Rechtsradikale nutzen dies gern aus, um sich als Opfer zu inszenieren und mit falschen, gefährlichen oder idiotischen Aussagen mediale und öffentliche Aufmerksamkeit zu erhalten. Am Ende stehen selbst unverrückbare Fakten als bloße abweichende Meinungen gleichberechtigt nebeneinander. Es gilt, nicht in diese Falle zu tappen und den klimaleugnenden Antiökolog:innen keine Bühne zu bieten.

Die wichtigste Instanz der weltweiten Klimaforschung ist der Weltklimarat IPCC. Seine Berichte werden international rezipiert und gelten als »Goldstandard«[2] der wissenschaftlichen Expertise rund um den Klimawandel. 1987 beschlossen die Vereinten Nationen die Gründung des Weltklimarates. Bereits im folgenden Jahr trat das Gremium aus Fachleuten der Klimawissenschaften, aber auch zahlreicher anderer Disziplinen erstmals zusammen. Ziel war es, unter möglichst großer Beteiligung eine Bestandsaufnahme zum Klimawandel und seinen potenziellen Folgen zu erheben. Gleichzeitig debattieren im Weltklimarat die 198 Mitgliedsstaaten und über 120 Organisationen über politische Implikationen und Perspektiven auf das Thema. Der 6. Report für die Jahre 2021/22 umfasste ein Kernteam aus mehr als 700 Fachleuten aus 90 verschiedenen Ländern. Allein der Teil zu den physikalischen Erkenntnissen zum Klimawandel umfasst 3949 Seiten. Zu lang für Entscheidungsträger:innen und Medien, sodass eine 24-seitige Zusammenfassung erarbeitet wurde. Es sind schlechte Nachrichten, die das Gremium unermüdlich in seinen Berichten und in langen Review- und Diskussionsprozessen zusammenträgt. Wegen der erdrückenden Beweislast sind dies auch schlechte Nachrichten für den klimaskeptischen Antiökologismus: Zu überwältigend sind die Fakten, als dass sie Spielraum geben könnten für Fragen, ob eine globale Erwärmung tatsächlich stattfindet, ob sie möglicherweise gar nicht mit dem CO_2-Ausstoß zusammenhängt oder ob die drastischen Auswirkungen weitere Untätigkeit zulassen. Damit steht der Weltklimarat so stark wie kein anderes Gremium unter dem Beschuss der klimaskeptischen und klimaleugnenden Antiökolog:innen des menschengemachten Klimawandels.

Im Jahr 2003 gründete sich das *Nongovernmental International Panel on Climate Change* (NIPCC), eine öffentlichkeitswirksame Gegenkampagne zu den regelmäßigen Berichten des Weltklimarats IPCC. Bereits die Verwechslungsgefahr zwischen den Abkürzungen NIPCC und IPCC offenbart das Kalkül. Die meisten im NIPCC versammelten ›Fachleute‹ besitzen überhaupt keine wissenschaftliche Expertise in der Klimaforschung. Analog zu den regelmäßigen Berichten des Weltklimarats, wenngleich in kleinerem Maßstab, werden Reports verfasst. Am NIPCC-Bericht *Climate Change Reconsidered II* aus dem Jahr 2013 schrieb ein Team von rund 50 Autor:innen mit.[3] Die Zusammenfassung fiel wenig überraschend aus: Der Einfluss des Menschen auf den Klimawandel sei im Verhältnis zu natürlichen Variationen »klein«, die Erderwärmung bringe – »wie klein sie auch ausfallen mag« – neben Kosten auch Vorteile.[4] Fred Singer, Craig Idso, Willie Soon und andere Autor:innen des Berichts eint die Nähe zur fossilen Industrie und ihre Tätigkeit für Klimaleugnungsorganisationen. Gemeinsam mit Willie Soon veröffentlichte David Legates 2007 die umstrittene »Polar Bear Study«, die zumindest teilweise von *Koch Industries* finanziert worden war.[5] Craig Idso ist Mitbegründer eines weiteren Klimaleugnungsinstituts namens *Center for the Study of Carbon Dioxide and Global Change* und erhielt gemeinsam mit seinem Bruder Keith Idso unter anderem Gelder von Exxon Mobil und Peabody Energy, einem der größten Kohleunternehmen der USA.[6] Fred Singer soll nach Angaben von *DeSmog* ebenfalls Gelder von Exxon, Shell und anderen erhalten haben. Auch die von ihm gegründete Einrichtung *Science and Environmental Policy Project* (SEPP) soll mit Exxon-Geld und über die Koch Family Foundation mitfinanziert worden sein.[7] Unter den Autor:innen ist auch ein Deutscher: Sebastian Lüning vom Klimaleugnungsverein EIKE. Nach einem Bericht der *Zeit* thematisiert ein zugespielter interner Budgetplan das Sponsoring des NIPCC, »um den offiziellen Bericht des Weltklimarates der Vereinten Nationen zu untergraben, sowie die Zahlung von 388 000 Dollar an ein Autorenteam für neue Publikationen«. Eingeplant waren Mittel zur »Unterstützung von Personen mit hohem Bekanntheitsgrad«, um »Alarmisten der Klimaerwärmung zu widersprechen«. Konkrete Summen zwischen knapp 1600 und 11 000 Dollar pro Monat werden für Fred Singer, Craig Idso und Robert Carter genannt.[8]

Manipulation und Cherrypicking

Eine Strategie, die klimaskeptische Antiökolog:innen häufig anwenden, besteht darin, Einzelbefunde aus seriösen wissenschaftlichen Studien herauszupicken, die entweder zu neuen Aussagen umgebaut werden oder dazu dienen sollen, Glaubwürdigkeit durch Entkontextualisierung zu untergraben (Cherrypicking). Einige anschauliche Beispiele für die vielfältigen Manipulationsstrategien gibt die Wissenschaftlerin Naomi Oreskes in ihrem Buch *Die Machiavellis der Wissenschaft.* James Hansen, der Klimaforscher, der in seiner berühmten Rede im Jahr 1988 vor dem *Energy and Natural Resources*

Committee des US-Senats vor den Gefahren des Klimawandels warnte, hatte kurz zuvor eine Studie veröffentlicht. In dieser gingen Hansen und sein Team der Frage nach, welche möglichen Erklärungen den globalen Temperaturanstieg begründen könnten. In Betracht gezogen wurden neben dem CO_2-Anstieg auch die Rolle der Sonne und Vulkanausbrüche. Robert Jastrow, William Nierenberg und Frederick Seitz, Mitglieder des *Georg C. Marshall In*stitute, publizierten daraufhin einen Artikel und nutzten eine Grafik aus Hansens Studie, die jedoch nur den oberen Auszug abbildete und die folgenden Modelle – auf die sich Hansens Team als relevante Befunde stützte – außen vor ließ. Durch das gezielte Weglassen wurde der Zusammenhang zwischen Erwärmung und CO_2-Anstieg nicht erkenntlich. Das wiederum war die Basis für die Argumentation, die Sonne sei für die Erwärmung verantwortlich.[9]

Diese und ähnliche Aktionen markieren die ersten erfolgreichen öffentlichen Angriffe auf die wissenschaftliche Arbeit der Klimaforschung. Und sie schlugen hohe Wellen, deren Ausläufer sogar das Weiße Haus erreichten. Nach Einschätzung von Naomi Oreskes und Erik Conway bremsten sie dort das positive Momentum erfolgreich aus, den Klimawandel bereits in den 1990er-Jahren anzugehen.[10]

Angriff auf den wissenschaftlichen Konsens

Immer wieder bestreiten klimaskeptische und klimaleugnende Antiökolog:innen, dass es in der Wissenschaft einen breiten Konsens über die Beschleunigung der Erwärmung durch Treibhausgase gibt. Stattdessen behaupten sie einen heftigen Streit über den Klimawandel und vor allem über die Auswirkungen menschlicher Aktivitäten auf das Klima. Oder sie behaupten, die Forschung habe bisher keine gesicherten und allgemein anerkannten Befunde dafür geliefert.

Das klingt für viele Menschen plausibel, schließlich scheinen hier Insider den Finger in eine Wunde zu legen. Die Taktik dahinter ist, dass selbst Menschen, die sich stark für die Klimathematik interessieren, die Fachdebatten kaum nachvollziehen und daher auch nicht einschätzen können, inwieweit innerhalb der Wissenschaftsgemeinschaft in komplizierten Detailfragen tatsächlich Einigkeit oder Streit herrscht. Für Lai:innen sind die erforschten Zusammenhänge oftmals zu komplex, außerdem wissen sie in der Regel wenig über die theoretischen Ideen dahinter sowie über methodische Standards, das Handwerkszeug solider Wissenschaftler:innen. Deswegen suggerieren klimaskeptische und klimaleugnende Antiökolog:innen gern, dass sie mit ihren Behauptungen wissenschaftliche Geltung beanspruchen könnten. Doch es geht ihnen nicht darum, wissenschaftliche Erkenntnis zu fördern, ganz im Gegenteil: Sie wollen die seriöse Forschung zum Klimawandel unglaubwürdig machen, weil diese immer mehr Befunde zutage fördert, die ihren Interessen entgegenläuft. Ein paar öffentlichkeitswirksame Gegenstimmen reichen aus, um zu suggerieren, dass vermeintlich gleichwertige wissenschaftliche Positionen zu kontroversen Schlussfolgerungen gelangen.

Dabei ist in der Wissenschaft wenig so unumstritten wie die Ursache der aktuellen Klimaveränderungen: Ein Team von Forschenden hatte 2013 in einer Studie knapp 12 000 unterschiedliche wissenschaftliche Beiträge mit Peer-Review-Verfahren zum Thema »Globale Erwärmung und Klimawandel« aus dem Zeitraum 1991 bis 2011 analysiert. Im Ergebnis wurden in etwa einem Drittel der Publikationen auswertbare Positionen zur Frage des menschengemachten Klimawandels vertreten. Rund 97 Prozent bestätigten den Konsens zur menschengemachten Erderwärmung[11] – die Bundesregierung spricht inzwischen sogar von 99 Prozent. Das Wissen um den Konsens ist außerhalb der akademischen Gemeinde allerdings deutlich niedriger. Das machen sich die klimaskeptischen Antiökolog:innen zunutze. Fakt ist, dass sich die Wissenschaft zwar selten »einig« ist und Kontroversen, Begutachtungen und Korrekturen Teil des Erkenntnisfortschritts sind. Und: Auch in den Klimawissenschaften werden Einzelaspekte kontrovers diskutiert. Die grundlegenden Annahmen, die die klimaskeptischen Antiökolog:innen infrage stellen wollen – beispielsweise, dass es keine Erwärmung gebe, diese nicht vom Menschen verursacht sei oder keine gravierenden Folgen haben könne –, gehören aber nicht dazu.

Eine weitere Strategie besteht darin, über vielfältige PR-Manöver eine Masse zweifelnder Fachleute zu präsentieren, welche die Konsensbehauptungen angeblich widerlegen. Das geschieht beispielsweise in Form offener Briefe, Pressemitteilungen und Strategiepapieren. Ein Beispiel ist die bereits seit dem Jahr 1998 kursierende *Oregon Petition*, initiiert vom *Oregon Institute of Science and Medicine*, in Zusammenarbeit mit Frederick Seitz, einem bekannten Physiker, Antikommunisten und Mitglied des *George C. Marshall Institute*. Seitz verschrieb sich nach dem Ende einer erfolgreichen wissenschaftlichen Karriere dem Lobbying für diverse Industriezweige, unter anderem für die Tabak- und Ölbranche. Die *Oregon Petition* avancierte zum erfolgreichen Coup, indem sie mehr als 30 000 Unterschriften angeblicher Fachleute unter einer Erklärung versammelte, in der der Konsens zum Klimawandel, das Kyoto-Protokoll und zahlreiche Befunde des Weltklimarats IPCC infrage gestellt werden. Zu den Autoren der Erklärung gehörten Arthur Robinson, Sallie Baliunas und Willie Soon. Im Stil der *National Academy of Science* (NAS) gehalten, erweckte der Text den Eindruck eines offiziellen NAS-Dokuments. Die NAS sah sich daraufhin zu einer Distanzierung genötigt. Nach Recherchen der kanadischen Plattform *DeSmog* ergab eine Analyse, dass lediglich 39 der 31 000 Unterschreibenden über eine relevante Qualifikation im Bereich der Klimawissenschaften verfügten.[12] Willie Soon, einer der Autoren, der die »wissenschaftliche« Basis für die Oregon Petition geliefert hatte, war für das *Harvard-Smithsonian Center for Astrophysics* tätig und gilt bis heute als Star in der Szene der klimaskeptischen Antiökolog:innen. Soons »Skepsis« rentiert sich in Form hoher Spendenbeträge, die auch er aus der Ölbranche erhält.[13] Zahlreiche Auftritte bei Klimaleugnungsorganisationen, unter anderem beim *Heartland Institute*, zeugen von seiner Bedeutung innerhalb der Netzwerke.[14] Trotz der NAS-Distanzierung und der offenkundigen Falschbehauptungen kursiert das Begleitpapier der *Oregon Petition* bis in die Gegenwart. Eine Untersuchung aus dem Jahr 2016 ergab: Die erfolgreichste und weitreichenstärkste Falschmeldung rund um das Thema Klimawandel auf sozialen Medienplattformen beruhte ausgerechnet auf der bereits 18 Jahre alten Petition.[15]

Kill the messenger: Angriff auf die Klimawissenschaft und Klimaaktivist:innen

»Wir sollten die Klimawissenschaftler treten, solange sie am Boden liegen. Sie haben es verdient, öffentlich ausgepeitscht zu werden.«[16] Der Satz stammt von Mark Morano, einem PR-Strategen und Inhaber der Website *Climate Depot*, eines Projekts des bereits genannten *Committee for a Constructive Tomorrow*. Wissenschaftler:innen werden gezielt als Feindbilder aufgebaut. Die Anfeindungen, Verleumdungen und der offene Hass, der Epidemiolog:innen und Mediziner:innen in der Coronakrise ab 2020 entgegenschlug, ist für viele Klimaforschende bereits seit Jahren Bestandteil ihres Arbeitsalltags.

Als Überbringenden schlechter Nachrichten wird Forschenden, die Ursachen und Folgen des Klimawandels benennen und Handlungsappelle aussprechen, Paranoia, Angst und Panikmache vorgeworfen. Der deutsche Ex-Wettermoderator und prominente »Klimaskeptiker« Wolfgang Thüne spricht von »propagandistischem Handwerk« und den »grandiosen Kunststücken der Klimaexperten«, eine »imaginäre Gefahr als eine reale Gefahr erscheinen zu lassen«.[17] Die AfD sieht »klimarettungsverzückte Ideologen« am Werk, der rechtspopulistische ehemalige US-Präsident Donald Trump »Untergangspropheten und Sozialisten« und der Brexit-Befürworter und konservative Politiker Matt Ridley spricht von »well-paid climate spin doctors« – ganz so, als wären Klimaforschende in Wirklichkeit professionelle und hoch dotierte Kampagnenmanager:innen. Die klimaskeptischen Antiökolog:innen mutmaßen über die angeblichen »Motive« der Klimaforschenden und unterstellen beispielsweise materielle Interessen, der »Alarmismus« sei ein gutes Mittel, sich die Taschen vollzuschlagen. Häufiger ist der Vorwurf, Klimaforschende würden einer politischen Ideologie oder Agenda folgen. Mit dem Argument wird das Ziel verfolgt, eine wissenschaftliche Debatte zu »politisieren«, wie wir im Kapitel über Wissenschaftsskepsis zeigen.

Auch gegenüber Wissenschaftler:innen bleibt es nicht bei verbalen Attacken. Einer, der das am eigenen Leib erfahren musste, ist der Klimatologe Michael Mann. Die Palette der Maßnahmen reichte von Vorladungen durch rechte Politiker:innen, E-Mail-Leaks und mediale Verleumdungskampagnen bis zu Drohbriefen mit verdächtigen Substanzen. 1999 veröffentlichten er und sein Team eine Studie, die ein Diagramm mit der Temperaturkurve der nördlichen Hemisphäre für die letzten 100 Jahre beinhaltete. Die Forschenden erinnerte der Kurvenverlauf, der lange Zeit flach verlief, aber zum Ende stark nach oben zeigte, an einen liegenden Eishockeyschläger. Der »hockey stick« erreichte durch seine schlichte Symbolik verbunden mit der Botschaft rasant steigender Temperaturmittelwerte schnell öffentliche Aufmerksamkeit, auch wenn die zugrunde liegenden Annahmen wissenschaftlich schon lange bekannt waren. Damit wurde Mann zur Zielscheibe der klimaskeptischen Antiökolog:innen, wie er in seinem Buch *The New Climate War*[18] schreibt.

Bedrohungen, Verleumdungen und Beleidigungen sind auch für die deutschen Klimaforschenden ein Problem. Für klimaskeptische Antiökolog:innen ist das *Potsdam-Institut für Klimafolgenforschung* in etwa das, was das *Robert Koch-Institut* für Impfskeptiker:innen ist. Die öffentliche und wissenschaftliche Reputation des Potsdam-*Instituts für Klimafolgenforschung* ist hoch. Die dort tätigen Wissenschaftler:innen setzen sich immer wieder aufs Neue kritisch mit den Argumenten der notorischen »Zweifler:innen« auseinander. Einer von ihnen, Stefan Rahmstorf, dokumentierte die erhaltenen Beleidigungen, Anfeindungen und Todesdrohungen in einem Blog.[19] Ähnlich wie bei den Coronaprotesten richtet sich die Wut zudem gegen »die Medien«, sobald die Berichterstattung nicht im Sinne der klimaskeptischen und klimaleugnenden Antiökolog:innen verläuft. Unterstellt wird Propaganda und parteiische Berichterstattung, besonders wenn in öffentlich-rechtlichen Nachrichtensendungen Sympathie für das Engagement von Klimaschutzaktivist:innen gezeigt wird oder wenn politische Journale die Vernetzung der klimaleugnenden Antiökolog:innen mit der radikalen Rechten thematisieren. Bei einer Konferenz von EIKE erhielt ein WDR-Team im November 2019 Hausverbot, ein Journalist wurde sogar körperlich abgedrängt.[20]

Mit dem Aufkommen der Klimabewegung richtete sich der Hass verstärkt gegen die Köpfe der noch relativ jungen Bewegung *Fridays for Future*. »Greta=Evil« twitterte beispielsweise Patrick Moore, Vorstandsmitglied des Klimaleugnungsvereins *CO2-Coalition*.[21] Eine Flut sexistischer, menschenverachtender Beleidigungen und Bedrohungen ergießt sich über die Engagierten von *Fridays for Future* und anderen Gruppen. Bei Aktionen der Klimaaktivist:innen kam es in der Vergangenheit, besonders in ostdeutschen Regionen, zu Blockadeversuchen,

Gegendemonstrationen, Bedrohungen, Sachbeschädigungen und körperlichen Angriffen durch Rechtsradikale und radikale Gegner:innen der ökologischen Wende. In Deutschland gingen Rechtsradikale (beispielsweise in Sachsen-Anhalt), private Sicherheitsfirmen (Hambacher Forst) und die Polizei gewaltsam gegen Klimaaktivist:innen vor – teilweise rechtswidrig. Im September 2018 ließ der damalige CDU-Ministerpräsident Armin Laschet in Nordrhein-Westfalen Protestierende durch die Polizei aus dem Hambacher Forst räumen. Drei Jahre später urteilte das Verwaltungsgericht Köln: Die Räumung – zugleich der größte Polizeieinsatz in der Geschichte des Bundeslands – war rechtswidrig und die Begründung vorgeschoben. Politik und Polizei operierten als verlängerter Arm der Interessen des Energiekonzerns RWE. Immerhin haben die Proteste entscheidend dazu beigetragen, die Rodung des Waldes zu stoppen.

In einigen Ländern ist Engagement gegen illegale Abholzung, Bergbau und andere umweltzerstörende Megaprojekte lebensgefährlich. Allein zwischen 2002 und 2019 wurden laut Studien in 57 Ländern mindestens 2000 Menschen wegen ihres Einsatzes ermordet.[22] Laut der NGO *Global Witness* erreichte die Zahl der Morde an Umweltaktivist:innen 2019 ein Rekordhoch: Weltweit wurden demnach 212 Menschen getötet. Es ist davon auszugehen, dass die tatsächliche Zahl deutlich höher ist, weil nicht alle Fälle dokumentiert werden. Die Drahtzieher:innen hinter den Attentaten werden selten ermittelt. Die Wissenschaftlerin Mary Menton sagt: »Es sind nicht die CEOs, die den Abzug drücken. Aber Firmen sind manchmal in irgendeiner Weise beteiligt – sie sind Teil einer Befehlskette, setzen ein Kopfgeld aus oder beauftragen Mörder, um Umweltschützer töten zu lassen.« Mehr als 90 Prozent der Mörder:innen und Drahtzieher:innen bleiben straffrei.[23]

10

Die verbindenden Erzählungen der klimaskeptischen Antiökolog:innen

Die Positionen der klimaskeptischen Antiökolog:innen sind unterschiedlich und widersprechen sich mitunter. Die inhaltlichen Schwerpunkte variieren, doch viele der Kernthesen tauchen in unterschiedlicher Kombination immer wieder aufs Neue auf. Einen kleinen Auszug davon zeigen wir in diesem Kapitel, um die Argumentationsweisen und offensichtlichen Widersprüche zur seriösen Wissenschaft aufzuzeigen. Die Klimawissenschaftler Stefan Rahmstorf und Hans-Joachim Schellnhuber[1] unterscheiden zwischen »Trendskeptiker:innen«, die den Trend zur Erwärmung infrage stellen, den »Ursachenskeptiker:innen«, die den menschlichen Einfluss anzweifeln, und »Folgenskeptiker:innen«, die negative Folgen abstreiten oder der Meinung sind, dass die positiven Effekte des Klimawandels überwiegen würden. Im Folgenden diskutieren wir einige dieser verbindenden Erzählungen und unterscheiden zwischen *Klima*skepsis bzw. -leugnung (Leugnung des Klimawandels und des menschlichen Einflusses auf die Erwärmung), *Krisen*skepsis (Klimawandel hat keine negativen oder sogar positive Folgen), *Maßnahmen*skepsis (Kritik der Klimaschutzmaßnahmen) und *Wissenschafts*skepsis (Angriff auf Wissenschaft, um Klimawandelkonsens zu attackieren). Die Kategorien dienen lediglich der Übersichtlichkeit, die Grenzen zwischen den Gruppen sind fließend.

Klimaskepsis und Klimaleugnung

Klassiker unter den Klimaleugnungserzählungen ist die Aussage, es habe den Klimawandel bzw. Veränderungen des Erdklimas und damit einhergehende Temperaturschwankungen schon immer gegeben. Das ist zunächst zutreffend. Dabei wird aber in Abrede gestellt, dass die aktuellen dramatischen Klimaveränderungen menschengemacht und von anderer Qualität sind als jene in früheren Erdzeitaltern. Die Veränderungen des Klimasystems seit dem Beginn der Hochindustrialisierung sind laut aktuellem Bericht des Weltklimarats IPCC beispiellos im Vergleich zur Entwicklung über Jahrhunderte, teilweise über Jahrtausende hinweg.[2] Dabei besteht unter Klimafachleuten kein Zweifel daran, dass die Erwärmung der Atmosphäre, Landmasse und Ozeane auf das Zutun des Menschen zurückzuführen ist.[3] Die Wissenschaftler:innen der Plattform *Skeptical Science* zeigen, dass es auch in der Vergangenheit *sprunghafte* Anstiege des CO_2-Gehalts mit gravierenden Umweltfolgen gab.[4] Mit dem *massenhaften* Anstieg der Produktion von CO_2 in den vergangenen anderthalb Jahrhunderten müsste der Blick auf frühere Klimawandelphasen die Sorgen vor den aktuellen Folgen noch viel mehr vergrößern. Während die Temperaturen nach der letzten Eiszeit im Schnitt nur um ein Grad Celsius alle 1000 Jahre anstiegen, geschieht dasselbe heute in einem Zehntel der Zeit.[5]

Die Sonne ist schuld

Dass die Sonne schuld sei, ist ein weiteres gern genutztes Argument an Stammtischen, in sozialen Medien und in Publikationen der klimaskeptischen Profi- und Hobby-Antiökolog:innen. Die Idee dahinter: Die Sonne unterliegt schwankenden Aktivitätszyklen (gemessen an der Zu- bzw. Abnahme der sogenannten Sonnenflecken). Wäre es da nicht naheliegend – so die Lesart der klimaskeptischen und klimaleugnenden Antiökolog:innen – dass hauptsächlich die Sonne auf das globale Klima einwirkt und die menschlichen Einflüsse demgegenüber zu vernachlässigen sind? Wie zuvor beschrieben, hatten bereits die amerikanischen Physiker vom *George C. Marshall Institute* versucht, den Zusammenhang zwischen CO_2-Anstieg und der Erderwärmung durch die Rolle der Sonne zu relativieren. Ein PR-Coup, der sich als äußerst erfolgreich herausstellen sollte. Dementsprechend taucht das Argument bis heute immer wieder auf. Der Kern der Argumentation besitzt zunächst einen realen Hintergrund. Die Sonnenaktivität schwankt in zyklischen Rhythmen, was in gewissem Maß auch die Strahlungsintensität beeinflussen kann. Seit Langem hat die Anzahl der Sonnenflecken deutlich abgenommen. Das wird als Hinweis auf eine bevorstehende Abkühlungsperiode interpretiert. Nach Angaben des *Potsdam-Instituts für Klimafolgenforschung* ist die Stärke dieser Schwankungen allerdings gering und wird bis 2100 geschätzt lediglich knapp 0,3 Grad Abkühlung bringen.[6] Demgegenüber stehen die Prognosen des Weltklimarats, die von einer klimawandelgetriebenen Erderwärmung von 2,1 bis 3,5 Grad Celsius bei Szenarien mit mittelstarken Treibhausgasemissionsausstößen bis zum Ende des Jahrhunderts ausgehen.[7] Das heißt: Der Erde steht auf absehbare Zeit keine Eiszeit ins Haus, und die solaren Effekte aufs Klima sind marginal gegenüber den industriegemachten Einflüssen.

Die Annahme des mutmaßlich natürlichen »sonnengetriebenen Klimawandels« beflügelte auch in Deutschland die Energiekonzernlobbyisten Fritz Vahrenholt und Sebastian Lüning in ihrem Buch *Die kalte Sonne*. Eine der Kernthesen des Buches: Die Sonne kühlt sich ab, und die Klimakrise fällt bis auf Weiteres aus. Eine Botschaft, die sicherlich auch bei einem Teil von Fritz Vahrenholts früheren Arbeitgebern gern gehört wird. Er war, nach Stationen im Umweltbundesamt und Umweltministerium, Umweltsenator in Hamburg.

Ab 1998 war er Mitglied im Vorstand der Deutschen Shell AG. Schlussendlich führte ihn der Weg zur RWE-Tochter RWE Innogy GmbH,[8] die die Sparte der erneuerbaren Energien für RWE ausbaut. Sein Co-Autor Sebastian Lüning war als Afrikaexperte beim Öl- und Gasunternehmen RWE Dea und für Galp Energia tätig. Vahrenholt ist mit seinen Thesen ein viel zitierter Star unter den deutschen klimaskeptischen Antiökolog:innen, und auch Lüning verkehrt in diesen Kreisen.[9] Im Rahmen einer Veranstaltungsreihe der sächsischen Staatsregierung und der TU Dresden[10] unter dem Titel »Das Ende der Gewissheit« in der Dresdner Frauenkirche schafften es Vahrenholts fragwürdige Thesen vor ein breites Publikum. Dort verkündete er: »Ich habe eine gute Botschaft für Sie [...], seit 14 Jahren gibt es keine Temperaturerhöhung mehr, jetzt kühlt sich zudem die Sonne ab, das heißt, die Temperatur wird weiter fallen. [...] Der berühmte hockey stick – alles falsche Messungen.«[11] Der Klimaforscher Stefan Rahmstorf hat sich die Mühe gemacht, die Prognosen aus dem Buch *Die kalte Sonne* mit der tatsächlichen Temperatur übereinanderzulegen. Das Ergebnis ist eine langsam ansteigende Temperaturkurve, die ab dem Zeitpunkt der Prognosen Vahrenholts und Lünings stark nach oben anwächst, während sich die Vorhersagewerte der beiden auf steiler Talfahrt befinden und dann stagnieren. Viele Jahre nach 2010 markierten in Deutschland neue Hitzerekorde, und neun der zehn weltweit wärmsten Jahre fielen in den Zeitraum nach 2005.[12]

Die Ozeane sind schuld

Die ehemalige AfD-Chefin Frauke Petry sagte bei einer Veranstaltung im Jahr 2016: Man solle doch bitte »mal kritisch darüber nachdenken, ob der Mensch tatsächlich dafür verantwortlich ist, dass es warm wird. Ich glaube, dass es nicht so ist.«[13] Ihre Begründung untermauerte sie mit der Aussage, infolge der Erwärmung könne weniger CO_2 in den Ozeanen gebunden werden. Es sei demnach denkbar, dass nicht der CO_2-Ausstoß zum Temperaturanstieg geführt habe, sondern umgekehrt der Temperaturanstieg zu einem erhöhten CO_2-Anstieg. Sie warf damit die altbekannte Frage auf: Was war zuerst da, das Huhn oder das Ei? Petrys These, die sie mit Autoritätsargumenten unterlegte (»Ich bin Chemikerin«), beinhaltet zutreffende Fakten, ist aber in der obigen Schlussfolgerung falsch und irreführend. Tatsächlich sinkt der Umfang, in dem CO_2 im Ozean gebunden werden kann, mit dem Anstieg der Temperatur. Stefan Rahmstorf, Klimatologe und Professor für Physik der Ozeane, unterzieht in seinem lesenswerten Blog immer wieder derartige Thesen einer wissenschaftlichen Einordnung.[14] Zweifelsohne geben die Ozeane CO_2 in die Atmosphäre ab. Die Aufnahmebilanz ist in der Summe allerdings positiv, d. h., durch die Ozeane wird aktuell mehr CO_2 aufgenommen als abgegeben. Das belegen seit Langem die messbaren Anstiege des CO_2-Gehalts in den Meeren, die unter anderem ein Grund für die steigende Versauerung der Ozeane sind.

Derartige Thesen zählen zu den populären alternativen Erklärungen. Sie scheinen für Menschen, denen die wissenschaftlichen Debatten zum Klimawandel nicht geläufig sind oder die nach einer Rechtfertigung dafür suchen, nichts ändern zu müssen, plausibel und in ihrer simplen Logik verständlicher als die oft komplexen klimawissenschaftlichen Berechnungen und Datenerhebungen. Das populistische Prinzip, einfache Antworten zu liefern, macht sich auch die Szene der klimaskeptischen Antiökolog:innen zunutze. Oft werden wahre Aspekte aus dem Kontext gerissen, um Klimawandelfolgen oder den menschengemachten Anteil zu relativieren. Hier liegt eine ertragreiche Spielwiese, da das Klimasystem komplex ist und die Rolle vieler Einzelzusammenhänge nur unter Berücksichtigung des gesamten Kreislaufs zu verstehen ist. Ein Klassiker ist die Vermischung von Umsatz und Gewinn: Die Aussage, dass der Mensch nur für drei Prozent des CO_2-Ausstoßes verantwortlich ist, ist beispielsweise zutreffend. Bewusst oder unwissentlich wird dabei aber außer Acht gelassen: Die verbleibenden 97 Prozent sind Teil eines geschlossenen Kreislaufs, der über Jahrtausende weitestgehend stabil war. Der Nettozugewinn an Kohlendioxid durch fossile Energiegewinnung mag minimal klingen, summiert sich aber auf Milliarden von Tonnen, die zum Problem werden, weil sie dem Kohlenstoffkreislauf zusätzlich hinzugefügt werden.[15]

Krisenskepsis

»Die sogenannten Klimawandelskeptiker«, meinte die ehemalige AfD-Chefin Petry, »sind doch eigentlich Klimaoptimisten.«[16] Dieses Argument findet zwar auch außerhalb der antiökologischen klimaskeptischen Blase viel Anklang, ist hier aber eine besonders beliebte Erzählung. Die Vorteile liegen auf der Hand: Wenn viele Menschen glauben, dass die Klimawandelfolgen mehr Nutzen als Schaden verursachen, wären die Klimaschutzmaßnahmen obsolet. Allerhand Argumente werden für einen möglichen »Kollateralnutzen« ins Feld geführt: Das CO_2 fördere das Pflanzenwachstum, das Abschmelzen der Gletscher eröffne einen Zugang zu neuen Mobilitätsmöglichkeiten und neuen fruchtbaren Anbauregionen. Der Umweltforscher Haydn Washington hat sich bereits im Jahr 2011 die Mühe gemacht, eine Kosten-Nutzen-Bilanz über zahlreiche Kategorien zu erstellen. Die Erkenntnisse der Wissenschaft sind auch hier klar – den positiven Folgewirkungen stehen ungleich größere negative Auswirkungen gegenüber.[17]

Häufig hört oder liest man das Argument, CO_2 sei für die Natur und das Überleben wichtig. Mehr CO_2 erhöhe das Pflanzenwachstum und damit die natürliche Aufnahmekapazität für CO_2. So bezog sich beispielsweise Donald Trump positiv auf einen Tweet von Patrick Moore von der Klimaleugnungsorganisation *CO_2-Coalition*, in dem behauptet wurde, mehr CO_2 sei gut für die Menschheit.[18] Auch im AfD-Grundsatzprogramm von 2016 stand: »Kohlendioxid (CO_2) ist kein Schadstoff, sondern ein unverzichtbarer Bestandteil allen Lebens.«[19] Tatsächlich ist es so, dass Kohlendioxid bis zu einem gewissen Grad positive Wirkungen auf die Pflanzen hat. Doch sind die Aufnahmekapazitäten der Pflanzen begrenzt und fördern das Wachstum nur bis zu gewissen Schwellenwerten. Die mit der globalen Erwärmung einhergehenden negativen Wetterphänomene wie Dürre, Starkregen, aber auch die Versauerung der Ozeane überlagern die positiven Kohlendioxideffekte deutlich. Wäre es anders, müsste sich in Anbetracht des massiven CO_2-Zuwachses die Welt bereits heute in ein botanisches Paradies verwandelt haben.

Maßnahmenskepsis

Sucht man auf der Seite des *Ludwig von Mises Instituts Deutschland* nach Artikeln rund ums Klima, finden sich ganz unterschiedliche Beiträge. Dominierend sind vor allem solche Artikel, die den menschengemachten Anteil an der Erderwärmung anzweifeln, ihre Folgen relativieren und Maßnahmen dagegen als »Zerstörung von Volkswirtschaften auf der ganzen Welt« geißeln.[20] In einem Anfang 2022 veröffentlichten Artikel lautet der Grundtenor: Wenn es die Erwärmung tatsächlich gebe und diese wirklich menschengemacht sei und möglicherweise auch tatsächlich negative Folgen habe, seien die aktuellen Klimaschutzmaßnahmen immer noch völlig verkehrt, da sie zur Zerstörung von Volkswirtschaften auf der ganzen Welt führten. Die Menschheit müsse sich entsprechend »anpassen« oder nicht näher beschriebene alternative Lösungswege forcieren. Einen ähnlichen Sound vernimmt man aus zahlreichen »klimaskeptischen« Beiträgen. Das explizite Leugnen wird seltener, attackiert werden stattdessen vor allem die Maßnahmen: Diese seien unnötiger Quatsch, wissenschaftlich anzweifelbar, weitestgehend wirkungslos und extrem schädlich für die jeweiligen Volkswirtschaften.[21]

Wenngleich die Unterschiede zwischen den Ländern international groß sind, spricht sich europaweit doch eine überwältigende Mehrheit der Menschen *für* Maßnahmen gegen den Klimawandel aus, die als eine Chance für Fortschritt und einen Zuwachs an Lebensqualität begriffen werden. Beinahe jede:r neunte von zehn Europäer:innen (87 Prozent) stimmt der Aussage zu, dass der Kampf gegen den Klimawandel zur Verbesserung der Gesundheit und des Wohlbefindens beiträgt. 85 Prozent sehen darin sogar eine Chance für Innovationen, neue Investitionen und Arbeitsplätze. Allerdings geben 47 Prozent der Befragten an, dass die Klimawandelmaßnahmen der Wirtschaft schaden können – während das ähnlich viele verneinen.[22]

Auch in Deutschland zeigen Befragungsdaten: Die Anzahl derjenigen, die den Klimawandel anzweifeln oder leugnen, ist gering. Allerdings halten nicht wenige Menschen die Auswirkungen des Klimawandels für überzeichnet und die Maßnahmen zu seiner Bekämpfung für übertrieben oder sogar für sinnlos.[23] So verwundert es denn auch nicht, dass diese Themen bei den klimaskeptischen Antiökolog:innen verstärkt in den Fokus rücken und die offene Leugnung des Klimawandels in den Hintergrund tritt. »Vorgeblicher Klimaschutz ist nichts anderes als ein monströses Deindustrialisierungsprogramm, verbunden mit veritabler Arbeitsplatzvernichtung. Sie verschwenden Abermilliarden, um imaginierte Weltuntergänge in ferner Zukunft abzuwenden.«[24] So formulierte es die AfD-Bundestagsabgeordnete Alice Weidel 2019 in einer Bundestagsrede. Ihr Parteikollege Markus Buchreit pflichtete ihr bei und sprach von einem »Deindustrialisierungsprogramm« der »Brüsseler Zentralokraten«.[25] Ganz ähnliche Klänge kommen aus der *WerteUnion*, dem Zusammenschluss stramm rechter CDU- und CSU-Mitglieder.[26] Dass diese Erzählungen auch den Nerv der Bevölkerung dort treffen, wo die Angst vor empfindlichen Einschnitten am größten ist, zeigen Befragungen immer wieder aufs Neue. Die Sorge vor den Folgen des Klimawandels und die prinzipielle Bereitschaft, zu handeln, stößt häufig genau dort an ihre Grenzen, wo die Maßnahmen am effektivsten wären, gleichzeitig aber mit den höchsten individuellen – meist finanziellen – Belastungen verbunden sind. Ein Dilemma für die Politik und ein gefundenes Fressen für die Rechtsradikalen und die professionellen klimaskeptischen Antiökolog:innen.

Häufig zu hören ist, dass es andere Volkswirtschaften seien, die viel größere Emissionsschäden verursachten. Die Rolle Chinas als riesiger CO_2-Emittent bleibt unbestritten. China setzt mehr als doppelt so viele Tonnen schädliches Treibhausgas frei wie die USA und mehr als dreimal so viel wie die EU (inkl. Großbritannien). Doch das Hantieren mit den absoluten Zahlen der Gesamtemissionen pro Land ist verzerrend. Wenn man nämlich die Bevölkerungszahlen beachtet und die Emissionen pro Kopf umrechnet, ergibt sich ein anderes Bild. Hier landet selbst Deutschland mit 8,5 Tonnen pro Kopf im Jahr 2019 noch knapp vor China (8,1 Tonnen).[27]

Das Argument, andere Länder verursachten die größeren Schäden, wird nicht nur in Deutschland bemüht. Ein flammendes Plädoyer für das nationale Nichtstun hielt beispielsweise der Klimalobbyist Nicolas Loris, ein Fellow der *Heritage Foundation*. Vor dem amerikanischen Kongress sagte er, selbst wenn die USA ihren Ausstoß um 100 Prozent verringern würde, ändere das nichts an der Erwärmung.[28] Es ist ein Argument mit großer Überzeugungskraft und deshalb auch außerhalb der Kreise der klimaskeptischen Antiökolog:innen oft zu hören. Und so schieben sich die Großemittenten die Verantwortung reihum zu. Eine willkommene Entschuldigung für das eigene nationale Nichtstun und gewonnene Zeit für die globale Lobby der klimaskeptischen Antiökolog:innen. Das Argument ist faktisch nicht mal falsch. Falsch und gefährlich ist die mitschwingende Implikation, im Nichtstun und Warten auf andere bestünde eine realistische Alternative.

Der soziale Druck der Transformation ist immens, und es besteht die Gefahr, dass sich soziale Ungleichheiten weiter verstärken. Sozial und ökonomisch benachteiligte Gruppen, die den geringsten Anteil zur Klimakatastrophe beitragen, leiden tendenziell stärker unter den Folgen, weil sie über weniger Ressourcen zur Anpassung verfügen und die gesellschaftlichen Kosten der ökologischen Wende sie viel stärker treffen. Und dennoch ist es erstaunlich zu sehen, wie plötzlich zahlreiche Konservative, Marktliberale und radikal Rechte ihr soziales Gewissen neu entdecken, wenn es gegen die Klimamaßnahmen ins Feld geführt werden kann. Bereits zuvor haben wir über rechtslibertäre Elitenideologien berichtet, die etwa in der Forderung nach dem Ausschluss vom Wahlrecht für Transferempfänger:innen gipfeln. Auch für die AfD ist das keine neue oder abwegige Forderung.[29] Hier wird das instrumentelle Verhältnis der radikalen Rechten zur Demokratie deutlich. Es ist ihr Kerngeschäft, soziale Konflikte und Abstiegsängste mit kulturellen Ressentiments populistisch aufzuladen und im Sinne ihrer politischen Agenda zu vertiefen. Die dringlichste Aufgabe der Politik besteht daher darin, der Rede von der »sozialverträglichen Transformation« konkrete Maßnahmen folgen zu lassen, die im Alltag der Betroffenen unmittelbar erfahrbar sind.

Wissenschaftsskepsis

Es ist eine der wohl beliebtesten Erzählungen der antiökologischen klimaskeptischen Lobby, um objektiv notwendiges Handeln in der Klimafrage zu relativieren: All die Warnungen von Klimaalarmist:innen und -hysteriker:innen würden tatsächlich einem anderen Zweck dienen. Mit überzogenen oder frei erfundenen Panikmeldungen sollen die Bürger:innen angeblich in eine Art Angststarre versetzt werden, damit sich die Klimaalarmist:innen und -hysteriker:innen unbemerkt die Taschen mit Fördergeldern vollschlagen oder eine ominöse ideologische Agenda etablieren können. Vergegenwärtigen wir uns die beinahe paranoide Zwangsvorstellung vieler Neoliberaler von einer sozialistischen Bedrohung, dann sind die Vorteile der Erzählung offensichtlich. Gelingt es, die Klimafrage als »Ideologie« zu framen, reduziert das wissenschaftliche Fakten auf beliebige politische Haltungen, die je nach Blickwinkel so oder so betrachtet werden können. Und es soll so wirken, als handle es sich um quasireligiöse, starre Anschauungen bzw. politischen Radikalismus. Das Argument kann zwar für sich stehen, wird aber in aller Regel mit Argumenten aus den vorhergehenden Argumentationsmustern kombiniert. Es ist in erster Linie darauf ausgerichtet, die Wissenschaft als ideologisch und interessengeleitet zu verunglimpfen und so die von ihr thematisierten Inhalte anzuzweifeln.

Marc Morano, Mitarbeiter bei CFACT und Betreiber der Website *Climatefiles.org*, zeigt, wie das funktioniert: »Die Förderung der Solarenergie wird von der Angst vor der vom Menschen gemachten Erderwärmung getrieben«, verkündet er, »aber das ist alles Ideologie«[30] In unterschiedlichsten Variationen gehört der Ideologie- oder Korruptionsvorwurf zum festen Standardrepertoire der klimaskeptischen Antiökolog:innen. Mal sind es kollektivistische Absichten, die hinter der Klimaschutzbewegung stehen, mal gewaltige Summen aus staatlichen Fördertöpfen, mal ist es kulturmarxistische Einflüsterung, die das westliche Wertesystem unterwandert, mal grün getarnter Sozialismus, der eine Meinungs- und Verbotsdiktatur im Schilde führt. Die politische Farbenlehre wurde mithilfe der sogenannten Melonen-Formel (»außen grün, innen rot«) kurzerhand umgedeutet. Damit ist auch klar, wo der alte und neue Feind steht: Das Schlagwort vom »Klimasozialismus« geistert seither erfolgreich durch die sozialen Medien, in denen rechte, libertäre und rechtsradikale Gruppen gegen die Klimamaßnahmen mobilmachen. Unter Trump schaffte es die vermeintliche sozialistische Verschwörung sogar auf die Bühne der großen Weltpolitik. So verkündete der damalige US-Präsident zum *World Economic Forum* in Davos 2020: »Wir müssen die immerwährenden Untergangspropheten zurückweisen, sie sind die Erben der törichten Wahrsager von gestern«, und fügte in Hinblick auf die angeblichen Untergangspropheten hinzu: »Wir werden niemals zulassen, dass radikale Sozialisten [...] unsere Freiheit auslöschen.«[31]

Der Zeitpunkt hätte für Trump-Fans und die Anhänger:innen der radikal rechten QAnon-Verschwörungserzählung nicht besser gewählt sein können. Das Treffen in Davos bot den Anlass für eine neue Verschwörungserzählung mit großem Einfluss. Ursprung war eine Rede von Klaus Schwab, dem Direktor des Weltwirtschaftsforums, das bisher nicht gerade als klimaaktivistisch oder gar sozialistisch verschrien war. Er forderte dort eine nachhaltige und klimagerechte Neuausrichtung der Wirtschaft. Einen Monat nach dem Treffen in Davos folgte das Buch *Covid-19: Der Große Umbruch* von Klaus Schwab und Thierry Malleret. Schwab und den Beteiligten der Initiative wurde unterstellt, ihre Pläne zur weltweiten Herrschaft durch die Pandemie – beziehungsweise eine inszenierte »Plandemie« – umsetzen zu wollen. Die Unterstellung lautete, dass die Maßnahmen in der Coronapandemie nur eine Art Vorübung zur Etablierung einer Diktatur der globalen Elite unter dem Vorwand der kommenden Klimakrise seien. In die Erzählung fließen Elemente bereits existierender populärer und antisemitischer Verschwörungserzählungen ein, beispielsweise der »Plandemie«, dem »großen Austausch« und der »Neuen Weltordnung«. Unter dem Eindruck der massiven Einschränkungsmaßnahmen infolge der Pandemie hat die Verschwörungserzählung eine hohe gesellschaftliche Anschlussfähigkeit. In einer repräsentativen Befragung im Jahr 2021 zeigten mit 17 Prozent Teile der deutschen Bevölkerung bemerkenswert hohe Zustimmungswerte zur Aussage: »Die Beschränkungen in der Coronapandemie sind nur ein Probelauf für geplante staatliche Zwangsmaßnahmen infolge der Klimapolitik.«[32]

Neue und alte Wege im Kampf gegen die Energiewende

Auch in Deutschland zeigen sich mit dem wachsenden öffentlichen Bewusstsein für die Notwendigkeit, in Anbetracht der spürbaren Klimawandelfolgen zu handeln, Anpassungstendenzen in den unterschiedlichen Milieus der Antiökolog:innen: Die Leugnung der Erwärmung und des offenkundigen Zusammenhangs zur CO_2-Emission verlagert sich stärker in die Nischenbereiche verschwörungsaffiner Social-Media-Blasen und der Hardliner rund um das *Europäische Institut für Klima & Energie* (EIKE). Auch wenn die Leugnungsklassiker immer wieder hervorgeholt werden, hat sich der Fokus in den vergangenen Jahren stärker in Richtung einer Kritik der Klimaschutzmaßnahmen und ihrer Protagonist:innen verschoben. Symptomatisch hierfür kann das 2020 erschienene Buch der bereits genannten Autoren Lüning und Vahrenholt stehen. Hatten die Autoren in ihrem Buch *Die kalte Sonne* 2012 noch eine kommende Kälteperiode vorhergesagt und die Erwärmungstrends weniger in den menschlichen Aktivitäten als in denen der Sonne gesehen, hat sich der Ton nun gewandelt. Die langfristige Erwärmung wird im neuen Buch nicht abgestritten – allerdings, so die Autoren, sei »Alarmismus« verkehrt, da die Erwärmung deutlich langsamer voranschreite als angenommen.[33] Viele der Klimaschutzmaßnahmen seien ineffektiv und überstürzt, und bei der Einführung wirksamer Gegenmaßnahmen müssten neue Wege gegangen werden. Einer davon sei die verstärkte Nutzung der Atomkraft. Ob bei EIKE, der AfD, in den klimaskeptischen Gruppen, den sozialen Medien oder in rechtskonservativen Blogs: Das Hauptaugenmerk der klimaskeptischen Antiökolog:innen liegt heute wesentlich stärker auf einer Kritik der Maßnahmen, die riesige Kosten verursachten, keinen Nutzen hätten und tatsächlich anderen politischen Interessen folgten. Die Attacken zielen auf Umwelt- und Klimaaktivist:innen, auf Politiker:innen, die die Energiewende vorantreiben, und auf Orte und Situationen, in denen die Folgen der Energiewende im Alltag der Bevölkerung sichtbar werden, um dort Ressentiments gegen die Transformation zu mobilisieren.

Dafür werden auch Umweltschutzbewegungen und lokale Bürgerinitiativen eingespannt. Die Argumente und die Instrumentalisierung von Natur- und Umweltschutzbelangen gegen die Belange des Klimaschutzes sind dabei nicht unbedingt neu. Schon 2011 warnte Gerd Habermann, Initiator der *Friedrich A. von Hayek-Gesellschaft*, auf einer EIKE-Konferenz vor dem Ausbau der Windenergie, die zur »Landschaftsverstümmelung« führe und zur Gefahr für Rotmilane werde.[34] Das bedeutet keinesfalls, dass alle Windkraftgegner:innen rechtslibertären und bzw. oder rechtspopulistischen Ressentiments folgen. Allerdings fungiert den Beobachtungen der Journalistin Susanne Götze zufolge politisches Engagement gegen die Windkraft häufig als Türöffner für eine generalisierte Energiewendekritik, wie sie aus dem AfD-Umfeld propagiert wird.[35]

Ein weiteres Themenfeld, auf das sich die klimaskeptischen Antiökolog:innen vermehrt fokussiert haben, ist die Forderung nach neuen bzw. alten Formen der Energiegewinnung als Alternative zum Ausbau erneuerbarer Energien. Maßnahmen wie die CO_2-Verpressung, die Nutzung dualer Mini-Atomkraftwerke und ähnliche Zukunftsvisionen sind in ihrer Realisierbarkeit und den damit verbundenen Risiken umstritten. Gerade darin aber liegt die Attraktivität. Mit Scheinlösungen oder Projekten mit noch offenem Realisierungsstatus lässt sich hervorragend weiter Zeit schinden. Gleichzeitig wird suggeriert, dass greifbare Alternativen auf dem Tisch lägen und die fehlende politische Umsetzungsbereitschaft den tatsächlichen ideologischen Charakter der grünen Energiewende offenbare. Zusätzlich versuchen die Rechten, die Klimaschutzmaßnahmen vor allem in den Bereichen anzugreifen, in denen die Bürger:innen in ihrer Lebensrealität am stärksten von den Veränderungen betroffen sind. Besonders zentral sind Fragen der Energieversorgung und der Mobilität. Die Stimmungsmache gegen Energiewende und Mobilitätswende ist ein Hauptaktionsfeld antiökologischer und klimarassistischer Politik.

11

Gesellschaftliche Konfliktfelder: Energie und Mobilität

Der Kampf gegen Windmühlen und Solarparks

Die Windenergie ist in Deutschland auf dem Vormarsch, ihr Anteil an der Gesamtstromerzeugung lag 2021 bei 20 Prozent.[1] Ende 2021 standen laut Bundesverband *WindEnergie* in Deutschland insgesamt 28 230 Onshore-Windkraftanlagen.[2] Doch dieser Vormarsch geht nur langsam voran. Fachleute und Klimaschützer:innen kritisieren vor allem die langwierigen Planungs- und Genehmigungsverfahren: Bis zum Bau einer Anlage vergehen nicht selten mehrere Jahre, zuletzt lag der bundesweite Durchschnitt bei ca. 22 Monaten.[3] Doch es ist nicht nur die Bürokratie, die auf die Bremse tritt. Gegen den Ausbau der Windkraft regt sich seit Jahren massiver Widerstand; er organisiert sich vor allem in zahlreichen Bürgerinitiativen vor Ort, die sich über ganz Deutschland verteilen, miteinander vernetzen und auf die immer gleichen Argumentationsmuster beziehen. Die Bandbreite der Protestbewegung ist groß, aber sie eint das Ziel, die Errichtung neuer Windräder zu verhindern bzw. zu verbieten. Einmal wird nur die Einhaltung von bestimmten Abständen zu Wohngebieten, die Beachtung des Artenschutzes usw. gefordert, ein anderes Mal jedoch wird das Windrad zum Inbegriff des Bösen stilisiert und dagegen massiv zu Felde gezogen – auch juristisch. Webseiten wie *Windwahn* und *Vernunftkraft* dienen als Plattformen, auf denen Begründungen für das eigene Engagement, kritische Kommentare zur umstrittenen Energiepolitik oder Aufrufe zur Teilnahme an Petitionen geteilt und verbreitet werden. Die *Bundesinitiative Vernunftkraft e. V.* ist ein Dachverband, dem über 900 Einzelinitiativen angehören.[4] Um kritische Einwände zu begründen, greift man auf Informationsmaterialien von EIKE zurück. Oder man bezieht sich auf »wissenschaftliche« Gutachten zum Naturschutz, die zum Teil höchst fragwürdig sind.

Bei den Windkraft-Gegner:innen handelt es sich um eine Graswurzel-Bewegung – in der langen Tradition der »Das wollen wir hier nicht«-Proteste. Im Englischen hat sich der Ausdruck NIMBY-Proteste eingebürgert: not in my backyard – nicht in meinem Hinterhof. Durchaus ein spannungsreiches Thema, denn wer will beispielsweise eine Müllverbrennungsanlage in der eigenen Nachbarschaft haben? Aktivist:innen für Umweltgerechtigkeit fordern statt des egoistischen NIMBY-Prinzips: not in anyone's backyard (NIABY) – im Hinterhof von niemandem.[5] Nur so können besonders vulnerable Gruppen geschützt werden. In der Konsequenz bedeutet das: (Umwelt-)Belastungen müssen gerecht verteilt werden. Wenn niemand mit Müll, Windrädern oder Stromtrassen konfrontiert werden soll, müssen diese Probleme entweder radikal nachhaltig durch Recycling und Sonnenenergie oder Offshore-Parks gelöst werden. Einer gerechten Marktlogik entspricht, dass diejenigen auf der Welt, die besonders viel Konsumgüter und Energie verbrauchen, dafür deutlich tiefer ins Portemonnaie greifen müssen. Oder sie schränken ihren Konsum und Energiebedarf signifikant ein.

Ähnlich ist es beim Bau von Windkraftanlagen. Es ist der Fluch unerwünschter Infrastruktur, vor allem jener invasiven, d. h. ins Landschaftsbild eingreifenden Art, dass es am Ende bei deren Bau dann doch jemanden treffen muss. Daher gibt es (mit mal mehr, mal weniger Bürgerbeteiligung entstandene) Flächennutzungspläne, in diesem Fall die Ausweisung sogenannter Windvorranggebiete. Diese für Windkraftanlagen vorgesehenen Räume sind hoch umstritten. Der Ausbau der Erneuerbaren wird auf diese Weise von den vielen kleinen Anti-Windkraft-Initiativen faktisch zu Tode kritisiert.

Eine 2021 publizierte Greenpeace-Recherche konnte aufzeigen, dass sich auch eine ganze Reihe von Lobbyist:innen der Industrie zwischen den Bürgerbewegten tummeln und Initiative zeigen.[6] Sie sind nicht nur Stichwortgeber:innen oder Berater:innen, sondern geben sich als Aktivist:innen aus. Dabei handelt es sich also nicht mehr um ein echtes Graswurzel-Engagement, sondern um dessen Vortäuschung. Kommerziellen Interessen soll damit der Anstrich basisdemokratischer Legitimation verliehen werden. Laut der Greenpeace-Recherche handeln die Lobbyist:innen mutmaßlich zugunsten (oder sogar auf Rechnung) von Konzernen der fossilen Energieerzeuger oder großer Unternehmen, z. B. jenen der Aluminiumindustrie, die hohes Interesse an möglichst billigem Strom haben. Über intransparente Kanäle lässt man offenbar auch Anti-Windkraft-Initiativen und Naturschutzvereinen, die gegen die Windenergie opponieren, Spenden zukommen. Die treibenden Akteure, darunter die führenden Köpfe hinter *Vernunftkraft,* seien teilweise selbst Anwält:innen mit besten Kontakten – auch in die Politik. Der erste Vorsitzende der Bundesinitiative war zumindest bis 2021 Referent im CDU-geführten Bundeswirtschaftsministerium, von wo er unter anderem einen Musterbrief (»Der vorliegende EEG-Entwurf schadet den Menschen und der Natur«) von seinem Dienstrechner auf die Website von *Vernunftkraft* hochgeladen habe, den Anti-Windkraft-Aktivist:innen dann an Abgeordnete verschicken konnten.[7] Das alles hat mehr als nur einen faden Beigeschmack. Aber ob den Bürger:innen, die überall in Deutschland gegen die einbeinigen Riesen anstürmen, nun wirklich ein gewaltiger Stups von hinten gegeben wurde oder nicht: Es entsteht der Eindruck, dass sich lokale Bürgerinitiativen und so manche verbandsmäßig organisierten Naturschutzaktivist:innen vor den Karren der Industrielobby spannen lassen. Der Kampf gegen Windmühlen hat eine Eigendynamik entfaltet und ist stellenweise erfolgreich gewesen. Nach Einschätzung einiger Fachleute haben vor allem die zahlreichen Klagen gegen die Errichtung neuer Windkraftanlagen die Energiewende bisher spürbar ausgebremst. Damit wurde auch die Abhängigkeit von russischen Rohstoffen aufrechterhalten.

Es ist leicht durchschaubar, dass sich dem Rechtspopulismus mit der Stimmungsmache gegen die Windräder ein reges Betätigungsfeld bietet. Schließlich geht es darum, den »linksgrünen Eliten« das angebliche Durchregieren gegen den Willen der Bevölkerung, Gesundheitsgefährdung, Umwelt- und Naturzerstörung sowie besonders unsinnige, unwirtschaftliche Energie- und Infrastrukturpolitik anzukreiden. Passend dazu stand bereits im Grundsatzprogramm der AfD von 2016: »Den weiteren Ausbau der Windenergie in Deutschland lehnen wir ab. Er bringt mehr Schaden als Nutzen. Windenergieanlagen sind nur noch ausnahmsweise an Standorten zuzulassen, an denen keine Beeinträchtigungen für Menschen, Tiere oder das Landschaftsbild zu erwarten sind. Bei der Standortwahl sind die Menschen vor Ort durch Bürgerentscheide zu beteiligen.«[8]

Das klingt vernünftig und bürgernah – allerdings sind Schäden durch die Windenergie fraglich. Wissenschaftliche Studien zu gesundheitlichen Auswirkungen durch Windräder – unter anderem Übelkeit, Kopfschmerzen, ja sogar Depressionen infolge des Infraschalls[9] und des Schattenwurfs – sind umstritten, ebenso die oft angeführte Gefährdung von Vögeln, Fledermäusen und Insekten.[10] Eines ist gewiss: Solche alternative Fakten machen Angst und rufen Widerstand hervor. Selbst wenn sie gar nicht wahr sein sollten, erhöhen sie die Skepsis und verstärken die Ablehnung von Windrädern. Auch die Argumente der »Landschaftsverschandelung« und der Waldabholzung durch das Errichten von Windkraftanlagen sind nachvollziehbar, aber doppelbödig. Die Alternative dazu – Tagebau und Kraftwerksanlagen samt den ausgestoßenen Rauchwolken – sind kaum als Landschaftsverschönerung zu bezeichnen.

Ähnlich ist es beim angeblich desaströsen Einschlag von Waldschneisen für den Bau von Windkraftanlagen. In Thüringen etwa, dem selbst erklärten Grünen Herz Deutschlands, wurde unlängst befürchtet: »Die wollen unseren Thüringer Wald abholzen!« Die Online-Debatte um die Novelle des Thüringer Waldgesetzes zeigte das volle Spektrum der oben aufgeführten Argumente: vom Arten-, Natur- und Gesundheitsschutz bis hin zur kulturellen und historischen Bedeutung des Waldes.[11] Auch hier gilt, dass man der Abholzung tatsächlich kaum etwas Positives abringen kann – außer den Nutzen der Windenergieerzeugung. Doch die Empörung darüber scheint ungleich lauter und heftiger auszufallen als jene über den industriellen Holzeinschlag oder Rodungen für den Straßenbau. Der Schutz des Waldes ist längst zum Selbstläufer der Windkraftgegner:innen geworden. Fakten würden da nur stören – zum Beispiel, dass wegen der Windräder bisher gar nicht so viel Wald für die Windkraft gerodet wurde, wie immer behauptet, sondern weniger als 0,01 Prozent der gesamten Waldfläche; und diese gerodeten Flächen wurden zum Ausgleich woanders wiederaufgeforstet.[12]

Passend dazu verstärkt sich seit einiger Zeit der Widerstand gegen Solarparks auf der grünen Wiese bzw. auf Ackerland.[13] Ähnlich wie bei den Windrädern bietet die AfD in Sachen Solarkraft vor allem viel heiße Luft und zeigt einen manipulativen Umgang mit Argumenten. Aufschlussreich ist einerseits, dass hier eine angebliche »Aufheizung des Mikroklimas« im Unterschied zu jener des »Makroklimas« für die AfD offenbar außer Zweifel steht. Das Klimaleugnungsinstitut EIKE verlinkt auf seiner Website dazu eine Studie von Wissenschaftler:innen der Universität von Arizona.[14] Laut Einschätzung des Naturschutzbundes NABU besteht allerdings Forschungs- und Analysebedarf bezüglich der tatsächlichen Auswirkungen der Fotovoltaiktechnik auf die Umwelt,[15] vor allem Langzeitstudien fehlen. Andererseits sind die von der AfD aufgegriffenen Punkte des angeblich zu hohen Flächenverbrauchs und der Entwertung von landwirtschaftlichen Produktionsflächen einfach zu entkräften, denn in Deutschland mangelt es schlichtweg nicht an landwirtschaftlichen Produktionsflächen. Ganz im Gegenteil: Viel Acker- und Weideland liegt brach.

Kritisch wird es, wenn die sachliche Diskussion und das gemeinsame Ringen um Lösungen einer Totalverweigerung der NIMBY-Protestmentalität weichen muss. Der zugrunde liegende Egoismus schadet dem Gemeinwohl – und dem Klima. Es liegt uns fern, berechtigte Bedenken von Umweltschützer:innen oder Anwohner:innen gegen Baumaßnahmen zugunsten erneuerbarer Energien pauschal als rechts einzuordnen. Vor allem muss ein demokratischer Aushandlungsprozess unter gerechter Beteiligung der Bürger:innen und Kommunen an den Profiten gewährleistet werden. Es besteht aber die große Gefahr darin, dass die AfD und andere rechte Akteur:innen versuchen, diese Menschen für sich einzunehmen und vor ihren rechten Karren zu spannen. Die Debatte gegen die angeblich »dem Volk von den Eliten aufgezwungene« und »ideologische« Energiewende wird angeheizt, um daraus politisches Kapital zu schlagen – und um der fossilen Lobby, in der man eine Verbündete erkannt hat, ökonomisches Kapital zu sichern. Die radikale Rechte ist an konstruktiven Lösungen zugunsten einer ökologischen Transformation nicht interessiert. Und auch das Schlagwort der ökonomischen Vernunft dient nur einem Zweck: dem politischen Gegner die Rationalität und damit die Handlungskompetenz und Legitimation abzusprechen. Die radikalen Rechten führen den Kampf gegen

Windmühlen und Solarparks zum Zweck der gesellschaftlichen Polarisierung und im Sinne einer antidemokratischen Mobilmachung.

Auch der Artenschutz hat es den Windkraftgegner:innen angetan. Beim Vogelschutz finden sie mobilisierungs- und handlungsmächtige Verbündete, beispielsweise den Naturschutzbund NABU, der selbst zahlreiche Klagen gegen den Bau von Windkraftanlagen führt. Der ambitionierte Einsatz für den Rotmilan wirkt seltsam aufgesetzt, allzumal die oft zitierten Gutachten über die Bedrohung, die von den Windrädern angeblich für den Bestand des Greifvogels ausgeht, höchst umstritten sind. Ob nun wissenschaftlich fundiert oder aus der Luft geholt: Das Thema Vogeltod emotionalisiert.

Das Windrad ist ein unerwünschter Fremdkörper, der den auf unserer gesamten Gesellschaft lastenden Veränderungsdruck weithin sichtbar macht. Es symbolisiert, dass wir lernen müssen, die Kosten unserer energiehungrigen Lebensweise auch vor der eigenen Haustür zu ertragen. Das ist unbequem. Das erhöht die Frustration, denn es kann auch keine völlige Gerechtigkeit, keinen echten Lastenausgleich geben: Der Energieverbrauch ist in Industriezentren und Städten am höchsten, bisher werden aber die Windparks überwiegend auf dem Land errichtet. Die unmittelbare Betroffenheit im eigenen Nahfeld erhöht indes die Bereitschaft, die Dinge als komplexer anzuerkennen. Befragungen haben gezeigt, dass Windkraftgegner:innen auch auf dem Land nur eine Minderheit darstellen.[16] Sie sind bloß besonders laut und suggerieren, sie würden die Mehrheit repräsentieren. Die Akzeptanz von Wind- und Solarparks erhöht sich jedenfalls maßgeblich, wenn die Menschen vor Ort an Eigentümer-Genossenschaften teilhaben und eigenen Nutzen daraus ziehen können. Eine gerechte Beteiligung am Gewinn hilft, sich mit stählernen Windmühlen vor der eigenen Haustür abzufinden. Die bittere Realität ist: Der deutsche Wald wird nicht durch Windräder ruiniert, sondern durch die zunehmende Trockenheit infolge des Klimawandels und den damit einhergehenden Borkenkäferbefall.[17]

Kohle vom Staat: die schmutzigen Tricks der fossilen Lobby

Wer baggert noch so spät am Baggerloch? Und wieso noch so spät, obwohl doch längst allen klar sein sollte, was für ein dreckiges Geschäft mit der Kohle betrieben wird? – Weil es ein lukratives Geschäft ist! Die Tagebaubetreiberfirmen, die großen Energieerzeuger in Deutschland, allen voran RWE, sehen von sich aus gar keinen Grund, davon die Finger zu lassen. Denn der von der Bundesregierung beschlossene Ausstieg aus der Kohle verhagelt das Geschäft. Bis es so weit ist, dass die riesigen Bagger von Garzweiler bis in die Lausitz wirklich stillstehen, werden weiter die tiefen Löcher gebuddelt und ihr Inhalt durch die Schornsteine geblasen.

In der öffentlichen Debatte geht es oft um die Arbeitsplätze der Kohlekumpels, für die sich vor allem die Regionalpolitik starkmacht. 2020 arbeiteten im deutschen Kohlebergbau und in Braunkohlekraftwerken noch ca. 19 500 Menschen.[18] Fraglos ist der Kohleausstieg für die betroffenen Regionen, z. B. die Lausitz, eine große Herausforderung. Der Strukturwandel muss gestaltet, soziale Härten müssen abgefedert und neue Arbeitsplätze geschaffen werden. Doch genau dafür sind Steuergelder besser eingesetzt als für die milliardenschweren »Entschädigungen« für die Kohlekonzerne[19] oder die staatlichen Subventionen, die seit Jahrzehnten den gesamten Industriezweig am Leben halten und bis heute zu einem profitablen Geschäft machen.[20] Vor allem durch die Subventionen wurde der trügerische Eindruck genährt, nichts sei so günstig, wie fossile Brennstoffe aus dem Boden zu fördern – besonders wenn die Folgekosten für Mensch und Natur gar nicht richtig zu beziffern sind oder schlichtweg ignoriert werden. Dabei geht es nicht allein um den CO_2-Ausstoß und seine Auswirkungen auf den Klimawandel, der mittlerweile die politischen Debatten und die mediale Berichterstattung bestimmt. Jedem Menschen, der einmal eine Kohleheizung betrieben hat, ist klar, wie gesundheitsschädigend und dreckig dies ist. Auch modernste Filteranlagen haben eine Alibifunktion. Sie suggerieren, dass es sich bei der Kohle mittlerweile um eine saubere Sache handle. Viele der beim Verbrennungsvorgang aus der Kohle gelösten Schadstoffe – vor allem das Schwefeldioxid – werden abgefangen und gebunden und können folglich nicht mehr ohne Weiteres die Luft verpesten. Aber sie fallen dennoch an und müssen entsorgt werden. Außerdem wird heruntergespielt, dass der vergleichsweise saubere Rauch immer noch Unmengen von CO_2 enthält. Auch dieses kann gebunden, also abgefangen werden, aber das ist aufwendig und teuer.[21]

Die Energieerzeugung aus Kohle ist trotz modernisierter Kraftwerkstechnik eine veraltete Technologie mit relativ geringem Wirkungsgrad. Der Wirkungsgrad drückt das Verhältnis der in Strom umgewandelten Energie zur insgesamt im Energieträger gebundenen Energie aus. Er liegt bei den effizientesten Kohlekraftwerken bei maximal 46 Prozent, bei einem Gas- und Dampfturbinen-Kraftwerk hingegen bei über 60 Prozent.[22] Zwar ist auch der Wirkungsgrad der derzeitigen Windenergie-[23] und Fotovoltaikanlagen[24] kaum höher, doch anders als die Energieerzeugung aus Kohle und Gas stehen die erneuerbaren Energien am Anfang ihrer Entwicklung – nicht an ihrem Ende.

Seit dem frühen 19. Jahrhundert standen rauchende Kraftwerks- und Fabrikschlote als Leuchttürme einer brummenden Wirtschaft, die Arbeitsplätze und Wohlstand schuf. So richtig Fahrt nahm sie auf, als man im von Preußen dominierten kaiserlichen Deutschland neidisch auf den englischen Manchester-Kapitalismus blickte und mit großem Patriotismus die

Industrialisierung vorantrieb. Dampfmaschinen und Dampfloks waren buchstäblich die Motoren des Gründerzeitalters, mit dem die industrielle Moderne und der Wirtschaftsboom eingeleitet wurden. Die deutsche Stein- und Braunkohleindustrie hat über fast zwei Jahrhunderte lang enorme Summen kassiert. Sie hat sich den unscheinbaren Bodenschatz tatsächlich mit harter Münze vergolden lassen. Das war ein Stabilitätsanker über alle Systemwechsel hinweg – vom Kaiserreich über die Weimarer Republik und die Zeit des Nationalsozialismus bis in die Bundesrepublik. In der zweiten Hälfte des 20. Jahrhunderts und bis in die Gegenwart haben die Kohlebetreiber Hunderte von Milliarden Subventionen und Vergünstigungen vom deutschen Staat erhalten – aus Steuermitteln.[25] Nur so konnten Tiefpreise garantiert und gleichzeitig die Gewinne gesichert werden. So wurde auch das Image des bewährten, kostengünstigen Energieträgers Kohle aufrechterhalten, während die Erneuerbaren – lange vor der Bezuschussung von Solar- und Windkraftanlagen – sich erst einmal mühsam am Markt behaupten mussten.

Auch wenn alles sauber und sicher anmutet, kann wenig Zweifel daran bestehen, dass es weitaus effizientere, umweltschonendere und modernere Formen der Energieerzeugung gibt. Doch die Kohle war und ist der Platzhirsch im Revier, und wo es so viel zu verlieren gibt, wird mit harten Bandagen gekämpft. Das schmutzige Image ist geschäftsschädigend, die Diskussion um den Klimakollaps gar nicht gut für die Geschäftsbilanzen und die Aktienkurse.

Noch viel mehr als für die Kohlekonzerne gilt das für die weltweit agierende Ölindustrie, bei der es mit Treibstoffen und Kunststoffen um noch viel mehr Milliarden geht. Hochrelevant für den Komplex des Klimarassismus ist: Der gesamte Wohlstand des Westens basiert auf der fossilen Industrie, auf der umweltzerstörerischen Ausbeutung und Nutzung endlicher Rohstoffe. Wir alle sind seine Nutznießer:innen. Erdöl, das bedeutet Benzin, Diesel, Kerosin und Heizöl und selbstverständlich: Plaste. Spätestens seit Mitte des 20. Jahrhunderts leben wir im Plastezeitalter. Kunststoffe auf Erdölbasis wie Polyvinylchlorid (PVC), Polyethylen (PE) oder der Gummi, aus dem Autoreifen und die meisten Dichtungen gefertigt werden, Gebrauchsgegenstände, Möbel, Bekleidung, Spielzeug, Verpackungen – alles aus Kunststoffen. Weit und breit haben die Errungenschaften der Erdöl-Chemie Einzug gehalten. Dafür wurde und wird massig Erdöl benötigt und dementsprechend importiert. Die ökologischen, sozialen und politischen Folgen dieses Überflusses hat die westliche Welt lange Zeit erfolgreich exportiert. Doch das hat sich über die letzten Jahrzehnte stark gewandelt, Gründe und Anlässe gab es mehr als genug (Öltankerkatastrophen und brennende Bohrinseln, die Menschenrechte in despotisch regierten Ölförderländern, die umstrittene militärische Durchsetzung globaler wirtschaftlicher Interessen (»Kein Blut für Öl!«), Mikroplastik in den Weltmeeren und in der Nahrungskette). Das Image der Ölkonzerne war bereits denkbar mies – und dann intensivierte sich noch die Debatte um den industriegemachten Klimawandel. Die Reaktion war ein gigantischer PR-gestützter Feldzug der rechten Fossillobby gegen den Klimaschutz, wie wir bereits gezeigt haben. Das Ergebnis: verschwendete Zeit über Jahrzehnte mit katastrophalen Folgen für das Klima, die Demokratie und die nachkommenden Generationen.

Mit dem Anstieg des Meeresspiegels möchte die fossile Industrie auf keinen Fall assoziiert werden, aber in Bezug auf die immer kleiner werdenden Spielräume steht ihr bildlich gesprochen schon jetzt das Wasser bis zum Hals. Die komplexe Abhängigkeit unserer Gesellschaft vom Erdöl (bei bisher noch unterentwickelten Alternativen) verschafft der Ölindustrie noch etwas Luft. Doch für die Kohle wird es eng: Sie gilt als Schmuddelkind ohne Zukunft. In Deutschland ist der Ausstieg aus der Kohle bis 2035 beschlossen; eine nochmalige Vorverlegung des Endes auf 2030 durch den Regierungswechsel hin zur rot-grün-gelben Koalition im Bereich des Möglichen. Und selbst unter einer anderen Bundesregierung nach 2025 ist es inzwischen höchst unwahrscheinlich, dass sich am Kohleausstieg in Deutschland noch einmal etwas grundlegend ändern wird. Wären die Rechten an der Macht, würde es anders aussehen: Ein Szenario, das zumindest auf der Landesebene in Ostdeutschland denkbar ist. Im AfD-Wahlprogramm zur Bundestagswahl 2021 war zu lesen: »Die AfD setzt sich für die Verstromung von Braun- und Steinkohle als grundlast- und regelfähige Energiequelle ein. Deutschland hat die weltweit saubersten und effizientesten Kohlekraftwerke. Daher lehnen wir die Ausstiegspläne aus der Kohleverstromung ab.«[26] Die radikale Rechte will vor allem den Unmut jener instrumentalisieren, die ihre Sicherheit und ihren Wohlstand gefährdet sehen. Der klimarassistische Zusammenhang, nämlich die Verteidigung der eigenen Privilegien gegen eine notwendig gewordene globale Veränderung der Produktions- und Konsumgewohnheiten, tritt hier deutlich zutage. Daneben inszeniert sich die Partei als Stimme der angeblich Vernünftigen. Noch skurriler, weil entfernter von der Realität und der Wahrnehmung der meisten Menschen, positioniert sich die AfD in Sachen Atomenergie.

»Atomare« Visionen und Trugbilder rechter Propaganda zur Energiepolitik

Kernkraft ist sicher! Das behaupten jedenfalls die Betreiberkonzerne, und das behauptet auch die AfD: »Deutsche Kernkraftwerke gehören zu den sichersten der Welt.«[27] Kernkraft basiert nicht auf einem fossilen Energieträger, bringt aber den unangenehmen Begleiteffekt mit sich, dass sie uns um die Ohren zu fliegen und uns zu verstrahlen droht. Spätestens seit Tschernobyl und allerspätestens seit Fukushima ist dies klar. Aktualisiert wurden die damit verbundenen Ängste zuletzt im Februar und März 2022 durch die Nachrichten aus dem Ukraine-Krieg, denen zufolge die Anlage in Tschernobyl zum Schauplatz der Kriegshandlungen wurde und es wiederholt zu Sicherheitsproblemen in der Atomruine kam.[28] Russische Truppen griffen auch das Atomkraftwerk in Saporischschja an.[29] Die mögliche Gefährdung der Reaktorsicherheit in der Ukraine zeigte einmal mehr, dass es sich um eine Hochrisikotechnologie handelt. Vor allem stellt die Endlagerung von Atommüll, der noch über Tausende Jahre strahlen wird, eine Belastung für künftige Generationen, für die Sicherheit und den öffentlichen Frieden dar. Wer nicht mal ein Windrad vor der Tür akzeptiert, wird kaum ein Endlager für radioaktiven Müll willkommen heißen.

Die jahrzehntelange Debatte um die Gefahren und Risiken der Atomenergie hat schließlich in Deutschland 2011 zum Beschluss der Bundesregierung unter Angela Merkel zum Ausstieg aus der Kernenergie geführt. Dieser Ausstieg war keineswegs so übereilt, wie bisweilen kolportiert wird. In anderen Ländern, ganz energisch in Frankreich, gilt die Kernkraft allerdings weiter als CO_2-sparsame und höchst effiziente Wunderwaffe. Im Ringen um das Erreichen der Klimaschutzziele hat die EU die Kernkraft unlängst im Februar 2022 als klimafreundlich eingestuft.[30] Doch der Mythos von sauberer Atomenergie ist entweder eine Selbsttäuschung oder beruht auf der vorsätzlichen Irreführung der Bürger:innen – durch die Kernkraftlobby und Politiker:innen, die vorgeben, sich damit auf einfache Weise ökologische Probleme vom Hals schaffen zu können. Denn nachhaltig und ökologisch ist die Kernkraft wahrlich nicht. Dies hängt vor allem mit dem ungelösten Problem fehlender Endlager für den atomaren Abfall und den möglichen Spätfolgen zusammen.[31] Das Vertrauen, das der Technologie einst pauschal entgegengebracht wurde, ist lange schon einer tiefen Skepsis oder schroffen Ablehnung gewichen.

Im Falle der Rechtfertigung der Kernkraft spielen Klima- und Umweltrassismus eine entscheidende Rolle. Denn gerade in Deutschland sollte bekannt sein, was für ein umweltzerstörendes, geradezu desaströses Unternehmen der Uranbergbau ist. Seit den frühen 1950er-Jahren bis zum Ende der DDR hat der staatseigene Großkonzern SDAG Wismut mit seinem Uranbergbau in Sachsen und Thüringen ganze Landstriche vergiftet und verwüstet. Die Verheerungen waren wohl noch größer als durch den Braunkohletagebau, die Schäden für Mensch und Umwelt sind bis heute nicht bezifferbar. So viel zur »Heimat«, die durch Windräder verschandelt wird, zur Vergesslichkeit vieler Menschen oder zur bequemen Verdrängung der Schattenseiten der Kernenergie.

Die heutigen Uran-Abbauregionen liegen im Ausland, meist im globalen Süden, dessen Umweltprobleme kaum oder gar nicht reflektiert werden. Der Uranbergbau ist sehr aufwendig, CO_2-intensiv und schädlich für Mensch und Umwelt.[32] Die vermeintlich saubere Kernkraft erhält ihren klimafreundlichen Anstrich durch Ignoranz und klimarassistischen Egoismus. Und dadurch, dass permanent der Eindruck erzeugt wird, dass Brennstäbe quasi zum Nulltarif von irgendwo herbeigezaubert werden könnten. Über die wahren Hintergründe schweigt sich auch die AfD aus, wenn sie sich für die Atommeiler starkmacht. 2021 etwa brachte die AfD einen Antrag mit dem Titel »Forschung zu Kernreaktoren der IV. Generation vorantreiben – Energieversorgung in Deutschland sichern« ein.[33] Demnach sei eine fortwährende kommerzielle Nutzung der Kernkraft »zwingend erforderlich«, damit Deutschland als Hochindustrieland nicht den Anschluss an Länder wie die USA oder China verliere, die Kernreaktoren der neuesten Generation bauen und »längst auf diese neue Technik setzen«.[34] Suggeriert wird, dass die Forschung zur Kernfusion nicht stattfände, wenn die jetzigen Kernspaltungskraftwerke vom Netz gingen. Als ob es für den Betrieb von wissenschaftlichen Versuchsreaktoren für die Kernfusion zwangsläufig mit Kernspaltung basierende KKWs am Netz bräuchte. Die an der Entwicklung von funktionsfähigen Fusionsreaktoren derzeit intensiv forschenden Wissenschaftler:innen sind noch vor ganz andere Probleme gestellt. Denn sie bekommen in ihren Versuchsanlagen (»Tokamak« und »Stellerator« sind dabei unterschiedliche Reaktortypen) nur schwer die sehr starken Magnetfelder und sehr hohen Temperaturen unter Kontrolle, die benötigt werden, um eine stabile Reaktion in Gang zu setzen, die Atomkerne verschmelzen lässt und dabei Energie freisetzt.[35] Bisher müssen immer noch riesige Energiemengen zugeführt werden, damit überhaupt etwas passiert. Immer wieder verkünden die beteiligten Wissenschaftler:innen, dass sie kleine Teilerfolge erzielen konnten. In der rechtspopulistischen Agitation der AfD, die sich gern auf »wissenschaftliche Fakten« stützt, gilt dies dann als Beweis für »Innovative Technologie statt linker Energiewende«[36]. Doch der Bau von Fusionsreaktor-Kraftwerken, die ans Netz gehen können, liegt noch in weiter Ferne.[37]

Worüber sich die AfD ausschweigt: Die Kernenergie taugt nicht für ein Modell demokratischer, kostengerechter und ressourcenschonender Energieversorgung. Eine solche müsste viel stärker dezentral organisiert werden und dabei auf die Eigentums- und Gewinnbeteiligung möglichst breiter Bevölkerungsschichten setzen. Mit den logisch klingenden Verweisen auf den Schutz deutscher Arbeitsplätze werden tatsächlich in erster Linie die wirtschaftlichen Interessen der Großindustrie an möglichst billigem Strom vertreten. Ansonsten wird keine Rücksicht auf Verluste – sowohl ökologischer als auch sozialer Art – genommen. Mit Trugbildern über eine strahlende Zukunft und technologische Entwicklungssprünge, die automatisch alle Probleme lösen könnten, soll der Status quo zementiert werden. Dies trifft auf Zustimmung bei denen, die Angst um ihre Privilegien haben und deswegen die Veränderung fürchten. Modernes und komfortables Leben wird gleichgesetzt mit möglichst unbegrenztem Stromverbrauch zu günstigsten Konditionen. Steigende Strompreise sind ein ernst zu nehmendes Problem für viele Bürger:innen. Doch langfristig wird es nicht dadurch gelöst, dass man an den Symptomen ansetzt, anstatt den Ursachen auf den Grund zu gehen. Dazu müsste unter anderem eine Diskussion über die Einsparung von Energie initiiert werden, die mit einem umfassenden Systemwandel unserer gesellschaftlichen Wertschöpfungsketten und der Konsum- und Lebensweisen verbunden ist. Dazu gehört der von vielen Menschen als selbstverständlich empfundene Energieverbrauch, der mit »gutem Lebensstandard« gleichgesetzt wird.

Auch in den rechten Alternativmedien wird fleißig für die Kernfusion getrommelt. Nach Informationen von *Lobbypedia* ist beispielsweise Roland Tichy, der Initiator des Onlinemagazins *Tichys Einblick*, unter »Expertenmeinungen« auf der Website des Vereins Kerntechnik Deutschland e. V. geführt. Frank Henning, ebenfalls Autor auf der Plattform und ehemaliger Mitarbeiter in den Kohlekraftwerken von VEAG, Vattenfall und LEAG, ist ein weiterer dieser »Experten«. Beide sind darüber hinaus in den Lobbyverein *Vernunftkraft* involviert gewesen.[38]

Die neu entdeckte Liebe zur Kernenergie ist auch deswegen bemerkenswert, weil sich in der Energiebranche in Deutschland zunehmend die Erkenntnis durchsetzt, dass ein Wiedereinstieg mit zu hohen Kosten verbunden wäre und sich schlicht nicht rechnet. Kerstin Andrae, die Verbandschefin des *Bundesverbands der Energie und Wasserwirtschaft*, bestätigte im Politik-Talkformat *Hart aber Fair*, dass die Betreiber einen »Teufel tun würden«, wieder zurück in die Atomenergie zu wechseln. Die Kernenergie in Deutschland sei Geschichte.[39] Es ist wahrscheinlich, dass es daher – zumindest für einen Teil – eher darum geht, weiterhin Zeit zu schinden und die Energiewende hinauszuzögern.

Die Deutschen und ihr Auto

Deutschland gilt weltweit als das Autoland schlechthin. Das Auto ist eine deutsche Erfindung. Mercedes, BMW, Porsche, Audi und Co. – überall sind sie begehrt und finden reißenden Absatz. Das Auto ist das eigentliche Wappentier, der ganze Stolz und große Verkaufsschlager der deutschen Exportnation. Es garantiert Arbeitsplätze, es sorgt für Steuereinnahmen in den Autohäusern und an den Tankstellen. Infolge des Bedeutungsverlusts des Schienenverkehrs wird fast jedes Konsumprodukt mit Lkws transportiert. Doch vor allem bietet das Auto die große Freiheit des grenzenlosen Individualverkehrs und die alltägliche Mobilitätsgarantie für Millionen von Menschen. Das liegt nicht nur an ihren Gewohnheiten und Vorlieben, sondern auch an ihren Lebens- und Arbeitsbedingungen und an der vorhandenen Infrastruktur, die zugleich Produkt und Voraussetzung unseres Wirtschaftssystems ist. Der automobile Individualverkehr ist nur deshalb kaum wegzudenken, weil der öffentliche Personenverkehr gerade im ländlichen Raum jahrzehntelang zu wenig staatliche Förderung erfuhr und im Neoliberalismus weiter wegrationalisiert wurde. Zu lange Zeit wurde über alternative Verkehrskonzepte nur nachgedacht, anstatt sie umzusetzen. Doch das ist nicht allein eine Frage der Wirtschaft bzw. der Wirtschaftlichkeit, sondern auch eine der Kultur. Wenn in den nächsten Jahren eine ökologische Mobilitätswende gelingen soll, dann bedeutet dies nicht nur eine Kurskorrektur, sondern einen Spurwechsel, der in eine andere Richtung führt. Über 800 000 Arbeitnehmer:innen sind direkt in der deutschen Automobilindustrie beschäftigt, ganze Regionen hängen von ihr ab. Laut Bundeswirtschaftsministerium erzielte die Branche im Jahr 2020 einen Umsatz von ca. 378 Milliarden Euro.[40] Das Auto ist ein Standortfaktor und lässt Herzen höherschlagen. Kritik am Auto erhitzt also schnell die Gemüter.

Als Umwelt- und Klimaaktivist:innen lautstark den Sinn hinter den automobilen Auswüchsen in Wirtschaft und Kultur zu hinterfragen begannen, haben sie sich bei vielen unbeliebt gemacht. Die Aggressivität, die ihnen dabei teilweise entgegenschlägt, lässt tief blicken. Denn die Rede vom angeblichen »Krieg gegen das Auto« und »Krieg gegen Verbrennungsmotoren« (O-Ton AfD)[41] ist vor allem eine Übertragung des eigenen Freund-Feind-Denkens jener, die sich angegriffen und bedroht fühlen. Seit Jahren treibt dieser Mangel an Kritikfähigkeit erschreckende Blüten, die vor allem in den sozialen Medien von radikal rechten Akteur:innen gepflanzt und bewässert werden. Lange bevor bei den Anti-Corona-Demonstrationen ab 2020 gelbe Davidsterne mit der Aufschrift »Ungeimpft« getragen wurden, tauchten Autoaufkleber mit ähnlichem Design und der Aufschrift »Dieselfahrer« auf. Und diese Kontinuität ist selbstverständlich kein Zufall. Die anmaßende und NS-Gräuel verharmlosende Selbstgleichsetzung mit verfolgten Jüdinnen und Juden ist in Deutschland seit 1945 immer wieder zu beobachten, vor allem im rechten Flügel des politischen Spektrums. Die neueren Variationen des Judensterns haben dabei eine reale Vermarktungskomponente: Im Internet-Versandhandel des rechtsradikalen Hetzers Sven Liebich und auf ähnlichen Websites lassen sich beispielsweise sowohl die »Dieselfahrer«- als auch die »Ungeimpft«-Designs als Aufkleber, Buttons oder T-Shirts bestellen.[42] Das Web ist voll mit allerlei Sharepics und Merchandise-Ideen, durch die motorisierte Wutbürger:innen ihren Trotz, ihre Verbundenheit und ihren entschlossenen Einsatz für den Diesel ausdrücken können.

Der sich ankündigende Abschied vom Verbrennungsmotor ist weit mehr als ein Kulturschock. Wir stehen am Ende eines Zeitalters, von dem der Soziologe Burkart Lutz einst schrieb, dass man in ihm einen »kurzen Traum immerwährender Prosperität« geträumt habe.[43] Arbeit und Wohlstand durch Massenproduktion und Massenkonsum vom Fließband. Und grenzenloses Wachstum. Das Konzept, Arbeiter:innen am Fließband viele Autos bauen zu lassen, die solch rasanten Absatz finden, damit die Arbeiter:innen so gut bezahlt werden können, dass sie sich selbst viele Autos kaufen, wurde einst in Detroit erfunden. Zugeschrieben wird diese Idee Henry Ford. Nach ihm benannt ist der Fordismus, das Wirtschaftsprinzip, das industrielle Massenproduktion mit Massenkonsum verband und damit die ganze Gesellschaft veränderte – in Zeiten, wo niemand ernsthaft nach Ressourcenverbrauch, Umweltschäden oder gar den Klimafolgen fragte. Dessen bereits erwähnte Hetzschrift *Der internationale Jude* passte gut in die antisemitische und rassistische Wirtschaftsideologie der Nazis, bei der zwischen »raffendem« und »schaffendem« Kapital unterschieden wurde. Der angeblich »jüdische« und »parasitäre« Finanzkapitalismus wurde dabei dem produzierenden Industriekapitalismus gegenübergestellt. Das war ein wichtiger Mosaikstein für die Rechtfertigung der Ausplünderung, Verfolgung und Ermordung von Jüdinnen und Juden. Dabei ist klar, was die Nazis von den Vertretern des »schaffenden Kapitals« erwarteten: vor allem Rüstungsproduktion. Der Volksempfänger und das »Volksauto« waren nützliches Beiwerk. Sie erfüllten propagandistische Funktionen. Über die Radioapparate wurde agitiert und unterhalten, die Autos blieben ein unerfüllbarer Wunschtraum der meisten Deutschen, denn sie wurden für die Wehrmacht gebraucht, und leisten konnten sie sich ohnehin nur sehr wenige. Erst nach dem verlorenen Krieg, mit dem Wirtschaftswunder und dem Wohlstandswachstum in der Bundesrepublik, begannen sich die automobilen Sehnsüchte eines ganzen Volkes zu erfüllen. Und seitdem liegt das Glück der Deutschen auf der Straße. Und die Blechlawine droht jene zu begraben, die sich ihr in den Weg stellen. Kaum ein Trend ist wichtiger als jener der Benzin- und Dieselpreise – außer der Höhe der darauf erhobenen Steuern. Der Frust über hohe Spritpreise ist groß, deswegen weisen die Tankstellenbetreiber den Steuerbetrag pro Liter getrennt aus. So wird der Frust auf »die da oben« abgeleitet – und von der Ölindustrie abgelenkt. Nach dem Angriff Russlands auf die Ukraine stiegen auch in Deutschland die Spritpreise – aber weniger wegen des tatsächlich höheren Rohölpreises als durch künstliche Verteuerungen durch die Industrie. Trotzdem forderten Marktliberale und Rechtsradikale das Absenken der Kraftstoffsteuer.

Der pathetische Spruch von der »freien Fahrt für freie Bürger« ist eine populistische Formel, die deswegen verfangen kann, weil sie auf die Wahrnehmung und das Selbstverständnis vieler Menschen trifft, die den Verlust des Autos mit einer empfindlichen Einschränkung ihrer Lebensqualität, ihrer Erwerbschancen und ihrer gesellschaftlichen Teilhabe verbinden. Städter:innen mag es befremden, das Auto mit »Freiheit« zu verbinden. Doch jeder Mensch, der einen Teil seiner Jugend wartend an einer dörflichen Bushaltestelle oder auf einem Provinzbahnhof verbringen musste, weiß, was damit gemeint ist. Hinzu kommen ständige Fahrpreiserhöhungen bei der Bahn und der Ärger über verspätete oder ausfallende Züge. Solange es billiger und bequemer ist, mit dem Auto als mit dem Zug zu fahren, wird die Mobilitätswende ausgebremst. Eine inklusive und sozial gerechte Mobilitätswende, für die zum Beispiel Katja Diehl in ihrem Buch *Autokorrektur*[44] plädiert, erscheint vielen Menschen daher als weltfremd. Sie haben den Eindruck, dass der »Abschied vom Auto« ihren Bedürfnissen entgegenläuft und nicht mit ihrer Lebensrealität in Einklang gebracht werden kann.

Geht es um den Neubau oder Ausbau von Autobahnen in strukturschwachen Gegenden, machen sich Klima- und Umweltschützer:innen deshalb schnell unbeliebt – und werden zunehmend zur Zielscheibe rechten Hasses. In der sachsen-anhaltinischen Altmark errichteten Gegner:innen im April 2021 ein Protestcamp, weil sie den Weiterbau der Autobahn A14 stoppen wollten. Ähnlich wie die Aktivist:innen im

Hambacher Forst bauten sie Baumhäuser und besetzten den Seehausener Wald. Politiker:innen von CDU, AfD und Freien Wählern polemisierten gegen die Waldbesetzer:innen. Auf das Basislager der Aktivist:innen, ein leer stehendes Bahnhofsgebäude, wurde bereits im Mai 2021 ein Brandanschlag verübt.[45] Im Juni 2021 fielen sogar Schüsse, vermutlich aus einer Paintball- oder Softair-Waffe.[46] Dies zeigt das Gewaltpotenzial, dem sich Klimaschützer:innen auch anderswo inzwischen ausgesetzt sehen. Ihre unablässige Diffamierung als »Linksextremisten«, »Störenfriede«, »Spinner«, Anhänger:innen einer »Ökosekte« oder sogar potenzielle Terrorist:innen[47] bietet rechten Gewalttäter:innen die Vorlage dafür, zur Tat zu schreiten.

Klimaaktivist:innen weltfremdes Wunschdenken vorzuwerfen ist leicht, weil sich kaum jemand richtig vorzustellen mag, wie Klimagerechtigkeit gelingen kann. Dabei werden Konzepte dazu schon lange diskutiert und in vielen Ländern und Städten bereits praktiziert, etwa kostenfreier bzw. maximal vergünstigter Nahverkehr, autofreie Innenstädte, Schnellstraßen für Fahrräder, Begrenzung der Pkw-Zulassungen, Spuren für Fahrgemeinschaften, Homeoffice, Luxussteuern für große Autos, Car-Sharing usw. Denn es geht um einen konsequenten Umbau des Energie- und Mobilitätsverständnisses, bei dem systematisch darauf geachtet werden muss, dass die ohnehin schon Benachteiligten nicht erneut zu Verlierer:innen gemacht werden.

Verzichten müssen vor allem diejenigen, die mehr Autos als zum Leben wirklich nötig ihr Eigen nennen. Dabei muss Rücksicht auf die besonders verletzlichen Gruppen in der Bevölkerung genommen werden, die selbst weder verzichten noch abgeben können und auf deren Kosten der verschwenderische Lebensstil der Wohlhabenden bisher geht. Das bedeutet auch: Privilegierte Menschen müssen umlernen und ihr Verhalten ändern. Allein das ruft Ängste hervor – besonders bei denen, die über die knappen und kostbarer werdenden natürlichen Ressourcen bisher fast uneingeschränkt verfügen konnten, ohne sich darüber Gedanken machen zu müssen oder gar mit anderen zu teilen. Das hat mit persönlichen Einstellungen zu tun: Die Psychologie spricht hier von Reaktanz. Eine Person, die denkt, sie werde zum Umlernen und zum Verzicht gezwungen, wird sich eher dagegen verwehren als eine Person, die Einsicht in die Notwendigkeit eines solchen Handelns mitbringt. Das Dilemma ist, dass im Zweifelsfall Vernunft und Gemeinwohl auch gegen die egoistischen Interessen uneinsichtiger Überprivilegierter durchgesetzt werden müssen. Zugleich versucht uns die (Auto-)Industrie und ihre Lobby in Medien und Politik weiterhin zu Individual- und Massenmobilität zu überreden, als müssten wir nur die Antriebstechnologie ändern. Dabei sind auch E-Autos mindestens in der Herstellung umweltschädlich. Selbst wenn unter der Motorhaube kein Verbrennungsmotor steckt, besteht jeder einzelne Pkw weiterhin aus viel Stahl, Aluminium, Plastik, Gummi, Glas usw. Hinzu kommen Coltan und sogenannte »seltene Erden« für die Elektronik – und beim E-Auto besonders große Mengen Lithium für die Akkus. Der Energieaufwand für den Individualverkehr bleibt also auch mit veränderter Antriebstechnik immens.

Im globalen Maßstab handelt es sich bei den Produktionszyklen um eine Fortsetzung der alten Ungleichheits- und Ausbeutungsverhältnisse, denn die Rohstoffe für die neuen »grünen« Technologien werden zumeist im globalen Süden unter mehr als fragwürdigen Bedingungen produziert. Hier wird deutlich: Mit kosmetischen Korrekturen ist es nicht getan. Es bedarf grundlegender Veränderungen, bei denen kollektive Verantwortung übernommen wird, anstatt nur mit dem Finger auf die Einzelnen zu zeigen und oberflächlich zwischen »guten« und »schlechten« Konsument:innen zu unterscheiden.

12

Nach der Leugnung: rechte Zukunftsszenarien in der Klimafrage

Der Kampf gegen die ökologische Wende hat viele Facetten. Er ist ideologisch und wirtschaftlich motiviert. Zahlreiche Ebenen greifen ineinander, wenn es um die Frage geht, wann dieser Kampf erfolgreich ist: die Stärke klimafeindlicher Lobbygruppen und radikal rechter Parteien, ihr Profil und ihre gesellschaftliche und politische Reichweite, ihre Normalisierung und Anschlussfähigkeit. Dabei liegen die Erfolgsbedingungen einer progressiven Klimapolitik auf der Hand: Es braucht eine starke und unabhängige Zivilgesellschaft, transparente Lobbyregelungen, einen aufgeklärten und verantwortungsbewussten Journalismus, Mut zur globalen Perspektive und eine Politik, die aufhört, den rechten Einflüsterer:innen Gehör zu schenken, die alle Prioritäten auf die Bekämpfung der Klimakatastrophe und den sozialen Ausgleich setzt. Globale Krisen erfordern globale Lösungsansätze, und in dem Sinne bedeutet Klimaschutz immer auch Klimagerechtigkeit.

Einiges wurde bereits erkämpft, vieles müssen wir noch erkämpfen. Hören wir auf, uns von den rechten Bremsern den Takt vorgeben und die Zukunft stehlen zu lassen, und fangen wir an: gemeinsam, solidarisch, grenzübergreifend und besser heute als morgen. Resignation bedeutet Stillstand. Genau das ist es, was die Rechten wollen. In diesem Sinn formulierte der Klimaforscher Michael Mann: »Vergessen Sie nicht, […] dass es sowohl Dringlichkeit als auch Handlungsfähigkeit gibt. Die Klimakrise ist sehr real. Aber sie ist nicht unlösbar. Und es ist noch nicht zu spät zu handeln. Jede Unze Kohlenstoff, die wir nicht verbrennen, macht die Dinge besser. Es ist noch Zeit, eine bessere Zukunft zu schaffen, und das größte Hindernis, das uns jetzt im Weg steht, ist Untergangsdenken und Defätismus.«[1]

Der Klimawandel ist ein strukturell rechtes Projekt: Er verstärkt Ungleichheiten und das Konfliktrisiko zwischen Gruppen und Nationen. Kein Wunder, dass Rechte auf die eine oder andere Art die dringende Notwendigkeit für Veränderungen leugnen und Maßnahmen für Gerechtigkeit boykottieren. Im Vordergrund der antiökologischen Agitation steht dabei nicht mehr, die Existenz des Klimawandels abzustreiten, sondern es geht vor allem darum, die Notwendigkeit und Möglichkeit zu verneinen, hier und heute etwas dagegen zu unternehmen.

Und in der Zukunft? Was, wenn noch mehr Menschen, auch in Deutschland, bei Extremwetterereignissen ums Leben kommen? Wenn allen klar wird, dass nicht nur die Schwächsten unter dem Klimawandel leiden und sich bestenfalls nur noch ein paar Ultrareiche Sicherheit leisten können? Werden die Antiökolog:innen dann eine Kehrtwende vollziehen? Absurde, in sich widersprüchliche Verschwörungserzählungen und spaltende Egoismen könnten sich sogar noch als geringeres Übel erweisen im Vergleich zu einem offenen Ökofaschismus. Denn der handelt nicht global gegen die Erderwärmung, sondern nutzt den Klimawandel als Vorwand für nationalistische und rassistische Politik.

Das antiökologische Spektrum kommt aus der Mitte der Gesellschaft und sammelt sich heute, wo nachhaltige Werte längst zum Mainstream des Denkens – wenn auch nicht des Handelns – zählen und die Grünen an der Regierung sind, mehr denn je in der äußersten Rechten. Zivilgesellschaftlicher Druck gegen die rechten Ideologien verhindert in Deutschland im Moment noch, dass diese im Bürgertum in größerem

Maßstab als Bündnispartner gegen eine soziale und ökologische Wende für Klimagerechtigkeit akzeptiert werden können. Dies könnte sich aber ändern, wenn sich die unterschiedlichen politischen Richtungen hinter dem Primat der Sicherung der Privilegien versammeln. Wenn sich unterschiedliche Fraktionen, die vom Regime der Ungleichheit profitieren, mit geeinten Kräften für die rücksichtslose Durchsetzung der eigenen Interessen zusammenschließen, bleibt von Demokratie, Sozial- und Rechtsstaat, von Menschenrechten und echtem Liberalismus nicht viel übrig. Für ein solches Szenario könnte die Präsidentschaft von Donald Trump nur ein Vorspiel gewesen sein. In Deutschland drohen vor allem in den ostdeutschen Bundesländern Bündnisse zwischen der selbst ernannten Mitte und der radikalen Rechten, die sich ebenfalls als »Mitte« inszeniert. Darum gilt es, wissenschaftsfeindlichen Klimaleugner:innen und menschenfeindlichen Rechtsradikalen im öffentlichen Diskurs keinen Fußbreit einzuräumen.

Die Solidaritätsverweigerer:innen, Querulant:innen, Rechtsradikalen, Libertären und Querdenker:innen von heute zeigen die Widerstandspotenziale einer neuen unzivilen Gesellschaft gegen die ökologische Wende. Immer wieder ist es unterschätzten rechten Bewegungen und Ideologien gelungen, Teile der »Mitte« in ihrem Sinne zu radikalisieren. Darum wäre es ein Fehler, die rechten und antiökologischen Gegenöffentlichkeiten als »Spinner« oder bloß ostdeutsches Problem zu vernachlässigen; gegen Letzteres sprechen die Erfolge der äußersten Rechten in Frankreich, Italien, den USA, Österreich und anderen Ländern. In vielen Ländern, in denen Rechtspopulisten an die Macht gekommen sind, ist die Bilanz für das Klima – trotz teils abweichender Haltungen in der Umwelt- und Klimafrage – schlecht bis sehr schlecht.

Klimarassistische Mobilisierung

Die größten miteinander zusammenhängenden Risiken für das Erreichen der Klimaziele sind erstens falsche Politik, zweitens Ignoranz und zu geringer öffentlicher Druck durch die Zivilgesellschaft sowie drittens rechte Gegenbewegungen, die Politik und Gesellschaft irritieren, ablenken und unter Druck setzen. Dafür brauchen die Rechten nicht mal die Macht zu übernehmen. Es genügt, eine kritische Masse zu mobilisieren, die wie die sogenannten besorgten Bürger:innen in der Migrationskrise oder die selbst ernannten Querdenker:innen in der Coronapandemie Druck ausüben. Es genügt, weiterhin fossilen Lobbyist:innen das Feld zu überlassen. Es genügt die Drohung und die missbräuchliche Instrumentalisierung des Szenarios, die äußerste Rechte könnte die Verlierer:innen der ökologischen Wende auf die Straße und an die Wahlurnen bringen. Es genügen rechtsradikale Parteien in Parlamenten, die in der Lage sind, die politische Zukunftsgestaltung zu sabotieren, wie es die AfD in den ostdeutschen Landtagen schafft. Es genügt das potenzielle Schreckensszenario rechter Regierungsbeteiligungen, Politik und Gesellschaft in die Status-quo-Falle zu locken, in der sie aus Angst vor einem Erstarken der Rechten bewegungslos verharren oder immer mehr Kompromisse eingehen, die eine Bewältigung der Klimakrise schleichend unmöglich machen. Es genügt, wenn es der Rechten gelingt, begünstigt durch staatliches und gesellschaftliches Wegsehen, Menschen mit Hasskampagnen, Drohungen und Anschlägen so zu verunsichern, dass sie sich zurückziehen und nicht mehr trauen, Widerspruch zu erheben. Mehr noch: Es genügt, die Deutungsmacht über Begriffe wie »Freiheit« zu erlangen, die in ihrem vielsagenden Klang für privilegierte Ohren in der kalten Realität pure Gewalt für diejenigen bedeuten, die neben uns und nach uns die Konsequenzen erleiden müssen.

Aus dem parlamentarischen Erstarken der radikalen Rechten in den vergangenen Jahren haben wir gelernt, dass die Normalisierung von Verrohung, Rassismus und Entmenschlichung ein schleichender Prozess ist. Schleichend verläuft auch die Gewöhnung an einen noch aggressiver vorgebrachten Klimarassismus, Klimaklassismus und Klimanationalismus. Die Klimakrise bietet ein Möglichkeitsfenster für die Faschisierung der Politik – durch offene Bündnisse oder schleichende Übernahme rechter Inhalte. Die antifaschistischen Aktivisten Sam Moore und Alex Roberts warnen davor, dass der »Umweltfaschismus« als ein Werkzeug des Kapitalismus eine realistische Perspektive darstellt.[2] In kaum einem denkbaren Szenario wird die globale Klimagerechtigkeit nicht wirtschaftlichen und ideologischen Abwägungen untergeordnet. Sowohl die libertären Rechten als auch die völkischen Rechten arbeiten international und seit Langem an neuen Antworten auf die Klimakrise. Für die Zukunft ergeben sich daraus verschiedene Schreckensszenarien.

Grüner Nationalismus

Wo Rechtsaußenparteien an Regierungen beteiligt sind, sind sowohl rechtsreaktionäre Leugnungspolitiken als auch ökofaschistische Ablenkung und Abschottung denkbar. In den meisten Fällen werden Regierungskonstellationen unter Beteiligung liberaler und konservativer Parteien den Ausschlag geben. Der politische Druck und die internen Fliehkräfte machen klimapolitische Kompromisse wahrscheinlich, die nach innen auf grüne Politik (insbesondere Anpassung) mit neoliberalen Lösungskonzepten sowie Befriedung des rechtslibertären Lagers durch nationale bzw. europäische Abschottung setzen werden. Im grün-technologischen Nationalismus oder Eurozentrismus wird neoliberale Technikgläubigkeit mit grünen Wachstumszielen verbunden, während nach außen Abschottung, Menschenrechtsverletzungen und die Zerstörung der Ressourcen unterstützt werden. Immer mehr rechtskonservative Politiker adaptieren nach den Beobachtungen der österreichischen Politikwissenschaftlerin und Rechtsextremismusexpertin Natascha Strobl Führungsstile und Inhalte der radikalen Rechten.[3] Auch von hier droht die Gefahr, dass der Handlungsdruck durch die Klimakrise und die Normalisierung rechtsradikaler Positionen im konservativen Spektrum als Kompromiss und Scheinausweg in einen grünen Nationalismus führen wird. Die schwarz-grüne Regierung in Österreich praktiziert bereits einen solchen grünen Nationalismus light, indem sie grüne Kernforderungen mit Abschottungspolitik insbesondere gegenüber geflüchteten Menschen verbindet. Und diese Regierung ist bereits das geringere Übel, das entstanden ist, um eine Beteiligung der rechtsradikalen FPÖ zu verhindern. Tatsächlich ist der grüne Nationalismus light in Teilbereichen längst politische Praxis, um eigene Interessen gegen die Interessen anderer Länder durchzusetzen, etwa bei der Beschaffung der Rohstoffe für die Wende zur E-Mobilität.

Besonders aggressive Politiken des grünen Nationalismus verfolgen europäische Rechtsaußenparteien wie der Rassemblement National von Marine le Pen – wobei relativ ist, was als grün gilt. Wie die AfD setzt sich der Rassemblement National für mehr Atomkraft ein, die zwar emissionssparsam, aber alles andere als nachhaltig ist. Gleichzeitig sollen erneuerbare Energieformen (Wind- und Solarenergie) drastisch reduziert werden. Zentral ist hierfür die Unterscheidung zwischen Umwelt und Klima bzw. zwischen national und international: nationaler Umweltschutz bei internationaler Ausbeutung und Dominanz, insbesondere gegenüber den Ländern des globalen Südens.

Libertäre Kleinstaaterei

Im rechtslibertären Lager geht es nicht um mehr Grenzschutz, sondern um weniger Staat. Angestrebt wird nicht weniger als die endgültige Aufkündung des Gesellschaftsvertrags, der Exit aus der Demokratie und aus den »lästigen« Belangen Dritter. Bereits jetzt kapseln sich die Reichen nicht nur in Gated Communitys von den Schattenseiten der Wirklichkeit ab, sondern versuchen sich im Aufbau ganzer Privatstädte. Die rechtslibertären Dystopien der Privatstädte bzw. Privatstaaten werden bereits in der Realität umgesetzt und mit großer Wahrscheinlichkeit in Zukunft noch ausgebaut. Es ist die Fortschreibung eines jahrzehntelang praktizierten Prinzips des Klimarassismus in seiner radikalen Vollendung: Diejenigen, die über Jahrzehnte kollektive Gemeingüter ausgebeutet und vernichtet haben, entziehen sich der gesellschaftlichen Verantwortung und den Klimawandelfolgen, indem sie sich jenseits des staatlichen Zugriffs in exklusiven Enklaven abschotten. Geht es nach diesen libertären Rechten, sollte der bestehende Staat überhaupt nicht eingreifen oder regulieren. Dem klassistischen und sozialdarwinistischen Prinzip des Überlebens der Stärkeren – bzw. der Reicheren – folgend, sollte sich allein auf dem Markt entscheiden, welche Lebens-, Gesellschafts- und Wirtschaftsweisen sich durchsetzen. Der Staat sollte weder zum Schutz des Klimas noch zum Ausgleich sozialer Ungleichheiten eingreifen. Sicherheit, Vorsorge, Infrastruktur, Bildung: alles Privatsache.

Viele jüngere Rechtslibertäre setzen ihre Hoffnungen bei der zukünftigen Überwindung von Sozial- und Rechtsstaat vor allem in die Blockchain-Technologie. Kryptowährungen, wie der hochspekulative und aufgrund des hohen Energieverbrauchs klimafeindliche Bitcoin, sollen demnach staatlich gesicherte Währungen ablösen. In der dezentralen Blockchain werden smarte Verträge geschlossen und gespeichert. Auch für Abstimmungen und Wahlen wird die Blockchain gehyped: Nicht der Staat, sondern Technologie und dezentrale Organisation regelt in diesen Visionen das Zusammenleben. Bereits heute nutzen Antidemokrat:innen Blockchainnetze zur Verbreitung von Propaganda, um so strafrechtlicher Verfolgung und Regulierung durch die großen sozialen Plattformen zu entgehen. Sicher liegen in der Blockchain-Technologie auch Zukunftspotenziale, um dem Klimawandel in der Landwirtschaft oder durch Sharing Economy zu begegnen, doch dafür muss die Technologie reguliert werden. Mit den populistischen Versprechen von Freiheit, weniger Steuern, weniger Bürokratie, direkter Verfügbarkeit sowie dezentraler Demokratisierung besteht die Gefahr, universalistische Werte, Gemeinwohlorientierung und Solidarität durch extreme Vereinzelung und Willkür aufs Spiel zu setzen.

Rollback in den rechtslibertären Fossilkapitalismus

Es wirkt zum jetzigen Zeitpunkt nicht wie ein sehr wahrscheinliches Szenario: das Wiedererstarken der alten Allianzen rund um neoliberale Lobbygruppen, rechtsradikale Parteien und industriefinanzierte Kampagnen zugunsten fossiler Energien. Zu plausibel sind die offenkundigen Befunde der Wissenschaft, zu gut dokumentiert sind die Versuche, diese Zusammenhänge zu verschleiern, zu weit verankert ist die globale Akzeptanz des Wissens um den industriegemachten Klimawandel und die damit verbundenen Handlungsnotwendigkeiten. Dem Abgesang auf die reaktionäre Verteidigung des fossilen Kapitalismus liegt allerdings eine Annahme zugrunde, die sich in der jüngeren Vergangenheit schon häufiger als unzutreffend herausgestellt hat. Die Annahme, dass sich Rationalität und Wissenschaft gerade im Anbetracht großer Krisen schlussendlich durchsetzen werden, unterschätzt die Wucht der Realitätsleugnung als notwendigen Bestandteil dieser Ideologie. Kaum jemand hätte vor wenigen Jahren vorhersagen können, dass in einer der ältesten Demokratien rund 40 Prozent der Bürger:innen auch nach zahlreichen unabhängigen Neuauszählungen daran zweifeln, dass Joe Biden die Wahl zum amerikanischen Präsidenten rechtmäßig gewonnen hat.[4] Oder dass Menschen, auch im Angesicht des eigenen Todes, an der Wahnvorstellung einer Coronaverschwörung festhalten, anstatt zum Schutz ihrer Mitmenschen und ihrer selbst auf einen hochwirksamen Impfstoff zurückzugreifen.

Egoismus, Nationalismus, Verschwörungsaffinität und Wissenschaftsfeindlichkeit sind keine neuen Phänomene. Sie haben sich aber in den vergangenen Jahren rechter Mobilisierung zu einer rechtsradikal-libertären Ideologie verdichtet, die mancherorts große Bevölkerungsteile ergriffen hat. Der Trumpismus ist dafür nur das offensichtlichste Beispiel. Mit Putin, Bolsonaro, Erdoğan, Orbán und vielen weiteren sitzen Autokraten, Rechtspopulisten und Rechtsradikale in den höchsten politischen Ämtern, und sie haben rechte Verschwörungserzählungen zum festen Bestandteil ihrer Politik gemacht – und das so umfassend, dass sie unmittelbar mit ihrem politischen Überleben verknüpft sind. Ihre rechtsradikale Internationale führt den Kampf gegen die Moderne und alles »Übel«, was sie damit verbindet: gegen demokratische Partizipation, Gleichwertigkeit, Pluralismus, Offenheit und Fortschritt, aber auch gegen Aufklärung, Rationalität und eine unabhängige Wissenschaft. Es ist wahrscheinlich, dass die rechtsautoritären und libertären Mischbewegungen, deren Erzählungen vom Brexit über den Wahlerfolg Trumps bis zu den breitenwirksamen weltweiten Protesten gegen die Coronapolitik teilweise erfolgreich waren, auch künftig auf die Wissenschaftsleugnung als Antwort auf die Klimakrise setzen werden.

13

Ausblick: Eine klimagerechte Welt ist möglich

Klimaschutz kann nur global funktionieren – und globaler Klimaschutz kommt um globale Gerechtigkeit nicht herum. Nur Solidarität gegen Klimarassismus, -klassismus und Gender-Ungleichheiten kann eine echte soziale und ökologische Wende herbeiführen. Der Widerstand von rechts und vonseiten der fossilen Industrielobby ist bereits massiv, wird aber noch zunehmen. Deshalb ist es wichtig, die Ideologien, Netzwerke, Interessen, Strategien und Erzählungen dahinter zu entlarven und ihnen etwas entgegenzusetzen. Wie Klimaschutz und Klimagerechtigkeit in der Praxis gelingen können, damit haben sich Forscher:innen und Aktivist:innen gründlich auseinandergesetzt. Viele Rezepte liegen bereit. Doch der zivilgesellschaftliche Druck auf Politik und Wirtschaft reicht noch nicht aus.

Technisch ist es möglich, den Klimawandel einzudämmen. Und auch der Wille vieler politischer und wirtschaftlicher Akteur:innen dazu ist prinzipiell vorhanden. Zumindest betonen sie dies seit Jahren. Allerdings zeigte eine Analyse der Wahlprogramme zur Bundestagswahl 2021 durch das Deutsche Institut für Wirtschaftsforschung: Keine einzige Partei, nicht mal die Grünen, würde mit den Maßnahmen aus ihrem Wahlprogramm die Klimaziele bis 2030 erreichen – vom 1,5-Grad-Ziel ganz zu schweigen.[1] Und einzelne ambitionierte Programmpunkte können in realpolitischen Kompromissfindungen schnell geopfert werden – mit katastrophalen Folgen. Es wäre genug Geld da, um extreme Ungleichheit, Armut und Hunger zu beenden. Aber es müsste anders verteilt werden. Die Klimagerechtigkeitsbewegung hat bestehende Ungleichheiten in den Fokus der Öffentlichkeit gerückt. Klimagerechtigkeit setzt voraus, die Verantwortung der Menschheit für die Auswirkungen von Treibhausgasemissionen auf die ärmsten und verletzlichsten Menschen in der Gesellschaft anzuerkennen und ernst zu nehmen. Vor allem müssen die Ursachen des Klimawandels bekämpft und eine Wende zur nachhaltigen Gesellschaft eingeleitet werden.[2] Dieser notwendige Veränderungsprozess wird nicht ohne erbitterten Gegenwind verlaufen. Der Humanökologe Andreas Malm und seine Kolleg:innen vom schwedischen *Zetkin Collective* attestieren: »Die Anti-Klimapolitik der extremen Rechten sollte jede verbleibende Illusion zerstören, dass der Verzicht auf fossile Brennstoffe durch einen sanften, vernünftigen Übergang mit allen an Bord möglich ist. Da die Bedrohung die Menschheit als Ganzes betrifft, sollten Menschen aller Loyalitäten und Überzeugungen in der Lage sein, sich auf einen Sicherheitsplan zu einigen. Aber ein Übergang wird durch intensive Polarisierung und Konfrontation erfolgen, oder er wird überhaupt nicht stattfinden. Die Dinge könnten sehr unschön werden. Tatsächlich sind sie es bereits.«[3] Darum müssen wir im Angesicht massiver Ungerechtigkeit Abschied nehmen vom privilegierten und harmonisierenden Zusammenhaltswunschdenken. Stattdessen müssen Wege gefunden werden, wie die Konflikte konstruktiv ausgetragen werden können, ohne dass die Schwächsten darunter leiden. Neutralität und Passivität im Heute bedeuten ein »Weiter so« für die bestehenden Ungleichheitsverhältnisse und machen die Zuspitzung von Konflikten in der Zukunft wahrscheinlicher.

Technologie allein wird die Herausforderungen des Klimawandels nicht lösen und schafft neue Probleme. Soziale, psychologische, historische und ethische Aspekte müssen viel größeren Stellenwert erhalten. Wir wissen nicht, wie die klimagerechte Welt von morgen im Einzelnen aussehen wird, doch um sie zu ermöglichen, sind wir auf radikale Offenheit für soziale *und* technologische Veränderungen angewiesen. Aktivist:innen, Wissenschaftler:innen und Politiker:innen diskutieren nun wieder verstärkt Perspektiven eines »Ökosozialismus« – nicht als das totalitäre Schreckgespenst aus der rechten und libertären Propaganda über angebliche »Gleichmacherei«, sondern als konkrete Idee einer Gesellschaft, in der Solidarität, Gerechtigkeit, gleiche Freiheitschancen für alle und Klimaschutz konsequent zusammengedacht werden. Kapitalismuskritiker:innen wie Naomi Klein erklären, »wie wir alles ändern können und die Zukunft retten«.[4] Soziolog:innen wie der Jenaer Hochschullehrer Klaus Dörre beschreiben, wie die »Nachhaltigkeitsrevolution« aussehen könnte.[5] Und die Klimabewegung fordert: »System change, not climate change.« Tatsächlich ist die Vorstellung geradezu lächerlich, dass der in historischen Maßstäben noch junge Kapitalismus – erst recht in der Variante des Neoliberalismus – die praktikabelste, alternativlose, endgültige Gesellschaftsform darstellen soll. Das Gegenteil ist richtig: Wenn es so weitergeht und wir das System nicht verändern, droht das Ende der modernen Menschheitsgeschichte. Aber der Kapitalismus gilt vielen immer noch als der große Innovationsmotor: Wie die Industrialisierung einst den Klimawandel verursachte, soll der technologische Fortschritt den Klimawandel jetzt stoppen? Ohne dass sich die Besitz- und Produktionsverhältnisse und gesellschaftlichen Machtstrukturen ändern? Dagegen melden nicht nur Soziolog:innen und Wirtschaftswissenschaftler:innen fundamentale Zweifel an, sondern es regt sich auch heftiger Widerstand derer, die über wenig Macht und Besitz verfügen. Der antiökologische Kapitalismus und die neoliberale Ideologie haben die Klimakrise verursacht und verschlimmert. Doch sie sind nicht alternativlos.

Es muss Schluss sein mit schrankenlosem Wachstum und der als Freiheit verklärten Verantwortungslosigkeit, die vor allem dem Profitstreben der Reichen dient. Stattdessen brauchen wir eine gerechte Verteilung der sozialen und ökologischen Kosten auf jene, die sie am stärksten verursachen. Es geht um echte Fairness: Insbesondere die Privilegierten müssen zukünftig verzichten und zahlen. Wer durch mehr Emissionen den Klimawandel verschärft, muss mehr zum Schutz des Klimas leisten und für die Unterstützung der besonders Betroffenen und Verletzlichen aufkommen. Das ist so logisch wie gerecht.

Radikal rechte Antworten auf die Klimakrise basieren auf Verleugnung, Abwehr und Abschottung. Für rechtsradikale Kader und gekaufte Fossillobbyist:innen ist in rationalen demokratischen Debatten kein Platz. Man darf ihren Positionen keine mediale Reichweite bieten, weil man glaubt, ein möglichst breites Spektrum von scheinbar gleichwertigen »Meinungen« abbilden zu müssen. Besonders, wenn in diesem Zusammenhang »Sorgen und Ängste der Bevölkerung« adressiert werden, gilt es, wachsam zu sein. Schon viel zu oft wurde bei legitim erscheinenden Bürger- bzw. Anwohnerprotesten unwidersprochen eine Bühne für Rassismus, Antisemitismus, Rechtsextremismus, Verschwörungsdenken und andere Formen der Demokratiefeindlichkeit geboten. Wenn trotzig gefragt wird: »Was kann ich dafür, dass Nazis meine Meinung haben?«, und gemeinsam »Widerstand« oder »Lügenpresse« gebrüllt wird, ist der Schulterschluss längst erfolgt, und auch der scheinbar vernünftigste Grund für eine Protestteilnahme hat sich diskreditiert. Dieses Massenspektakel haben die radikalen Rechten mit den sogenannten ›besorgten Bürgern‹ jahrelang eingeübt: So funktionierte die rechte Mobilisierung in der Asylfrage und während der Coronapandemie. Die radikale Rechte tut alles dafür, dass die Mobilisierung auch beim Klimathema gelingen wird, und hofft dabei auf mehr Zulauf als jemals zuvor. Das muss verhindert werden.

In China, Russland, Katar und vielen anderen Staaten wird deutlich: Der Kapitalismus braucht die Demokratie nicht. Doch international vergleichende Studien legen nahe, dass demokratische Länder erfolgreicher als autoritäre Länder dabei sind, den Klimawandel zu bekämpfen, vorausgesetzt, die Korruption – das Einfallstor des fossilen Lobbyismus – wird in Schach gehalten.[6] Die überfällige Bekämpfung von legaler und illegaler Korruption, von Lobbyismus und den engen Verstrickungen zwischen Politik und Industrie sind gerade in der Auto-Nation Deutschland von zentraler Bedeutung, um Vertrauen in die Demokratie und die Bekämpfung des industriegemachten Klimawandels zu stärken.

Die weitverbreiteten Falschdarstellungen und Lügen über den Klimawandel dienen zur Rechtfertigung des kollektiven Nichtstuns. Sie werden angenommen, weil sich so das Gewissen leicht betäuben lässt und sich kein Widerspruch zum Festhalten an Privilegien auftut. Doch wer heutzutage die wissenschaftlichen Fakten zum industriegemachten Klimawandel immer noch leugnet oder anzweifelt, setzt die Zukunft aufs Spiel. Die Zeit drängt. Es gilt mit großem Nachdruck hier und jetzt alles zu tun, was möglich ist, um Emissionen zu reduzieren. Der Klimawandel wartet nicht auf einen langsamen Reformprozess, nicht auf einen Jahrzehnte dauernden Institutionenwandel und auch nicht auf einen gesellschaftlichen Neuaufbau nach einem revolutionären Umsturz. Die Eindämmung der weltweiten Emissionen muss noch in den 2020er-Jahren gelingen, um die Klimaziele erreichen zu können. Nicht nur für die Herrschenden im globalen Norden ist die potenzielle Drohung eines wie auch immer verstandenen »Sozialismus« furchteinflößender als die Realität der Klimakatastrophe. Schluss mit der Schere im Kopf: Sollen uns die Rechten eben Ökosozialismus vorwerfen, denn für Milliarden Menschen könnte eine demokratische, menschenrechtskonforme, sozial gerechte und nachhaltige Gesellschaft die Rettung sein. So kann es gelingen, den Druck für eine ökologische und soziale Wende zu erhöhen.

Besonders durch die Abwehrreaktionen privilegierter Teile der Bevölkerung gegen Gerechtigkeitsbewegungen könnte der Faschismus wieder an Boden gewinnen, denn er ist bereit, über Leichen zu gehen, um soziale und emanzipatorische Bewegungen niederzuschlagen, die sich gegen das Ungleichheitsregime auflehnen. Deshalb sind eine reale globale Solidarität und eine breite demokratische Bündnispolitik wichtiger als je zuvor: für das Klima *und* für soziale Gerechtigkeit. Gerade jetzt ist es wichtig, dem Pessimismus der Theorie zu trotzen und in der Praxis das zu tun, was möglich ist.

Dazu ist es im progressiven Lager nötig, Abgrenzungen zwischen unterschiedlichen sozialen und kulturellen Gruppen zu überwinden, die sich auch in Lebensstil, Alltagsgewohnheiten und Sprache ausdrücken. Möglichst viele Menschen müssen mitgenommen und in die Debatte einbezogen werden: Spaltung nutzt vor allem dem klimafeindlichen Status quo. Bewegungen für klimagerechte Systemveränderungen sollten auch diejenigen einladen, die gern Auto fahren, nicht wissen, was der Begriff Intersektionalität bedeutet oder (noch) nicht gendern. Klimagerechtigkeit muss ein zentrales Thema der öffentlichen Bildung werden.

Die Leugnung des menschengemachten Klimawandels ist eine Form von Hasssprache, weil sie Diskriminierung und ungleiche Lebenschancen verstärkt. *Fake News* zur Klimakrise sind gewaltvolle Instrumente, die dazu dienen, die Vorherrschaft von Ungleichheiten zu verschleiern und aufrechtzuerhalten. Es sind nicht die Bewegungen für Klimagerechtigkeit, die die Frage stellen: Demokratie *oder* Klimaschutz? Freiheit *oder* Zukunft? – Denn für echte Klimagerechtigkeit gehört dies alles zusammen. Nein, es sind reaktionäre Bewegungen, die Entsolidarisierung und die Verteidigung extremer Ungleichheiten als Option gegen die sozial-ökologische Wende präsentieren.

Demokratieförderung, Antifaschismus, Antirassismus, Feminismus, Kämpfe gegen Diskriminierung, gegen soziale Ungleichheit, gegen Antisemitismus, gegen Wissenschaftsfeindlichkeit müssen Hand in Hand mit dem Kampf gegen den Klimawandel gehen. Wir müssen den Klimarassismus und alle anderen Benachteiligungen, die mit den ungleichen Folgen des Klimawandels verbunden sind, als Angriffe auf die Unantastbarkeit der Menschenwürde verstehen.

Dank

Dieses Buch ist das Ergebnis von Erkenntnis- und Diskussionsprozessen, an denen viel mehr Personen beteiligt waren, als auf das Cover passen. Um genau zu sein, ist dieses Buch ein Zwischenergebnis von öffentlichen und wissenschaftlichen Lernprozessen und Debatten. Wir möchten ausdrücklich allen unsere Anerkennung ausdrücken, die mit ihren Einblicken und Perspektiven, ihren augenöffnenden Erfahrungen und Wissensbeständen und ihrer Kritik dazu beitragen, die Welt besser zu verstehen und zu einem gerechteren Ort zu verändern. Wir danken besonders den vielen couragierten Aktivist:innen, Journalist:innen und Forscher:innen, die immer wieder gegen große Widerstände so wichtige Themen wie Rassismus, Klimawandel, Ungleichheit und die Gefahren durch die radikale Rechte zum Gegenstand machen. Es ist nicht vergebens!

Auch im engeren Sinne wäre dieses Buch ohne die tatkräftige Unterstützung vieler nicht möglich gewesen – nur einige können hier namentlich genannt werden: Besonderer Dank gilt der Lektorin Susanne Haldrich für die intensive Arbeit am Buch und bei der herausfordernden Aufgabe, komplexe Zusammenhänge verständlich und trotzdem wissenschaftlich fundiert auszudrücken. Besonders danken möchten wir auch Martin Janik vom Piper Verlag für die tolle Begleitung und den Beistand für dieses Projekt! Unseren Familien und Freund:innen schulden wir neben dem Respekt für ihre Geduld auch jede Menge Zeit. Dank geht außerdem an Dagmar Weber und

Thomas Tilcher für die gründliche Unterstützung bei dem Manuskript auf der Zielgeraden. Last but not least danken wir unseren Kolleg:innen am Institut für Demokratie und Zivilgesellschaft (IDZ), dem Jenaer Standort des Forschungsinstituts Gesellschaftlicher Zusammenhalt (FGZ), sowie den Lehrenden und Studierenden an der Hochschule Magdeburg-Stendal für viele gewinnbringende Diskussionen und Hinweise.

Anmerkungen

Einleitung

1 Kamann, Matthias (2019): CO_2-Emissionen: Die AfD und die »sogenannte Klimaschutzpolitik«, Die Welt vom 29.09.2019 (https://www.welt.de/politik/deutschland/article201093000/CO2-Emissionen-Die-AfD-und-die-sogenannte-Klimaschutzpolitik.html).

2 Der Begriff »radikale Rechte« fasst Akteur:innen, Organisationen und Bewegungen zusammen, die die Gleichwertigkeit von Menschen sowie liberale Werte ablehnen.

1 Klimarassismus und Kapitalismus

1 Both, Maximilian (2022): Ulf Poschardt: Viele Kollegen schreiben so, dass es anderen Journalisten gefällt, *Berliner Zeitung* vom 28.01.2022 (https://www.berliner-zeitung.de/wochenende/ulf-poschardt-viele-kollegen-schreiben-so-dass-es-anderen-journalisten-gefaellt-li.207370?pid=true).

2 Lessenich, Stephan (2018): *Neben uns die Sintflut. Wie wir auf Kosten anderer leben,* München: Piper Verlag, S. 50 ff.

3 Klein, Naomi (2021): Das Ende der Illusionen, *philosophie Magazin:* »20 Impulse für 2022«, Sonderausgabe 20, S. 61.

4 Bourdieu, Pierre (1982): *Die feinen Unterschiede. Kritik der gesellschaftlichen Urteilskraft,* Suhrkamp: Frankfurt am Main.

5 Lessenich, Stephan (2018): *Neben uns die Sintflut. Wie wir auf Kosten anderer leben,* München: Piper Verlag, S. 51.

2 Das Klima wird feindlicher

1 Terra X Lesch & Co (2021): Was man in den 70ern wusste – und verschwiegen hat | Harald Lesch [Video], YouTube vom 13.10.2021 (https://www.youtube.com/watch?v=G86wuoBOOJI).
2 Lesch, Harald/Kamphausen, Klaus (2018): *Die Menschheit schafft sich ab. Die Erde im Griff des Anthropozän*, München: Knaur Verlag; Schellnhuber, Hans-Joachim (2015): *Selbstverbrennung. Die fatale Dreiecksbeziehung zwischen Klima, Mensch und Kohlenstoff*, München: Verlag C. Bertelsmann.
3 Deutsches Klima-Konsortium, Deutsche Meteorologische Gesellschaft, Deutscher Wetterdienst, Extremwetterkongress Hamburg, Helmholtz-Klima-Initiative, klimafakten.de (2021, Hrsg.): Was wir heute übers Klima wissen. Basisfakten zum Klimawandel, die in der Wissenschaft unumstritten sind. Stand: Juni 2021, online: https://www.deutsches-klima-konsortium.de/fileadmin/user_upload/pdfs/Publikationen_DKK/basisfakten-klimawandel.pdf, S. 2 (16.03.2022).
4 Ebd., S. 5.
5 Ebd., S. 5.
6 Ebd., S. 6.
7 Ebd., S. 6.
8 Ebd., S. 9.
9 Ebd., S. 13.
10 Ebd., S. 12.
11 Kulp, Scott A./Strauss, Benjamin H. (2019): New Elevation Data Triple Estimates of Global Vulnerability to Sea-level Rise and Coastal Flooding, *Nature Communications*, 10(1) (https://www.nature.com/articles/s41467-019-12808-z).
12 Deutsches Klima-Konsortium/Deutsche Meteorologische Gesellschaft/Deutscher Wetterdienst/Extremwetterkongress Hamburg/Helmholtz-Klima-Initiative/klimafakten.de (2021): Was wir heute übers Klima wissen. Basisfakten zum Klimawandel, die in der Wissenschaft unumstritten sind. Stand: Juni 2021 (https://www.deutsches-klima-konsortium.de/fileadmin/user_upload/pdfs/Publikationen_DKK/basisfakten-klimawandel.pdf), S. 12.
13 Ebd., S. 12.
14 Climate Action Tracker (2021): The CAT Thermometer (https://climateactiontracker.org/global/cat-thermometer/).
15 Potsdam-Institut für Klimafolgenforschung (o. J.): Kippelemente – Achillesfersen im Erdsystem (https://www.pik-potsdam.de/de/produkte/infothek/kippelemente).
16 Ebd.

17 Deutsches Klima-Konsortium/Deutsche Meteorologische Gesellschaft/Deutscher Wetterdienst/Extremwetterkongress Hamburg/Helmholtz-Klima-Initiative/klimafakten.de (2021): Was wir heute übers Klima wissen. Basisfakten zum Klimawandel, die in der Wissenschaft unumstritten sind. Stand: Juni 2021 (https://www.deutsches-klima-konsortium.de/fileadmin/user_upload/pdfs/Publikationen_DKK/basisfakten-klimawandel.pdf), S. 19.

18 Ebd., S. 16.

19 Umweltbundesamt (2022): Fließgewässer (https://www.umweltbundesamt.de/daten/wasser/fliessgewaesser).

20 Staud, Toralf/Reimer, Nick (2021): *Deutschland 2050. Wie der Klimawandel unser Leben verändern wird,* Köln: Kiepenheuer & Witsch.

21 Antifa Zeckenbiss (2021): Was redet der da? #AFD-Klimaexperte Stephan Brandner äußert sich zur #Hochwasserkatastrophe [Tweet], Twitter vom 16.07.2021 (https://twitter.com/azeckenbiss/status/1416065943910948877?s=21).

22 Weidel, Alice (2021): *Auf dem Rücken der Opfer nach mehr »Tempo beim Klimaschutz« zu verlangen …* [Tweet], Twitter vom 15.07.2021 (https://twitter.com/alice_weidel/status/1415705391716044802?s=21).

23 Germanwatch (2021): Globaler Klima-Risiko-Index 2021 (https://www.germanwatch.org/de/19777).

3 Menschengemachter Klimawandel?

1 Mann, Michael E. (2021): *The New Climate War: The Fight to Take Back Our Planet,* Melbourne & London: Scribe, S. 72.

2 Welthungerhilfe (2022): Hunger: Verbreitung, Ursachen & Folgen (https://www.welthungerhilfe.de/hunger/).

4 Globale Klimaungerechtigkeiten

1 Max-Planck-Gesellschaft (2021): Jede zusätzliche Tonne Kohlendioxid verstärkt den Klimawandel (https://www.mpg.de/17341331/interview-zaehle-klimawandel-kohlenstoffspeicher).

2 Blechner, Notker (2021): CO_2-Bepreisung: Durchbruch für den Emissionshandel?, *Tagesschau* vom 11.05.2021 (https://www.tagesschau.de/wirtschaft/unternehmen/die-co2-preise-explodieren-101.html).

3 Bofinger, Peter (2022): Gastkommentar: Die Finanzspekulationen mit CO_2-Zertifikaten verstärken den Energiepreisschock, *Handels-*

blatt vom 01.02.2022 (https://www.handelsblatt.com/meinung/homo-oeconomicus/gastkommentar-homo-oeconomicus-die-finanzspekulationen-mit-co2-zertifikaten-verstaerken-den-energiepreisschock/28026650.html).

4 Welfens, Paul J. J. (2021): Gastkommentar: Wir brauchen einen globalen CO_2-Zertifikatehandel, *Handelsblatt* vom 28.10.2021 (https://www.handelsblatt.com/meinung/gastbeitraege/gastkommentar-wir-brauchen-einen-globalen-co2-zertifikatehandel/27743340.html).

5 *EnergieZukunft* (2021): Kohleausstieg: Der CO_2-Preis muss es richten (https://www.energiezukunft.eu/wirtschaft/der-co2-preis-muss-es-richten/).

6 Baumann, Hans/Gallusser, Martin/Herzog, Roland/Kallenberger, Werner/Rey, Romeo/Ringger, Beat/Schäppi, Hans (2020): Der Emissionshandel schadet dem Klimaschutz, *Denknetz* (https://www.denknetz.ch/der-emissionshandel-schadet-dem-klimaschutz/).

7 Crippa, Monica/Guizzardi, Diego/Muntean, Muntean/Schaaf, Edwin/Solazzo, Efisio/Monforti-Ferrario, Fabio/Vignati, Elisabetta (2020): *Fossil CO_2 Emissions of All World Countries – 2020 Report*, Publications Office of the European Union, Luxembourg (https://publications.jrc.ec.europa.eu/repository/bitstream/JRC121460/kjna30358enn.pdf).

8 Ebd., S. 26.

9 Umweltbundesamt (2021): *Wie hoch sind die Treibhausgasemissionen pro Person in Deutschland durchschnittlich?* (https://www.umweltbundesamt.de/service/uba-fragen/wie-hoch-sind-die-treibhausgasemissionen-pro-person).

10 Williams, Jeremy (2021): *Climate Change Is Racist: Race, Privilege and the Struggle for Climate Justice*, London: Icon Books Ltd.

11 Ebd., S. 19.

12 Fraser, Nancy (2017): Für eine neue Linke oder: Das Ende des progressiven Neoliberalismus, *Blätter für deutsche und internationale Politik* 62, 2/2017, S. 71–76.

13 Nakate, Vanessa (2021): *Unser Haus steht längst in Flammen. Warum Afrikas Stimme in der Klimakrise gehört werden muss*, Hamburg: Rowohlt.

14 Ebd., S. 11.

15 Metzker, Juliane (2020): Was das Jahr 1452 mit der Klimakrise zu tun hat, *Perspective Daily* vom 14.10.2020 (https://perspective-daily.de/article/1442-was-das-jahr-1452-mit-der-klimakrise-zu-tun-hat/probiere).

16 Ramachandran, Vijaya (2021): Rich Countries' Climate Policies

Are Colonialism in Green, *Foreign Policy* vom 03.11.2021 (https://foreignpolicy.com/2021/11/03/cop26-climate-colonialism-africa-norway-world-bank-oil-gas/).

17 Ebd.

18 Gardiner, Beth (2020): Unequal Impact: The Deep Links Between Racism and Climate Change, *Yale Environment 360* vom 09.07.2020 (https://e360.yale.edu/features/unequal-impact-the-deep-links-between-inequality-and-climate-change).

19 Ebd.

20 Ituen, Imeh/Hey, Lisa Tatu (2021): *Der Elefant im Raum – Umweltrassismus in Deutschland. Studien, Leerstellen und ihre Relevanz für Umwelt- und Klimagerechtigkeit,* Heinrich-Böll-Stiftung (https://www.boell.de/sites/default/files/2021-12/E-Paper%20Der%20Elefant%20im%20Raum%20-%20Umweltrassismus%20in%20Deutschland%20Endf.pdf).

21 Ebd., S. 9–14.

22 Ebd., S. 8.

23 Mohai, Paul/Pellow, David N./Roberts, Timmons (2009): Environmental Justice, *Annual Review of Environment and Resources,* 34, S. 409.

24 Our World in Data (2022): Covid-19 Vaccine Doses Administered per 100 People, 01.03.2022 (https://ourworldindata.org/covid-vaccination-global-projections).

25 Soldt, Rüdiger/Staib, Julian/Wyssuwa, Matthias (2021): Corona bei Migranten: Eine Frage der (sozialen) Herkunft, *Frankfurter Allgemeine Zeitung* vom 28.04.2021 (https://www.faz.net/aktuell/politik/inland/sind-menschen-mit-migrationshintergrund-treiber-der-pandemie-17314887.html?printPagedArticle=true#pageIndex_2).

26 Ulrich, Sarah (2021): »Diesen Job würde kein Deutscher machen«, *taz* vom 06.09.2021 (https://taz.de/Ausbeutung-in-der-Fleischindustrie/!5791699/).

27 Duhm, Lisa (2021): Wem in der Corona-Krise viel Hilfe angeboten wird – und wem weniger, *Spiegel Online* vom 03.04.2021 (https://www.spiegel.de/panorama/gesellschaft/wem-in-der-corona-krise-viel-hilfe-angeboten-wird-und-wem-weniger-a-218226f1-e957-43b9-9f12-902bcbf1b232?sara_ecid=soci_upd_wbMbjhOSvViISjc8RPU89NcCvtlFcJ).

28 Uenal, Fatih/Sidanius, Jim/Roozenbeek, Jon/van der Linden, Sander (2021): Climate Change Threats Increase Modern Racism as a Function of Social Dominance Orientation and Ingroup Identification, *Journal of Experimental Social Psychology,* 97 (https://doi.org/10.1016/j.jesp.2021.104228).

29 Moore, Sam/Roberts, Alexandre M. (2022): *The Rise of Ecofacism:*

Climate Change and the Far Right, Cambridge & Medford: Polity Press, S. 14.

30 Clement, Viviane/Rigaud, Kanta Kumari/de Sherbinin, Alex/Jones, Bryan/Adamo, Susana/Schewe, Jacob/Sadiq, Nian/Shabahat, Elham (2021): *Groundswell Part 2: Acting On Internal Climate Migration,* The World Bank (https://openknowledge.worldbank.org/handle/10986/36248).

31 DPA (2021): Forscher warnt: Fluchtbewegung aus Nahost durch Klimawandel, *Süddeutsche Zeitung* vom 21.12.2021 (https://www.sueddeutsche.de/wissen/klima-forscher-warnt-fluchtbewegung-aus-nahost-durch-klimawandel-dpa.urn-newsml-dpa-com-20090101-211221-99-462380).

32 Varela, María do Mar Castro (2018): »Das Leiden der Anderen betrachten«. Flucht, Solidarität und Postkoloniale Soziale Arbeit, in: Bröse, Johanna/Faas, Stefan/Stauber, Barbara (Hrsg.): *Flucht. Herausforderungen für die soziale Arbeit,* Wiesbaden: Springer Fachmedien Wiesbaden, S. 13.

33 Phoenix (2017): Gastbeitrag zum Klimawandel von Hans-Joachim Schellnhuber am 25.11.2017 [Video], YouTube vom 25.11.2017 (https://www.youtube.com/watch?v=XaTzTkygo5M).

34 Kemper, Andreas (2016): *Klassismus. Eine Einführung,* Münster: Unrast Verlag, S. 11f.

35 Troge, Andreas (2008): Umweltgerechtigkeit – Umwelt, Gesundheit und soziale Lage, in: *UmweltMedizinischerInformationsDienst,* 2/2018 (https://www.umweltbundesamt.de/sites/default/files/medien/pdfs/umid0208.pdf), S. 3.

36 Robert Koch-Institut: Sozialer Status und soziale Ungleichheit (https://www.rki.de/DE/Content/Gesundheitsmonitoring/Themen/Sozialer_Status/soz_status_tab.html).

37 Steger, Mirjam/Betz, Susanne (2021): Armut und Lebenserwartung: Früher Tod in Bremerhaven, BR24 vom 16.05.2021 (https://www.br.de/nachrichten/deutschland-welt/armut-und-lebenserwartung-frueher-tod-in-bremerhaven,SXNvhzp).

38 Enzensberger, Hans Magnus (1973): Zur Kritik der politischen Ökologie, in: *Kursbuch 33,* S. 8.

39 Ebd., S. 9.

40 Ebd., S. 38.

41 Oxfam (2020): Confronting Carbon Inequality: Putting Climate Justice at the Heart of the COVID-19 Recovery, (https://oxfamilibrary.openrepository.com/bitstream/handle/10546/621052/mb-confronting-carbon-inequality-210920-en.pdf;jsessionid=2DEFD8088574166CBB5D41443A8015E7?sequence=1).

42 Dörre, Klaus (2021): *Die Utopie des Sozialismus. Kompass für eine Nachhaltigkeitsrevolution*, Berlin: Matthes & Seitz, S. 259.

43 Ausserer, Caroline (2019): Klimawandel trifft insbesondere Frauen, Gunda Werner Institut (https://www.gwi-boell.de/de/2019/07/08/klimawandel-trifft-insbesondere-frauen).

44 Hunt, Elle (2020): Gender Gap beim Klimaschutz: Ist die Rettung des Planeten Frauensache?, *klimafakten.de* vom 19.05.2020 (https://www.klimafakten.de/meldung/gender-gap-beim-klimaschutz-ist-die-rettung-des-planeten-frauensache).

45 Carlsson Kanyama, Annika/Nässén, Jonas/Benders, René (2021): Shifting Expenditure on Food, Holidays, and Furnishings Could Lower Greenhouse Gas Emissions by Almost 40 %, *Journal of Industrial Ecology*, 25(6) (https://onlinelibrary.wiley.com/doi/10.1111/jiec.13176).

46 Krange, Olve/Kaltenborn, Bjørn P./Hultman, Martin (2019): Cool Dudes in Norway: Climate Change Denial Among Conservative Norwegian Men, *Environmental Sociology*, 5(1) (doi:10.1080/23251042.2018.1488516).

47 von Braunmühl, Claudia (2012): Ein gutes Klima für und mit gleichberechtigter Bürgerschaft?, in: Çağlar, Gülay/Varela, María do Mar Castro/Schwenken, Helen (Hrsg.): *Geschlecht – Macht – Klima. Feministische Perspektiven auf Klima, gesellschaftliche Naturverhältnisse und Gerechtigkeit*, Opladen/Berlin/Toronto: Verlag Barbara Budrich, S. 32.

48 Hein, Jan-Philipp (2007): Erderwärmung soziologisch: Männer sind schuld am Klimawandel, *Spiegel Online* vom 17.11.2007 (https://www.spiegel.de/wissenschaft/natur/erderwaermung-soziologisch-maenner-sind-schuld-am-klimawandel-a-517892.html).

49 Stegemann, Jana (2019): »Fridays for Hubraum« – Vom Hass im Netz überrollt, *Süddeutsche Zeitung* vom 19.10.2019 (https://www.sueddeutsche.de/panorama/fridays-hubraum-facebook-greta-klimakrise-1.4646132).

50 Alexander, Katharina (2019): Hass gegen Greta Thunberg. Was lässt die Leute so ausrasten?, *Die Zeit* vom 30.10.2019 (https://www.zeit.de/zett/politik/2019-09/hass-im-netz-bei-greta-thunberg-fallen-alle-hemmungen).

51 Plickert, Philipp (2019): Grüne, Klimaschützer und Vielflieger, *Frankfurter Allgemeine Zeitung* vom 16.02.2022 (https://zeitung.faz.net/faz/wirtschaft/2019-02-16/6e470c6fad287dfe54d5f19dd471b2a7/).

52 Daggett, Cara (2018): Petro-masculinity: Fossil Fuels and Authoritarian Desire, *Millennium* 47 (1) (https://doi.org/10.1177/0305829818775817).

53 Bundesverfassungsgericht (2021): Verfassungsbeschwerden gegen das Klimaschutzgesetz teilweise erfolgreich (https://www.bundesverfassungsgericht.de/SharedDocs/Pressemitteilungen/DE/2021/bvg21-031.html).
54 Deutscher Bundestag (2021): Stenografischer Bericht, Plenarprotokoll 19/228 (https://dserver.bundestag.de/btp/19/19228.pdf) S. 29172.
55 Vicedo-Cabrera, Anamaria et al. (2021): The Burden of Heat-related Mortality Attributable to Recent Human-induced Climate Change, *Nature Climate Change*, 11(6) (https://doi.org/10.1038/s41558-021-01058-x).

5 Menschenfeindliches Klima

1 *Wikipedia* (o. J.): Der internationale Jude (https://de.wikipedia.org/wiki/Der_internationale_Jude).

6 Die Rechten und der Klimawandel in Deutschland

1 Holtmann, Everhard (2019, Hrsg.): *Die Umdeutung der Demokratie. Politische Partizipation in Ost- und Westdeutschland*, Frankfurt a. M.: Campus Verlag.
2 Matlach, Paula/Janulewicz, Łukasz (2021): *Kalter Wind von Rechts: Wie rechte Parteien und Akteur:innen die Klimakrise zu ihren Gunsten missbrauchen. Eine Analyse über falsche Fakten, Feindbilder und Desinformationsnarrative im Umfeld der Bundestagswahl 2021*, Institute for Strategic Dialogue (ISD) (https://www.isdglobal.org/wp-content/uploads/2021/12/ISD_Analyse_Kalter-Wind-Klimadebatte-2021.pdf).
3 Radtke, Jörg/Canzler, Weert/Schreurs, Miranda A./Wurster, Stefan (2019, Hrsg.): *Energiewende in Zeiten des Populismus*, Wiesbaden: Springer VS.
4 Amri-Henkel, Andrea (2021): *Die Energiewende im Bundestag: ein politisches Transformationsprojekt? Eine Diskursanalyse aus feministischer und sozial-ökologischer Perspektive*, Bielefeld: transcript, S. 327.
5 Eichenauer, Eva/Reusswig, Fritz/Meyer-Ohlendorf, Lutz/Lass, Wiebke (2018): Bürgerinitiativen gegen Windkraftanlagen und der Aufschwung rechtspopulistischer Bewegungen, in: Kühne, Olaf/Weber, Florian (Hrsg.): *Bausteine der Energiewende*, Wiesbaden: Springer VS, S. 639.

6 Reusswig, Fritz/Eichenauer, Eva/Heger, Ines/Meyer-Ohlendorf, Lutz/Fahrenkrug, Katrin/Melzer, Michael/Scheepmaker, Teike/Braun, Florian/Ott, Konrad/Franzke, Jochen/Ludewig, Thomas (2017): Projektabschluss-Bericht Energiekonflikte: Akzeptanzkriterien und Gerechtigkeitsvorstellungen in der Energiewende (https://www.transformation-des-energiesystems.de/sites/default/files/Energiekonflikte_Abschlussbericht.pdf), S. 58.

7 AfD (2021): Deutschland. Aber Normal. Programm der Alternative für Deutschland für die Wahl zum 20. Deutschen Bundestag, beschlossen auf dem 12. Bundesparteitag der AfD in Dresden, 10. bis 11. April 2021, S. 174f.

8 Matlach, Paula/Janulewicz, Łukasz (2021): *Kalter Wind von Rechts: Wie rechte Parteien und Akteur:innen die Klimakrise zu ihren Gunsten missbrauchen. Eine Analyse über falsche Fakten, Feindbilder und Desinformationsnarrative im Umfeld der Bundestagswahl 2021,* Institute for Strategic Dialogue (ISD) (https://www.isdglobal.org/wp-content/uploads/2021/12/ISD_Analyse_Kalter-Wind-Klimadebatte-2021.pdf), S. 5.

9 Ebd., S. 19.

10 Infratest dimap (2021): ARD-DeutschlandTrend November 2021. Repräsentative Studie im Auftrag der ARD (https://www.infratest-dimap.de/umfragen-analysen/bundesweit/ard-deutschlandtrend/2021/november/).

11 Das Erste (2019): DeutschlandTrend – Umfrage zum Klimawandel: 86 Prozent sagen, der Mensch sei schuld, *Tagesschau* vom 17.05.2019 (https://www.tagesschau.de/inland/deutschlandtrend/deutschlandtrend-1645.html).

12 Gagné, Jérémie/Krause, Laura-Kristine (2021): *Einend oder spaltend? Klimaschutz und gesellschaftlicher Zusammenhalt in Deutschland,* More in Common e. V. (https://www.moreincommon.de/media/13ip5esl/more_in_common_studie_klima_zusammenhalt.pdf).

13 Statista (2022): Anzahl der Personenkraftwagen mit Dieselmotor in Deutschland von 2012 bis 2022 (https://de.statista.com/statistik/daten/studie/251779/umfrage/bestand-von-pkws-mit-diesel-motor-in-deutschland/);
Statista (2022): Anzahl zugelassener Pkw in Deutschland von 1960 bis 2022 (https://de.statista.com/statistik/daten/studie/12131/umfrage/pkw-bestand-in-deutschland/).

14 AFP (2021): E-Auto oder Diesel? Umfrage zeigt deutlichen Trend – zur Freude von Tesla & Co., *Merkur.de* vom 05.11.2021 (https://www.merkur.de/wirtschaft/eauto-tesla-autokauf-emobilitaet-umfrage-verbrenner-eon-diesel-91097232.html).

15 DPA (2022): Volker Wissing nennt Tempolimit »ganz kleines Thema«, *Spiegel Online* vom 17.01.2022 (https://www.spiegel.de/auto/volker-wissing-fdp-bundesverkehrsminister-nennt-tempolimit-ganz-kleines-thema-a-04ca63f4-2518-4d40-b143-dc7c0e1ef4c0).

16 Statista (2022): Sollte aus ihrer Sicht ein Tempolimit von 130 km/h auf deutschen Autobahnen umgesetzt werden? – Umfrage zum Tempolimit auf deutschen Autobahnen (https://de.statista.com/statistik/daten/studie/258757/umfrage/umfrage-zum-tempolimit-auf-autobahnen/).

17 Umweltbundesamt (2020): Konsequenter Umweltschutz spart der Gesellschaft viele Milliarden Euro. Umweltbundesamt legt neue Kostensätze für Umweltschäden vor (https://www.umweltbundesamt.de/presse/pressemitteilungen/konsequenter-umweltschutz-spart-der-gesellschaft).

18 Redaktionsnetzwerk Deutschland (2021): Luisa Neubauer angesichts der Hochwasserschäden: »Die Klimakrise ist unübersehbar«, *rnd* vom 23.07.2021 (https://www.rnd.de/politik/hochwasserkatastrophe-luisa-neubauer-fordert-entschlossenere-klimapolitik-3G33DFYHCMYXJPQ2NKL6FJUEQI.html).

19 Das Erste (2021): Exklusiv – Verschwörungsmythen: Falschnachrichten für den Volkszorn, *Tagesschau* vom 04.11.2021 (https://www.tagesschau.de/investigativ/kontraste/elsaesser-corona-leugner-101.html).

20 »Zitate zum Great Reset«, *COMPACT Spezial* (2022): *Das große Erwachen*, Sonderausgabe 32, S. 8.

21 Klemm, Paul (2020): Fridays for Stalin, *COMPACT* 1/2020, S. 37.

22 Opferperspektive e. V. (2019): Jahresrückblick 2019 – Brandenburg: Cottbus und die Lausitz als Inbegriffe rassistischer Mobilisierung, https://www.belltower.news/jahresrueckblick-2019-brandenburg-cottbus-und-die-lausitz-als-inbegriffe-rassistischer-mobilisierung-94189/ (01.04.2022).

23 Forchtner, Bernhard (2020, Hrsg.): *The Far Right and the Environment. Politics, Discourse and Communication,* Abingdon/New York: Routledge.

24 Quent, Matthias (2019): *Deutschland rechts außen. Wie die Rechten nach der Macht greifen und wie wir sie stoppen können,* München: Piper.

25 Schick, Jonas (2021): Ökologie von rechts – ein Lagebericht, *Sezession,* 104, S. 36–39.

26 Die wörtlichen Zitate wurden einem längeren Video-Interview entnommen, das Martin Sellner, führender Kopf der rechtsextremen Identitären Bewegung aus Österreich, im Juni

2020 mit Schick führte (Quelle: https://www.altcensored.com/watch?v=QOls9iXLVwY).

27 Biehl, Janet/Staudenmaier, Peter (2011): *Ecofascism Revisited: Lessons from the German Experience,* Porsgrunn: New Compass.

28 Recherche Dresden (2019): Sieben Thesen für eine konservativ-ökologische Wende (https://recherche-dresden.de/sieben-thesen-fuer-eine-konservativ-oekologische-wende/).

29 AFP (2019): Parteinachwuchs fordert neue Klimapolitik der AfD, *Tagesspiegel* vom 28.05.2022 (https://www.tagesspiegel.de/politik/junge-alternative-berlin-parteinachwuchs-fordert-neue-klimapolitik-der-afd/24390260.html).

30 Szenes, Eszter (2021): Neo-Nazi Environmentalism: The Linguistic Construction of Ecofascism in a Nordic Resistance Movement Manifesto, *Journal for Deradicalization,* S. 146–192.

31 Schaller, Stella/Carius, Alexander (2019): *Convenient Truths. Mapping Climate Agendas of Right-Wing Populist Parties in Europe,* Berlin: adelphi, S. 86.

32 Um die Originalpamphlete und Namen von Rechtsterroristen nicht unnötig populär zu machen, verzichten wir hier auf ausführliche Quellennachweise. Die Quellen können im Einzelfall bei den Autoren nachgefragt werden.

7 Antiökologie weltweit: ideologische Wurzeln und Netzwerke

1 Cervais, Bryan T./Morris, Irwin L. (2018): *Reactionary Republicanism. How the Tea Party in the House Paved the Way for Trump's Victory,* New York: Oxford University Press.

2 Blum, Rachel M. (2020): *How the Tea Party Captured the GOP. Insurgent Factions of American Politics,* Chicago: University of Chicago Press.

3 Bernays, Edward L. (1928): *Propaganda,* New York: Horace Live right.

4 Supran, Geoffrey/Oreskes, Naomi (2017): Assessing ExxonMobil's Climate Change Communications (1977–2014), *Environmental Research Letters,* 12 (8) (https://iopscience.iop.org/article/10.1088/1748-9326/aa815f).

5 Fallin, Amanda/Grana, Rachel/Glantz, Stanton A. (2014): ‚To Quarterback Behind the Scenes, Third-party Efforts': The Tobacco Industry and the Tea Party, *Tob Control,* 23(4), 322–331.

6 Frei, Nadine/Nachtwey, Oliver (2021): *Quellen des »Querdenkertums«. Eine politische Soziologie der Corona-Proteste in Baden-Würt-*

temberg, Heinrich Böll Stiftung Baden-Württemberg (https://www.boell-bw.de/sites/default/files/2021-11/Studie_Quellen%20des%20Querdenkertums.pdf).

7 Oetsch, Walter (2018): *Wir leben in einer Gesellschaft, die von Propaganda und Manipulation durchdrungen ist,* Heise Online vom 08.08.2018 (https://www.heise.de/tp/features/Wir-leben-in-einer-Gesellschaft-die-von-Propaganda-und-Manipulation-durchdrungen-ist-4129762.html).

8 Lobbypedia (o. J.): *Mont Pèlerin Society* (https://lobbypedia.de/wiki/Mont_Pelerin_Society).

9 Oetsch, Walter (2018): *Wir leben in einer Gesellschaft, die von Propaganda und Manipulation durchdrungen ist,* Heise Online vom 08.08.2018 (https://www.heise.de/tp/features/Wir-leben-in-einer-Gesellschaft-die-von-Propaganda-und-Manipulation-durchdrungen-ist-4129762.html).

10 Tofall, Norbert F. (2015): *Freiheit oder Eigentum – eine sozialphilosophische Analyse,* Austrian Institute (https://austrian-institute.org/de/blog/freiheit-und-eigentum-eine-sozialphilosophische-analyse/).

11 Krall, Markus (2019): *Wenn schwarze Schwäne Junge kriegen,* München: FinanzBuch Verlag, S. 131–135.
Baader, Roland (2010): *Geldsozialismus. Die wirklichen Ursachen der neuen globalen Dimension,* Gräfeling: Verlag Dr. Ingo Resch GmbH, S. 130.

12 Hayek, Friedrich August von (1979): Liberalismus. In: Bosch et el (Hg.) 2002: Grundsätze einer liberalen Gesellschaftsordnung. Aufsätze zur Politischen Philosophie und Theorie. Tübingen: J. C. B. Mohr (Paul Siebeck). S. 110.

13 Quiggin, John (2005): Hayek and Pinochet: One more time (https://johnquiggin.com/2005/02/25/hayek-and-pinochet-one-more-time/). »Personally I prefer a liberal dictator to democratic government lacking liberalism.«

14 Mises, Ludwig (1927): *Liberalismus,* Jena: Gustav Fischer Verlag (https://docs.mises.de/Mises/Mises_Liberalismus.pdf), S. 45.

15 Hoppe, Hans-Hermann (2007): *Democray. The God That Failed,* New Brunswick/London: Transaction Publisher.

16 Krall, Markus (2020): *Die bürgerliche Revolution,* München: Langen Müller Verlag, Kapitel 9.

17 Adam, Konrad (2006): Wer soll wählen?, *Welt.de* vom 16.10.2006 (https://www.welt.de/print-welt/article159946/Wer-soll-waehlen.html).

18 Lichtschlag, André F. (2006): Entzieht den Nettostaatsprofiteuren das Wahlrecht!, *Welt.de* vom 19.09.2006 (https://www.welt.de/

print-welt/article153823/Entzieht-den-Nettostaatsprofiteuren-das-Wahlrecht.html).

19 Murray N. Rothbard (1998): *The Ethics of Liberty.* New York/London: New York University Press, S. 162.

20 Hayek, Friedrich August von (1978): *The Constitution of Liberty,* Chicago: The Univerity of Chicago Press, S. 85ff.

21 Butterwegge, Christoph/Lösch, Bettina/Ptak, Ralf (2017): *Kritik des Neoliberalismus,* 3. Auflage, Wiesbaden: Springer VS, S. 204.

22 Nordmann, Jürgen (2008): Das Prinzip des Nichtwissens im Jahrhundert der Wissenschaft, in: Butterwegge, Christoph/Lösch, Bettina/Ptak, Ralf (Hrsg.): *Neoliberalismus. Analysen und Alternativen,* Wiesbaden: VS Verlag für Sozialwissenschaften, S. 120.

23 Kemper, Andreas (2022): Private Städte – exklusiv und antidemokratisch, *Frankfurter Rundschau* vom 02.02.2022 (https://www.fr.de/politik/private-staedte-exklusiv-und-antidemokratisch-91274549.html).

24 Ebd.

25 Phlewe, Dieter (2021): Neoliberal Radicalization or the Crumbling of the Edifice? Part 1, Think Tank Network Research Initiative (https://thinktanknetworkresearch.net/blog_ttni_en/neoliberal-radicalizations-or-the-crumbling-of-the-edifice-part-i/).

26 Rockwell, Llewellyn H. (2000, Hrsg.): *The Irrepressible Rothbard,* Burlingame: Center for Libertarian Studies, Kapitel: Right-Wing Populism.

27 Hoppe, Hans-Hermann (2007): *Democracy. The God That Failed,* New Brunswick/New Jersey: Transaction Publisher, S. 218.

28 Slobodian, Quinn (2021): Hayeks Erben, *Jacobin* vom 21.07.2021 (https://jacobin.de/artikel/hayeks-erben-rechtspopulismus-neoliberalismus-neue-rechte-sarrazin-brexit-globalisten-populisten-mont-pelerin-society/).

29 Pühringer, Stephan/Ötsch, Walter (2017): Neoliberalism and Right-wing Populism: Conceptual Analogies, *Working Paper Serie,* Ök-36, Cusanus Hochschule (https://www.econstor.eu/bitstream/10419/196158/1/oek36.pdf).

30 Plehwe, Dieter (2021): *Neoliberal radicalization or the crumbling of the edifice?* Part 1, Thinktanknetworkresearch.net, 28.02.2021 (https://thinktanknetworkresearch.net/blog_ttni_en/neoliberal-radicalizations-or-the-crumbling-of-the-edifice-part-i/).

31 Slobodian, Quinn (2021): Hayeks Erben, *Jacobin* vom 21.07.2021 (https://jacobin.de/artikel/hayeks-erben-rechtspopulismus-neoliberalismus-neue-rechte-sarrazin-brexit-globalisten-populisten-mont-pelerin-society/).

32 Garvey, James R. (1966): Air Pollution and the Coal Industry, *Mining Congress Journal*, 25(8) (https://www.climatefiles.com/coal/mining-congress-journal-august-1965-air-pollution-and-the-coal-industry/).
33 Kiel, Viola (2021): Der Ölkonzern Total wusste seit 1971 von der Klimakrise, *Spiegel Online* vom 20.10.2021 (https://www.spiegel.de/wissenschaft/mensch/klimawandel-der-oelkonzern-total-wusste-seit-1971-von-der-globalen-erwaermung-a-b31a50ef-1d28-4774-a0a3-ca70756c0b70).
34 Frei übersetzt nach: Conway/Oreskes: Conway, Erik M./Oreskes, Naomi (2011): *Merchants of Doubt: How a Handful of Scientists Obscured the Truth on Issues from Tobacco Smoke to Global Warming*, United Kingdom: Bloomsbury Publishing, Kapitel 5: The Fight over Secondhand Smoke.
35 Mayer, Jane (2017): *Dark Money: The Hidden History of the Billionaires Behind the Rise of the Radical Right*, New York: Anchor Books, S. 96f.
36 Schulmeister, Stephan (2016): Von der Aufklärung zur Gegenaufklärung, *Die Presse* vom 29.08.2016 (https://www.diepresse.com/5076952/von-der-aufklaerung-zur-gegenaufklaerung).
37 Fang, Lee (2017): Sphere of Influence: How American Libertarians Are Remaking Latin American Politics, *The Intercept* vom 09.08.2017 (https://theintercept.com/2017/08/09/atlas-network-alejandro-chafuen-libertarian-think-tank-latin-america-brazil/).
38 Ebd.
39 Götze, Susanne/Joeres, Annika (2020): *Die Klimaschmutzlobby. Wie Politiker und Wirtschaftslenker die Zukunft unseres Planeten verkaufen*, München: Piper eBooks, Kapitel: Die Diskreditierung der Wissenschaft.
40 Fang, Lee (2017): *Sphere of Influence: How American Libertarians are Remaking Latin American Politics*, The Intercept vom 09.08.2017 (https://theintercept.com/2017/08/09/atlas-network-alejandro-chafuen-libertarian-think-tank-latin-america-brazil/).
41 Götze, Susanne/Joeres, Annika (2020): *Die Klimaschmutzlobby. Wie Politiker und Wirtschaftslenker die Zukunft unseres Planeten verkaufen*, München: Piper eBooks, Kapitel: Neoliberale Thinktanks in Europa und den USA.
42 Heartland Institute (2010): 47h International Conference on Climate Change (https://web.archive.org/web/20100526101709/http://www.heartland.org/events/2010Chicago/PDFs/ConferenceProgram.pdf).
43 Heritage Foundation (2010–19): Artikelserie Global Warming

(https://web.archive.org/web/20120305070402/http://www.heritage.org/issues/energy-and-environment/global-warming).

44 Mahler, Jonathan (2018): How One Conservative Think Tank Is Stocking Trump's Government, *New York Times* vom 21.06.2018 (https://www.nytimes.com/2018/06/20/magazine/trump-government-heritage-foundation-think-tank.html).

45 Plehwe, Dieter (2014): Think Tank Networks and the Knowledge-interest Nexus: The Case of Climate Change, *Critical Policy Studies*, 8(1) (https://www.tandfonline.com/doi/abs/10.1080/19460171.2014.883859), S. 102.

46 Kordes, Herber/Laghai, Shafagh/Seemann, Lisa (2018): Klimawandel und Sommerhitze: Die Gegner machen mobil [Video], Das Erste, *Monitor* vom 16.08.2018 (https://www1.wdr.de/daserste/monitor/sendungen/klimawandel-140.html).

47 Heartland Institute (2018): 2018 by the Numbers, *Heartland.org* vom 01.04.2022 (https://www.heartland.org/about-us/index.html).

48 Lobbypedia (o. J.): Committee for a Constructive Tomorrow (https://lobbypedia.de/wiki/Committee_for_a_Constructive_Tomorrow).

49 Boussalis, Constantine/Coan, Travis G. (2016): Text-mining the Signals of Climate Change Doubt, *Global Environmental Change*, 36 (https://doi.org/10.1016/j.gloenvcha.2015.12.001), S. 89–100.

50 McCright, Aaron M. & Dunlap, Riley E. (2003): Defeating Kyoto: The Conservative Movement's Impact on U. S. Climate Change Policy, *Social Problems*, 50(3), 348–373.

51 Heartland Institute (2017): Action Plan for President Trump (https://www.heartland.org/topics/government-politics/trump-action-plan/index.html).

52 Das Erste (2019): Wie rechte Parteien Zweifel am Klimawandel streuen [Video], Das Erste, *Monitor* vom 25.06.2019 (https://www1.wdr.de/daserste/monitor/videos/video-wie-rechte-parteien-in-europa-zweifel-am-klimawandel-streuen-100.html), ab Min. 02:30.

53 Huth, Katarina et al. (2020): Die Heartlandlobby, *CORRECTIV* vom 04.02.2020 (https://correctiv.org/top-stories/2020/02/04/die-heartland-lobby-2/).

54 Greenpeace (2013): Exxon, Koch and Donors Trust: Funding of Climate Denial (https://www.greenpeace.org/usa/wp-content/uploads/2013/02/Graph-2002-2011_Donors-Koch-Exxon.png).

55 Baxter, Cindy (2013): Dealing in Doubt. The Climate Denial Machine vs Climate Science (https://www.greenpeace.org/usa/wp-content/uploads/2015/11/Greenpeace_Dealing-in-Doubt-1.pdf).

56 Götze, Susanne/Joeres, Annika (2020): *Die Klimaschmutzlobby. Wie Politiker und Wirtschaftslenker die Zukunft unseres Planeten verkau-*

fen, München: Piper eBooks, Kapitel: Das Netzwerk der Leugner-Thinktanks.

57 DeMelle, Brendan (2010): Koch Industries' Extensive Funding of Climate Denial Industry Unmasked, *DeSmog* vom 29.03.2010 (https://www.desmog.com/2010/03/29/koch-industries-extensive-funding-climate-denial-industry-unmasked/).

58 Mann, Michael E. (2012): *The Hockey Stick and the Climate Wars,* New York: Columbia University Press, S. 64, 228f.

59 Arnold, Dennis G. (2016): Corporate Responsibility, Democracy, and Climate Change Denial, *Midwest Studies in Philosophy,* XL (2016), S. 257.

8 Die Rechten und der Klimawandel: Beispiele aus Europa und der Welt

1 Schaller, Stella/Carius, Alexander (2019): *Convenient Truths. Mapping Climate Agendas of Right-wing Populist Parties in Europe,* Berlin: adelphi.

2 Ebd., S. 78.

3 Ebd., S. 76–91.

4 Knights, Sam (2020): The Climate Movement Must Be Ready to Challenge Rising Right-wing Environmentalism, *Jacobin* vom 16.11.2020 (https://www.jacobinmag.com/2020/11/climate-change-right-wing-environmentalism-alt-right-eco-fascism).

5 CCPI (2022): Ranking (https://ccpi.org/ranking/).

6 Helena Kysela (2015): Prager Wahlhürden, *Focus Online* vom 08.05.2015 (https://www.focus.de/politik/ausland/prager-wahlhuerden-tschechien_id_2525208.html).

7 Götze, Susanne/Joeres, Annika (2020): *Die Klimaschmutzlobby. Wie Politiker und Wirtschaftslenker die Zukunft unseres Planeten verkaufen,* München: Piper eBooks, Kapitel: Tschechische Klimawandel-Leugner und die Heartland-Connection.

8 CCPI (2022): Ranking (https://ccpi.org/ranking/).

9 Ebd.

10 Siehe hierzu die Recherche von: van Beeck, Bas/Beunder, Alexander/Mast, Jilles/de Buck, Merel (2020): For Nine Years, Multinationals Like Shell and Bayer Funded a Prominent Climate Denier, *Follow the Money* (https://www.ftm.nl/dutch-multinationals-funded-climate-sceptic).

11 Ebd.

12 Almiron, Núria/Boykoff, Maxwell/Narberhaus, Marta/Heras, Francisco (2020): Dominant Counter-frames in Influential Climate Con-

trarian European Think Tanks, *Climate Change*, 162 (https://doi.org/10.1007/s10584-020-02820-4).

13 Farand, Chloe/Hope, Mat/Collett-White, Richard (2019): Mapped: A Who's Who of Brexit and Climate Science Denial, *DeSmog* vom 07.06.2019 (https://www.desmog.com/2019/06/07/brexit-climate-denier-map/#TuftonSt).

14 Bawden, Tom (2016): The Address Where Eurosceptics and Climate Change Sceptics Rub Shoulders, *The Independent* vom 10.02.2016 (https://www.independent.co.uk/news/uk/politics/eu-referendum-eurosceptics-climate-change-sceptics-55-tufton-street-westminster-a6866021.html).

15 Farand, Chloe/Hope, Mat/Collett-White, Richard (2019): Mapped: A Who's Who of Brexit and Climate Science Denial, *DeSmog* vom 07.06.2019 (https://www.desmog.com/2019/06/07/brexit-climate-denier-map/#TuftonSt).

16 Ebd.

17 Vaughan, Adam (2016): Brexit Voters Almost Twice as Likely to Disbelieve in Manmade Climate Change, *The Guardian* vom 16.06.2016 (https://www.theguardian.com/environment/2016/jun/16/brexit-voters-almost-twice-as-likely-to-disbelieve-in-manmade-climate-change).

18 Mathiesen, Karl/Weber, Esther (2021): UK's climate science deniers rebrand, Politico am 11.10.2021 (https://www.politico.eu/article/climate-change-skeptics-united-kingdom-science-deniers-rebrand/) DeSmog)(o. J.): Net Zero Watch: Background (https://www.desmog.com/net-zero-watch/).

19 Ebd.

20 Climate Change Perfomance Index (2022): Ranking (https://ccpi.org/ranking/).

21 Grice, Andrew (2021): How Boris Johnson Went From Climate Sceptic to Eco-warrior, *The Independent* vom 29.10.2021 (https://www.independent.co.uk/climate-change/news/boris-johnson-climate-change-cop26-b1946935.html).

22 Hölscher, Lina (2018): The Climate Change Act in the United Kingdom, *adelphi* (https://www.adelphi.de/en/publication/climate-change-act-united-kingdom).

23 WWF (2020): Nearly Half UK's Carbon Footprint Down to Emissions From Abroad (https://www.wwf.org.uk/updates/uks-carbon-footprint#:~:text=Between%201990%20and%202016%20emissions,and%20services%20coming%20from%20abroad.&text=Dr%20Stephen%20Cornelius%2C%20Chief%20Climate,that%20needs%20a%20global%20solution).

24 Zastiral, Sascha (2016): Der Brexit wurde herbeigeschrieben, *Zeit Online* vom 05.06.2016 (https://www.zeit.de/politik/ausland/2016-07/britische-zeitungen-times-the-sun-brexit-rupert-murdoch).
25 Shawcross, William (1999): Rupert Murdoch, *Time Magazine* vom 03.11.1999 (https://web.archive.org/web/20060618211609/http://www.time.com/time/magazine/intl/article/0%2C9171%2C1107991025-33716%2C00.html).
26 *Der Tagesspiegel* (2020): Murdoch-Sohn kritisiert Medien des Vaters, *Der Tagesspiegel* vom 14.01.2020 (https://www.tagesspiegel.de/politik/aus-frust-ueber-den-klimaleugner-murdoch-sohn-kritisiert-medien-des-vaters/25433614.html).
27 McKnight, David (2010): A Change in the Climate? The Journalism of Opinion at News Corporation, *Journalism,* 11(6) (https://doi.org/10.1177/1464884910379704), S. 693–706.
28 Pham, Sherisse (2020): More than 500,000 Australians Demand Probe Into Rupert Murdoch's Media Empire, *CNN Business* vom 05.10.2020 (https://edition.cnn.com/2020/11/05/media/australia-murdoch-media-inquiry-intl-hnk/index.html).
29 Simge, Andı (2020): How People Acces News About Climate Change, Reuters Institute (https://www.digitalnewsreport.org/survey/2020/how-people-access-news-about-climate-change/).
30 Wetts, Rachel (2020): In Climate News, Statements From Large Businesses and Opponents of Climate Action Receive Heightened Visibility, *PNAS,* 117(32) (https://www.pnas.org/doi/full/10.1073/pnas.1921526117).
31 McKnight David (2010): Change in the Climate? The Journalism of Opinion at News Corporation, *Journalism,* 11(6) (https://doi.org/10.1177/1464884910379704), S. 693–706.
32 Werner, Joel/Lyons, Suzannah (2020): The Size of Australia's Bushfire Crisis Captured in Five Big Numbers, *ABC News* vom 05.03.2020 (https://www.abc.net.au/news/science/2020-03-05/bushfire-crisis-five-big-numbers/12007716).
33 Welterlin, Urs (2020): Buschbrände: Die große Leugnung in Australien, *Der Standard* vom 12.01.2020 (https://www.derstandard.de/story/2000113152677/die-grosse-leugnung-australiens).
34 Barkhausen, Barbara (2021): Australiens Regierung setzt weiterhin auf Kohle, auch wenn die Bevölkerung schon umdenkt, *Neue Zürcher Zeitung* vom 04.10.2021 (https://www.nzz.ch/international/trotz-klima-australiens-regierung-setzt-weiterhin-auf-kohle-ld.1647565).
35 Ebd.
36 Climate Council (2022): Climate Council Statement on the Floods

(https://www.climatecouncil.org.au/climate-council-floods-statement/).

37 Ebd.

38 InfluenceMap (2019): Big Oil's Real Agenda on Climate Change. How the Oil Majors Have Spent $1Bn Since Paris on Narrative Capture and Lobbying on climate (https://influencemap.org/report/How-Big-Oil-Continues-to-Oppose-the-Paris-Agreement-38212275958aa21196dae3b76220bddc).

39 Brüggemann, Michael (2017): Die Medien und die Klimalüge. Falsche Skepsis und echte Leugnung. In: Lilienthal, Volker/ Neverla, Irene (Hrsg.): *»Lügenpresse«. Anatomie eines politischen Kampfbegriffs,* Köln: Kiepenheuer & Witsch, S. 140.

40 Leber, Rebecca (2017): Here Are All the Climate Deniers and Oil Flacks Who Love Trump's EPA Pick, *Mother Jones* (https://www.motherjones.com/environment/2017/01/climate-deniers-coming-next-epa-chief-rescue/).

41 Frei übersetzt nach: Milman, Oliver (2018): EPA Insiders Bemoan Low Point in Agency's History: »People Are so Done«, *The Guardian* vom 07.04.2018 (https://www.theguardian.com/us-news/2018/apr/07/epa-scott-pruitt-criticism-environment).

42 Davenport, Coral (2020): What Will Trump's Most Profound Legacy Be? Possibly Climate Change, in. *New York Times* vom 09.11.20202 (https://www.nytimes.com/2020/11/09/climate/trump-legacy-climate-change.html).

43 Schweers, Julia (2018): Bolsonaros Brasilien: Die Vernichtung der grünen Lunge, *Blätter,* 12/2018 (https://www.blaetter.de/ausgabe/2018/dezember/bolsonaros-brasilien-die-vernichtung-der-gruenen-lunge), S. 65–68.

44 Ebd.

45 Binkowski, Caroline (2022): Drei Jahre Bolsonaro: Drei Jahre Umweltzerstörung in Brasilien (https://www.greenpeace.de/biodiversitaet/waelder/waelder-erde/drei-jahre-bolsonaro-drei-jahre-umweltzerstoerung-brasilien).

46 Ebd.

47 Mann, Michael E. (2021): *The New Climate War: The Fight to Take Back the Planet,* New York: Public Affairs, Kapitel: Climategate a last Gasp?

48 Valsecchi, Riccardo (2017): Serie zur Alt-Right-Bewegung (2/3). »Trump ist nicht mein Kandidat«, *taz* vom 18.02.2017 (https://taz.de/Serie-zur-Alt-Right-Bewegung-2/3/!5381704/).

49 Frei übersetzt nach: Anton Schechowzow (2015): Explorations of the Global Far Right, *The Interpreter* vom 15.09.2015 (https://www.

interpretermag.com/russian-politicians-building-an-international-extreme-right-alliance/).

50 Ignaz Bearth offiziell (2022): Wenn Putin nach Berlin durchmarschiert… ? [Telegram-Kanal], Telegram vom 24.02.2022 (https://t.me/ignazbearth/27767).

51 Arnold, Richard/Umland, Andreas (2018): The Radical Right in Post-Soviet Russia, in: Rydgren, Jens (Hrsg.): *The Oxford Handbook of the Radical Right*, Oxford: Oxford University Press (https://www.oxfordhandbooks.com/view/10.1093/oxfordhb/9780190274559.001.0001/oxfordhb-9780190274559-e-29), S. 582–607.

52 Ebd.

53 Müller, Ann-Katrin/Weiland, Severin (2022): AfD-Fraktion ringt um Distanzierung zu Russlands Krieg, *Spiegel Online* vom 04.03.2022 (https://www.spiegel.de/politik/deutschland/afd-fraktion-ringt-um-distanzierung-zu-russlands-angriff-auf-die-ukraine-a-b58f437f-2af2-47f8-be84-764c76d6c683).

54 Dugin, Alexander (1997): Foundation of Geopolitics: The Geopolitical Future of Russia. English Translation (1999), Kindle Edition.

55 Müller, Ann-Katrin/Weiland, Severin (2022): AfD-Fraktion ringt um Distanzierung zu Russlands Krieg, *Spiegel Online* vom 04.03.2022 (https://www.spiegel.de/politik/deutschland/afd-fraktion-ringt-um-distanzierung-zu-russlands-angriff-auf-die-ukraine-a-b58f437f-2af2-47f8-be84-764c76d6c683).

56 Stöcker, Christian (2022): Putins globale Rechte demaskiert sich selbst, *Spiegel Online* vom 27.02.2022 (https://www.spiegel.de/wissenschaft/mensch/ukraine-invasion-wladimir-putins-globale-rechte-demaskiert-sich-selbst-kolumne-a-cd3e7e84-0aef-45f1-8c96-960273c1f6f2).

57 Anfang März 2022 waren es täglich 660 Millionen Euro: DPA (2022): Geld für russische Gas-Importe. 660 Millionen Euro pro Tag – so finanzieren wir Putins Krieg, *manager magazin* vom 08.03.2022 (https://www.manager-magazin.de/politik/660-millionen-euro-pro-tag-so-finanzieren-wir-putins-krieg-a-ca9a5298-f0d0-4a0d-9ec4-48fb62b0b778).

58 Huesmann, Felix (2021): Leugnen, bis die Erde brennt: Das Netzwerk der Klimawandelleugner, *rnd* vom 14.12.2021 (https://www.rnd.de/politik/klimawandel-das-netzwerk-der-leugner-und-die-afd-K6IPXDWA45AITDQ3LKYXNBV2YQ.html).

59 Ebd.

60 Ebd.

61 EIKE (2022): Über uns, vom 01.04.2022 (https://eike-klima-energie.eu/ueber-uns/).

62 Lobbypedia (o. J.): Committee for a Constructive Tomorrow (https://lobbypedia.de/wiki/Committee_for_a_Constructive_Tomorrow).

63 Müller, Ann-Kathrin/Traufetter, Gerald (2019): Klimakrise leugnen, Diesel preisen, *Spiegel Online* vom 26.04.2019 (https://www.spiegel.de/politik/afd-mit-neuer-strategie-die-angstmacher-a-00000000-0002-0001-0000-000163612063).

64 Schönbach, Ulli (2019): AfD-Wahlkundgebung mit Gauland, *Sächsische.de* vom 15.08.2019 (https://www.saechsische.de/afd-wahlkundgebung-mit-gauland-5107152.html).

65 *Handelsblatt* (2018): AfD nennt Klimawandel »Irrlehre« und will Energiewende beenden, *Handelsblatt* vom 23.03.2018 (https://www.handelsblatt.com/politik/deutschland/grundsatzdebatte-im-bundestag-afd-nennt-klimawandel-irrlehre-und-will-energiewende-beenden/21109098.html?ticket=ST-9086547-WxNeaIHrQAQO9kyofgL-ap1).

66 Pötter, Bernhard (2018): Karsten Hilse glaubt kein Wort, *taz* vom 14.12.2018 (https://taz.de/Klimaleugner-bei-der-Klimakonferenz/!5556295/).

67 Richter, Christoph/Klinker, Fabian/Salheiser, Axel (2022: i. E.): Klimadiktatur? Rechte Ideologie und Verschwörungsnarrative zur Klimapolitik in den sozialen Netzwerken, *Wissen schafft Demokratie* (WSD), 11.

68 Quaschning, Volker (2019): Faktencheck der 12 Fakten zum Klimaschutz der Initiative Neue Soziale Marktwirtschaft INSM (https://www.volker-quaschning.de/artikel/Fakten-INSM/index.php).

69 DPA (2021): Initiative gegen Grüne: Was ist dran an den »Verboten«?, *Süddeutsche Zeitung* vom 13.06.2021 (https://www.sueddeutsche.de/politik/wahlen-initiative-gegen-gruene-was-ist-dran-an-den-verboten-dpa.urn-newsml-dpa-com-20090101-210612-99-964290).

70 *Tagesspiegel* (2021): Kritik an Baerbock-Anzeige der Lobbygruppe INSM, *Tagesspiegel* vom 11.06.2021 (https://www.tagesspiegel.de/politik/schuert-antisemitische-vorurteile-kritik-an-baerbock-anzeige-der-lobbygruppe-insm/27280176.html).

71 Pötter, Bernhard (2019): Halb wahr, ganz falsch, *taz* vom 20.09.2019 (https://taz.de/Klimawandelleugner-in-Deutschland/!5627120/).

72 Götze, Susanne (2017): Braun-grüner Wählerfang der AfD, *Süddeutsche Zeitung* vom 10.09.2017 (https://www.sueddeutsche.de/wissen/klimawandel-die-braungruenen-1.3658420).

73 Göpffarth, Julian (2019): Radicalising the Establishment From With-

in? The CDU and the Werte Union, CARR – Centre for Analysis of the Radical Right (https://www.radicalrightanalysis.com/2019/11/25/radicalising-the-establishment-from-within-the-cdu-and-the-werte-union/).

74 Maaßen, Hans-Georg/Eisleben, Johannes (2020): Aufstieg und Fall des Postnationalismus, *CATO* (https://cato-magazin.de/aufstieg-und-fall-des-postnationalismus/).

75 Winkler, Bärbel (2029): Irrtümer im »Klimamanifest 2020« der Werte-Union (https://skepticalscience.com/docs/Widerlegungen-Klimamanifest-WerteUnion.pdf).

76 Götze, Susanne/Joeres, Annika (2020): *Die Klimaschmutzlobby. Wie Politiker und Wirtschaftslenker die Zukunft unseres Planeten verkaufen,* München: Piper eBooks.

77 Horn, Karen/Wohlgemuth, Michael (2015): Austritte aus der Friedrich A. von Hayek-Gesellschaft (https://erklaerung-leipzig.de/).

78 *Lobbypedia* (o. J.): Europäisches Institut für Klima und Energie (https://lobbypedia.de/wiki/Europ%C3%A4isches_Institut_f%C3%BCr_Klima_und_Energie).

79 Riedel, Katja/Pittlekow, Sebastian (2017): Die Hayek-Gesellschaft – »Mistbeet der AfD«?, *Süddeutsche Zeitung* vom 14.07.2017 (https://www.sueddeutsche.de/wirtschaft/hayek-gesellschaft-mistbeet-der-afd-1.3589049).

80 Hayek.de (o. J.): Die Klimakatastrophe findet nicht statt (https://www.hayek.de/images/pdf/die%20klimakatastrophe%20findet%20nicht%20statt.pdf).

81 EIKE (2012): Klimapolitik – Gefahr für die Freiheit, YouTube vom 28.03.2021 (https://www.youtube.com/watch?v=H-KIJoZ8NeM).

82 Ludwig von Mises Institut Deutschland (2019): Wir heißen Sie herzlich willkommen beim Ludwig von Mises Institut Deutschland! (https://www.misesde.org/uber-den-autor/).

83 Plehwe, Dieter et al. (2021): The Mises Institute Network and Climate Policy. *CSSN Research Report* 2021:2 (https://www.cssn.org/wp-content/uploads/2021/07/CSSN-Mises-Research-Report.pdf), S. 21.

84 Amann, Melanie/Becker, Sven/Röbel, Sven (2018): Spur führt zu Milliardär August von Finck, *Spiegel Online* vom 23.11.2019 (https://www.spiegel.de/politik/deutschland/afd-unterstuetzung-die-spur-zu-milliardaer-august-von-finck-a-1240069.html).

85 AfD Kreisverband Augsburg Stadt (2020): Dr. Markus Krall – Die bevorstehende Bankenkrise [Video], YouTube vom 07.02.2020 (https://www.youtube.com/watch?v=72NtDYee-Ms), ab Min.15:40.

86 Kemper, Andreas (2021): Analyse von Markus Krall: »Freiheit oder Untergang«, Andreas Kemper vom 16.05.2021 (https://

andreaskemper.org/2021/05/16/analyse-von-markus-krall-freiheit-oder-untergang-1/).
87 Krall, Markus (2021): *Freiheit oder Untergang. Warum Deutschland jetzt vor der Entscheidung steht.* München: Langen Müller Verlag, Epilog: Notstand im Klima- und Seuchensozialismus.
88 Kemper, Andreas (2021): Degussa und Antidemokratie, Andreas Kemper vom 05.05.2020 (https://andreaskemper.org/2020/05/05/degussa-und-antidemokratie/).
89 Krall, Markus (2019): *Wenn schwarze Schwäne Junge kriegen*, München: FinanzBuch Verlag, S. 131–135.
Baader, Roland (2010): *Geldsozialismus. Die wirklichen Ursachen der neuen globalen Dimension,* Gräfeling: Verlag Dr. Ingo Resch GmbH, S. 130.
90 Riedel, Katja/Pittelkow, Sebastian (2017): Die Hayek-Gesellschaft – »Mistbeet der AfD«?, *Süddeutsche Zeitung* vom 14.07.2017 (https://www.sueddeutsche.de/wirtschaft/hayek-gesellschaft-mistbeet-der-afd-1.3589049).
91 Janich, Oliver (2013): Neue Partei, Focus.de vom 13.11.2013 (https://www.focus.de/finanzen/boerse/aktien/neue-partei-boersenkommentar_id_2259243.html).
92 Die Achse des Guten (o. J.): Autoren: Unsere Liste der Guten, *Achgut.com* (https://www.achgut.com/autoren).
93 Hanfeld, Michael (2017): Im Auge des Sturms, *Frankfurter Allgemeine Zeitung* vom 09.01.2017 (https://www.faz.net/aktuell/feuilleton/medien/roland-tichy-verlaesst-xing-nach-proteststurm-in-blog-14611646.html).
94 Tichy, Roland (2021): Klimawandel – Zeit für kühle Argumente in einer überhitzten Debatte, *Tichys Einblick* vom 07.12.2021 (https://www.tichyseinblick.de/feuilleton/buecher/klimawandel-zeit-fuer-kuehle-argumente-in-einer-ueberhitzten-debatte/).
95 *Lobbypedia* (o. J.): Roland Tichy (https://lobbypedia.de/wiki/Roland_Tichy).
96 Stempel, Philipp (2016): Für Beatrix von Storch sind andere Meinungen oft »irre«, *RP Online* vom 25.01.2016 (https://rp-online.de/politik/deutschland/beatrix-von-storch-afd-andere-meinungen-findet-sie-oft-irre_aid-9638291).
97 Richter, Christoph/Klinker, Fabian/Salheiser, Axel (2022: i. E.): Klimadiktatur? Rechte Ideologie und Verschwörungsnarrative zur Klimapolitik in den sozialen Netzwerken, *Wissen schafft Demokratie* (WSD), 11.
98 Vahrenholt, Fritz/Lüning, Sebastian (2012): »Seit 12 Jahren ist die Erderwärmung gestoppt«, *Bild* vom 07.02.2012 (https://www.

bild.de/politik/inland/globale-erwaermung/seit-12-jahren-ist-erderwaermung-gestoppt-22486408.bild.html).

99 Rafael, Simone (2019): Wie haben die rechtspopulistischen Parteien abgeschnitten?, *Belltower News* vom 17.05.2019 (https://www.belltower.news/europawahl-2019-wie-haben-die-rechtspopulistischen-parteien-abgeschnitten-85629/).

9 Die Strategien der klimaskeptischen Antiökolog:innen

1 Washington, Haydn/Cook, John (2011): *Climate Change Denial: Heads in the Sand*, New York: Earthscan, S. 43ff.

2 Mann, Michael E. (2012): *The Hockey Stick and the Climate Wars*, New York: Columbia University Press, S. 91.

3 Idso, Craig D./Carter, Robert M./Singer, Fred S. (2013, Hrsg.): *Climate Change Reconsidered II: Physical Science*, The Heartland Institute (https://www.heartland.org/_template-assets/documents/CCR/CCR-II/Summary-for-Policymakers.pdf).

4 Idso, Craig D./Idso, Sherwood B./Carter, Robert M./Singer, Fred S. (2014, Hrsg.): *Climate Change Reconsidered II: Biological Impacts*, The Heartland Institute (https://climatechangereconsidered.org/wp-content/uploads/2019/01/CCR-II-Biological-Impacts-full-report.pdf).

5 *DeSmog* (o. J.): David Legates, *DeSmog* (https://www.desmog.com/david-legates/).

6 Greenpeace USA (o. J.): Center for the Study of Carbon Dioxide and Global Change (CO_2 Science) (https://www.greenpeace.org/usa/fighting-climate-chaos/climate-deniers/front-groups/center-for-the-study-of-carbon-dioxide-and-global-change/).

7 *DeSmog* (o. J.): Science and Environmental Policy Project, *DeSmog* (SEPP) (https://www.desmog.com/science-and-environmental-policy-project/).

8 Blasberg, Anita/Kohlenberg, Kerstin (2012): Die Klimakrieger, *Zeit Online* vom 29.11.2012 (https://www.zeit.de/2012/48/Klimawandel-Marc-Morano-Lobby-Klimaskeptiker/komplettansicht).

9 Oreskes, Naomi/Conway, Eric M. (2012): *Merchants of Doubt. How a Handful of Scientists Obscured the Truth on Issues From Tobacco Smoke to Global Warming*, New York: Bloomsbury Press, S. 187.

10 Ebd., S. 186.

11 Cook, John et al. (2013): Quantifying the Consensus on Anthropogenic Global Warming in the Scientific Literature, *Envi-*

ronmental Research Letters, 8 (2) (https://iopscience.iop.org/article/10.1088/1748-9326/8/2/024024;jsessionid=184E8E3F239A7D1DC2A7588C8CD5F68B.ip-10-40-1-98).

12 Readfearn, Graham (2016): Revealed: Most Popular Climate Story on Social Media Told Half a Million People the Science Was a Hoax, *DeSmog* (https://www.desmog.com/2016/11/29/revealed-most-popular-climate-story-social-media-told-half-million-people-science-was-hoax/).

13 *DeSmog* (o. J.): Oregon Petition, *DeSmog* (https://www.desmog.com/oregon-petition/).

14 *DeSmog* (o. J.): Willie Soon, *DeSmog* (https://www.desmog.com/willie-soon/).

15 Readfearn, Graham (2016): Revealed: Most Popular Climate Story on Social Media Told Half a Million People the Science Was a Hoax, *DeSmog* (https://www.desmog.com/2016/11/29/revealed-most-popular-climate-story-social-media-told-half-million-people-science-was-hoax/).

16 Blasberg, Anita/Kohlenberg, Kerstin (2012): Die Klimakrieger, in *Zeit Online* vom 29.11.2012 (https://www.zeit.de/2012/48/Klimawandel-Marc-Morano-Lobby-Klimaskeptiker/komplettansicht).

17 Thüne, Wolfgang (2013): Der ständige Erweckungs-Tanz um das goldene Kalb »Globalklima«, *Der Wettermann.de* vom 20.03.2013 (https://www.derwettermann.de/2013/03).

18 Mann, Michael E. (2021): *The New Climate War: The Fight to Take Back Our Planet,* Melbourne, London: Scribe.

19 Rahmstorf, Stefan (2020): Das Klimamanifest der Werte-Union, *Spektrum.de* (https://scilogs.spektrum.de/klimalounge/das-klimamanifest-2020-der-werte-union/).

20 Das Erste (2019): Wie rechte Parteien in Europa Zweifel am Klimawandel streuen [Video], Das Erste, *Monitor* vom 26.06.2019 (https://www1.wdr.de/daserste/monitor/videos/video-wie-rechte-parteien-in-europa-zweifel-am-klimawandel-streuen-100.html).

21 Waldmann, Scott (2019): Climate Deniers Launch Personal Attacks on Teen Activist, *E&E News* vom 09.08.2019 (online: https://www.scientificamerican.com/article/climate-deniers-launch-personal-attacks-on-teen-activist/).

22 Menton, Mary/Le Billion, Philippe (2021): *Evironmental Defenders. Deadly Struggles für Life and Territory,* London: Routledge.

23 Abé, Nicola/Peteranderl, Sonja/Stöhr, Maria (2021): Firmen beauftragen Mörder, um Umweltschützer töten zu lassen, *Spiegel Online* vom 25.03.2021 (https://www.spiegel.de/ausland/gewalt-gegen-umweltschuetzer-weltweit-firmen-beauftragen-moerder-um-

umweltschuetzer-toeten-zu-lassen-a-5571dd65-322f-4b57-b54f-4c4d710514fd?sara_ecid=soci_upd_wbMbjhOSvViISjc8RPU89NcCvtlFcJ).

10 Die verbindenden Erzählungen der klimaskeptischen Antiökolog:innen

1 Rahmstorf, Stefan/Schellnhuber, Hans J. (2014): *Der Klimawandel. Diagnose, Prognose, Therapie,* München: CH. Beck, S. 86f.
2 IPCC (2021): Headline Statements from the Summary for Policymakers (https://www.ipcc.ch/report/ar6/wg1/downloads/report/IPCC_AR6_WGI_Headline_Statements.pdf).
3 Ebd.
4 *Skeptical Science* (o. J.): What Does the Climate Change Tell Us About Global Warming? (https://skepticalscience.com/climate-change-little-ice-age-medieval-warm-period.htm).
5 Odenwald, Michael (2019): Argumente widerlegt: Was Sie Klimaskeptikern auf krude Theorien antworten sollten, *Focus Online* vom 21.09.2019 (https://www.focus.de/wissen/klima/argumente-der-klimaskeptiker-widerlegt_id_11161392.html).
6 *Skeptical Science* (o. J.): Ein starkes Sonnenminimum würde die menschengemachte Erderwärmung kaum abbremsen (https://skepticalscience.com/translation.php?a=560&l=6).
7 IPCC (2021): Climate Change 2021. The Physical Science Basis. Summary for Policymakers (https://www.ipcc.ch/report/ar6/wg1/downloads/report/IPCC_AR6_WGI_SPM_final.pdf) S. 14.
8 Universität Hamburg (2019): Fritz Vahrenholt – Kurzbiographie (https://archive.ph/oANfh).
9 Koch, Carole/Ruh, Boas (2019): Der Klimakrieg: Ein internationales Netz von Klimaskeptikern greift Forscher an, NZZ am Sonntag vom 09.03.2019 (https://web.archive.org/web/20210514185817/https://nzzas.nzz.ch/amp/hintergrund/klimawandel-wissenschaft-wird-von-leugnern-weltweit-diffamiert-ld.1465989).
10 Sturm, Cindy (2019): *Klimapolitik in der Stadtentwicklung: Zwischen diskursiven Leitvorstellungen,* Bielefeld: Transcript Verlag, S. 191.
11 Blasberg, Anita/Kohlenberg, Kerstin (2012): Die Klimakrieger, *Zeit Online* vom 29.11.2012 (https://www.zeit.de/2012/48/Klimawandel-Marc-Morano-Lobby-Klimaskeptiker/komplettansicht).
12 Evers, Marco (2018): Wie ein Ölkonzern sein Wissen über den Klimawandel geheim hielt, *Spiegel Online* vom 16.04.2018 (https://

www.spiegel.de/spiegel/wie-shell-sein-wissen-ueber-den-klimawandel-geheim-hielt-a-1202889.html).
13 Deutschland+Russland (2016): Chemikerin Frauke Petry erklärt die AfD-Sicht auf CO_2-Ausstoß und Klimawandel, [Video], YouTube vom 19.05.2016 (https://www.youtube.com/watch?v=dKSWHbgLtco).
14 Rahmstorf, Stefan (2017): Der globale CO_2-Anstieg: Die Fakten und die Bauernfängertricks, *Spektrum.de* (https://scilogs.spektrum.de/klimalounge/der-globale-co2-anstieg-die-fakten-und-die-bauernfaengertricks/).
15 Rahmstorf, Stefan (2019): Argumente widerlegt: Was Sie Klimaskeptikern auf krude Theorien antworten sollten, *Focus Online* vom 21.09.2019 (online: https://www.focus.de/wissen/klima/argumente-der-klimaskeptiker-widerlegt_id_11161392.html).
16 Lenz, Jacobsen (2017): Gutes Geld für gute Deutsche, *Zeit Online* vom 09.03.2017 (https://www.zeit.de/politik/deutschland/2017-03/alternative-fuer-deutschland-wahlprogramm-migration-kopftuchverbot-bundestagswahl/seite-2).
17 Washington, Haydn/Cook, John (2011): *Climate Change Denial: Heads in the Sand,* New York: Earthscan.
18 Waldmann, Scott (2019): Climate Deniers Launch Personal Attacks in Teen Activist, *Scientific American* (https://www.scientificamerican.com/article/climate-deniers-launch-personal-attacks-on-teen-activist/).
19 AfD (2016): Programm für Deutschland (https://afd.de/wp-content/uploads/sites/111/2017/01/2016-06-27_afd-grundsatzprogramm_web-version.pdf), S. 79.
20 Barron, Patrick (2022): Rationalität und Logik der Hysterie um die globale Erwärmung – Eine Überprüfung (https://www.misesde.org/2022/01/rationalitaet-und-logik-der-hysterie-um-die-globale-erwaermung-eine-ueberpruefung/).
21 Ebd.
22 Eurobarometer (2021): Future of Europe (https://europa.eu/eurobarometer/surveys/detail/2554).
23 Salheiser, Axel/Quent, Matthias/Richter, Christoph (2022 i. E.): Von der »Corona-Diktatur« zur »Klima-Diktatur«? Aktuelle Befunde einer repräsentativen Bevölkerungsbefragung. Working Paper.
24 Steingart, Gabor (2019): Nach Euro-Kritik und Flüchtlingsdebatte hat die AfD nun ein drittes Gefechtsfeld eröffnet, *Focus Online* vom 12.09.2019 (https://www.focus.de/politik/deutschland/gastbeitrag-von-gabor-steingart-nach-euro-kritik-und-fluechtlingsdebatte-hat-afd-nun-drittes-gefechtsfeld-eroeffnet_id_11134115.html).

25 Buchheit, Markus (2021): Teure Energie: Europa verdrängt sich selbst vom Weltmarkt, *Blaue Narzisse* vom 19.09.2021 (https://www.blauenarzisse.de/teure-energie-europa-verdraengt-sich-selbst-vom-weltmarkt/).
26 WerteUnion-Konservativer Aufbruch (2020): Die Sonne steuert unser Klima, nicht das CO_2 (https://archive.ph/Eq94n).
27 Crippa, Monica/Guizzardi, Diego/Muntean, Marilena/Schaaf, Edwin/Solazzo, Efisio/Monforti-Ferrario, Fabio/Vignati, Elisabetta (2020): Fossil CO_2 Emissions of All World Countries – 2020 Report, Publications Office of the European Union, Luxembourg, doi:10.2760/143674, (https://publications.jrc.ec.europa.eu/repository/bitstream/JRC121460/kjna30358enn.pdf).
28 Götze, Susanne/Joeres, Annika (2020): *Die Klimaschmutzlobby. Wie Politiker und Wirtschaftslenker die Zukunft unseres Planeten verkaufen*, München: Piper eBooks, Kapitel: Die Finanzierung des Klimawandel-Leugnens.
29 Kemper, Andreas (2013): AfD: Wahlrecht für Arbeitslose abschaffen? Andreas Kemper vom 15.04.2013 (https://andreaskemper.org/2013/04/15/afd-wahlrecht-fur-arbeitslose-abschaffen/).
30 Blasberg, Anita/Kohlenberg, Kerstin (2012): Die Klimakrieger, *Zeit Online* vom 29.11.2012 (https://www.zeit.de/2012/48/Klimawandel-Marc-Morano-Lobby-Klimaskeptiker/komplettansicht).
31 Steger, Isabella (2020): Trump Compared Climate-Change Activists to »Radical Socialists« at Davos, *Quartz* vom 21.01.2020 (https://qz.com/1788421/davos-2020-trump-decries-climate-change-alarmists/).
32 Salheiser, Axel/Richter, Christoph/Quent, Matthias (2022 i. E.): Von der »Corona-Diktatur« zur »Klima-Diktatur«? Aktuelle Befunde einer repräsentativen Bevölkerungsbefragung. Workingpaper. Anmerkung: Zustimmung »voll und ganz« und »überwiegend«.
33 Vahrenholt, Fritz/Lüning, Sebastian (2020): *Unerwünschte Wahrheiten. Was Sie über den Klimawandel wissen sollten*, München: Langen Müller Verlag.
34 EIKE (2012): Habermann, Gerd: Klimapolitik – Gefahr für die Freiheit [Video], YouTube vom 28.03.2021 (https://www.youtube.com/watch?v=H-KIJoZ8NeM), ab Min. 04:00.
35 Götze, Susanne (2017): Braun-grüner Wählerfang der AfD, *Süddeutsche Zeitung* vom 10.09.2017 (https://www.sueddeutsche.de/wissen/klimawandel-die-braungruenen-1.3658420).

11 Gesellschaftliche Konfliktfelder: Energie und Mobilität

1 Statista (2022): Anteil der Bruttostromerzeugung aus Windkraft an der Gesamterzeugung in Deutschland in den Jahren 1998 bis 2021 (https://de.statista.com/statistik/daten/studie/239528/umfrage/anteil-der-stromerzeugung-aus-windkraft-in-deutschland/).

2 Bundesverband WindEnergie (o. J.): Windenergie in Deutschland – Zahlen und Fakten (https://www.wind-energie.de/themen/zahlen-und-fakten/deutschland/).

3 Eble, Georg (2021): Windkraft Onshore: »Genehmigungen dauern dreimal länger, als Länder angeben«, *Energie und Management* vom 28.10. 2021 (https://www.energie-und-management.de/nachrichten/energiepolitik/detail/genehmigungen-dauern-dreimal-laenger,-als-laender-angeben-146083).

4 Kwasniewski, Nicolai (2021): Die Anti Windkraft-Bewegung, *Spiegel Online* vom 11.02.2021 (https://www.spiegel.de/wirtschaft/windenergie-so-verhindert-die-anti-windkraft-bewegung-neue-anlagen-a-46d88419-3b1d-427d-b6c0-cf696fec283c).

5 Ituen, Imeh/Hey, Lisa Tatu (2021): Der Elefant im Raum – Umweltrassismus in Deutschland. Studien, Leerstellen und ihre Relevanz für Umwelt- und Klimagerechtigkeit, Heinrich-Böll-Stiftung (https://www.boell.de/sites/default/files/2021-12/E-Paper%20Der%20Elefant%20im%20Raum%20-%20Umweltrassismus%20in%20Deutschland%20Endf.pdf), S. 5.

6 Redelfs, Manfred (2021): Greenpeace-Recherche: Lobbyisten führen Kreuzzug gegen Windkraft (https://www.greenpeace.de/ueber-uns/leitbild/investigative-recherche/netz-windkraftgegner).

7 Kwasniewski, Nicolai (2021): Die Anti Windkraft-Bewegung, *Spiegel Online* vom 11.02.2021 (https://www.spiegel.de/wirtschaft/windenergie-so-verhindert-die-anti-windkraft-bewegung-neue-anlagen-a-46d88419-3b1d-427d-b6c0-cf696fec283c).

8 AfD (2016): Programm für Deutschland. Das Grundsatzprogramm der Alternative für Deutschland, beschlossen auf dem Bundesparteitag in Stuttgart am 30.04./01.05.2016 (https://www.afd.de/wp-content/uploads/sites/111/2017/01/2016-06-27_afd-grundsatzprogramm_web-version.pdf), S. 170.

9 Bundesverband WindEnergie (2021): Faktencheck: Windenergie und Infraschall, Mai 2021 (https://www.wind-energie.de/fileadmin/redaktion/dokumente/publikationen-oeffentlich/themen/01-mensch-und-umwelt/05-schall/Faktencheck_zur_Infraschall_20210526_final.pdf).

10 Ebd.

11 Thüringer Landtag (o. J.): Welche grundsätzliche Auffassung vertreten Sie zu dem Entwurf eines Gesetzes zur Änderung des Thüringer Waldgesetzes in Drucksache 7/62 – Neufassung –? (https://forum.thueringer-landtag.de/node/17908).

12 Kagermeier, Elisabeth (2021): #Faktenfuchs: Weniger Waldrodung für Windräder als behauptet, BR24 vom 26.21.2021 (https://www.br.de/nachrichten/deutschland-welt/faktenfuchs-weniger-waldrodung-fuer-windraeder-als-behauptet,SsKyxci).

13 *Klimareporter* (2021): Widerstand gegen Solarparks: Der nächste Energiewende-Showstopper? (https://www.klimareporter.de/advertorials/widerstand-gegen-solarparks-der-naechste-energiewende-showstopper).

14 Frey, Chris (2021): Der Photovoltaik-Wärmeinsel-Effekt: große Solarparks lassen die lokale Temperatur steigen (https://eike-klima-energie.eu/2021/03/30/der-photovoltaik-waermeinsel-effekt-grosse-solarparks-lassen-die-lokale-temperatur-steigen/).

15 NABU (2021): Kriterien für die naturverträgliche Energiewende. Verbände zeigen, wie Solarparks naturverträglicher gestaltet werden können. (https://www.nabu.de/umwelt-und-ressourcen/energie/erneuerbare-energien-energiewende/solarenergie/04300.html).

16 *energiezukunft* (2020): Windenergie an Land. Windkraft-Gegner prägen falsches Bild in der Öffentlichkeit (https://www.energiezukunft.eu/erneuerbare-energien/wind/windkraft-gegner-praegen-falsches-bild-in-der-oeffentlichkeit/).

17 Siedler, Christoph (2020): Deutschlands Wald in der Krise. Stirbt langsam, *Spiegel Online* vom 25.07.2020 (https://www.spiegel.de/wissenschaft/natur/borkenkaefer-trockenheit-klimawandel-deutschlands-wald-in-der-krise-a-eb28124e-f3f3-40ea-ba4b-24570f850ff4).

18 Statista (2022): Anzahl der Beschäftigten im Braunkohlenbergbau in Deutschland in den Jahren von 1950 bis 2020 (https://de.statista.com/statistik/daten/studie/161209/umfrage/braunkohlenbergbau-beschaeftigte-in-deutschland-seit-1950/).

19 AFP (2021): Fragwürdige Formel für Kohle-Entschädigung: So kommen 4,4 Milliarden Euro für LEAG und RWE zusammen, *Der Tagesspiegel* vom 15.05.2021 (https://www.tagesspiegel.de/politik/fragwuerdige-formel-fuer-kohle-entschaedigung-so-kommen-4-4-milliarden-euro-fuer-leag-und-rwe-zusammen/27193916.html).

20 LabourNet Germany (2021): Kohlekommission und Kohleausstieg: Arbeitsplätze? Welche Arbeitsplätze? (https://www.labournet.de/politik/arbeit/arbeit-all/kohlekommission-arbeitsplaetze-welche-arbeitsplaetze/).

21 Quarks (2020): Datteln 4: Spart das neue Kohlekraftwerk wirklich CO_2? (https://www.quarks.de/technik/energie/datteln-4-darum-ist-das-kraftwerk-so-umstritten/).
22 BWK Energie (2021): Energiewende: Kohle könnte schon 2030 bedeutungslos werden (https://www.ingenieur.de/fachmedien/bwk/energieversorgung/kohle-koennte-schon-2030-bedeutungslos-werden/).
23 *windwärts* (o. J.): Windenergie: Wie funktioniert eine Windenergieanlage? (https://www.windwaerts.de/de/infothek/know-how/funktion-windenergieanlage).
24 Lücke, Nicole (2021): Fraunhofer-Entwicklung: Rekord! Wirkungsgrad von fast 69 Prozent für Dünnschicht-Photovoltaik, Ingenieur.de vom 07.07.2021 (https://www.ingenieur.de/technik/fachbereiche/energie/rekord-wirkungsgrad-von-fast-69-prozent-fuer-duennschicht-photovoltaik/).
25 Hölzinger, Oliver (2010): Kohlesubventionen höher als bisher bekannt, *CleanEnergy Project* vom 10.06.2010 (https://www.cleanenergy-project.de/gesellschaft/politik-und-umwelt/kohlesubventionen-hoher-als-bisher-bekannt/).
26 AfD (2021): Deutschland. Aber Normal. Programm der Alternative für Deutschland für die Wahl zum 20. Deutschen Bundestag (https://www.afd.de/wp-content/uploads/sites/111/2021/06/20210611_AfD_Programm_2021.pdf), S. 178.
27 Ebd., S. 178.
28 Der Spiegel (2022): Ukraine warnt vor möglichen Explosionen in Tschernobyl. *Der Spiegel* vom 30.03.2022 (https://www.spiegel.de/wissenschaft/natur/ukraine-warnt-vor-moeglichen-explosionen-in-tschernobyl-a-971cf522-70c5-4ee1-9c13-11aa654aa0df).
29 DPA (2022): Brand in ukrainischem Atomkraftwerk nach russischem Angriff, *MDR Aktuell* vom 04.03.2022 (https://www.mdr.de/nachrichten/welt/osteuropa/russland-ukraine-krieg-angriff-akw-saporischschja-100.html).
30 Das Erste (2022): EU stuft Atomkraft und Erdgas als nachhaltig ein, *Tagesschau* vom 02.02.2022 (https://www.tagesschau.de/ausland/europa/taxonomie-atomkraft-eu-kommission-101.html).
31 Bundesamt für die Sicherheit der nuklearen Entsorgung (2021): Der Atomausstieg in Deutschland (https://www.base.bund.de/DE/themen/kt/ausstieg-atomkraft/ausstieg_node.html).
32 Matern, Stefan (2022): Experte Brunnengräber: Darum ist Atomkraft im Kampf gegen den Klimawandel keine Hilfe. Eine Analyse, *web.de* vom 21.01.2022 (https://web.de/magazine/wissen/klima/atomkraft-kampf-klimawandel-hilfe-36515296).

33 Deutscher Bundestag (2021): Antrag. Forschung zu Kernreaktoren der IV. Generation vorantreiben – Energieversorgung in Deutschland sichern, Drucksache 19/26898 (https://dserver.bundestag.de/btd/19/268/1926898.pdf); siehe dazu außerdem: Deutscher Bundestag (2021): Bundestag lehnt AfD-Antrag zu Kernreaktorforschung ab (https://www.bundestag.de/dokumente/textarchiv/2021/kw15-de-forschung-kernreaktoren-830856).

34 Ebd.

35 Götze, Susanne (2020): Kernfusionsforschung: Die Zähmung der Sonne, *Spiegel Online* vom 04.06.2020 (https://www.spiegel.de/wissenschaft/technik/kernfusions-forschung-milliardengrab-oder-klimaretter-a-5ef2d340-3205-47be-9c35-3b60ed0597ae).

36 AfD Landtag Bayern (2021): Durchbruch in der Kernfusion bestätigt Kurs der AfD: »Innovative Technologie statt linker Energiewende« (Josef Seidl) (https://www.afd-landtag.bayern/2021/10/13/durchbruch-in-der-kernfusion-bestaetigt-kurs-der-afd-innovative-technologie-statt-linker-energiewende-josef-seidl/).

37 Weiß, Marlene (2022): Kernfusion ist keine Alternative zu Klimaschutz, *Süddeutsche Zeitung* vom 12. 02.2022 (https://www.sueddeutsche.de/wissen/kernfusion-jet-iter-1.5526890).

38 *Lobbypedia* (o. J.) Vernunftkraft (https://lobbypedia.de/wiki/Vernunftkraft).

39 Das Erste (2022): Zu Hause warm und hell: Wer kann sich diese Energiepreise noch leisten? [Video], Das Erste, *Hart aber Fair* vom 24.01.2022 (https://www1.wdr.de/daserste/hartaberfair/videos/video-zu-hause-warm-und-hell-wer-kann-sich-diese-energiepreise-noch-leisten-102.html), ab Min. 47:00.

40 Bundesministerium für Wirtschaft und Klimaschutz (2022): Wirtschaftsbranchen: Automobilindustrie (https://www.bmwi.de/Redaktion/DE/Textsammlungen/Branchenfokus/Industrie/branchenfokus-automobilindustrie.html).

41 AfD Kompakt (2021): Ideologischer Krieg gegen Verbrennungsmotoren – Die Zerstörung der Automobilindustrie!, *AfD Kompakt* vom 6.10.2021 (https://afdkompakt.de/2021/10/06/ideologischer-krieg-gegen-verbrennungsmotoren-die-zerstoerung-der-automobilindustrie/).

42 Politaufkleber (o. J.): Button Anstecker – Diesel Fahrer Judenstern (https://politaufkleber.de/produkt/button-anstecker-diesel-fahrer-judenstern/).

43 Lutz, Burkart (1989): *Der kurze Traum immerwährender Prosperität. Eine Neuinterpretation der industriell-kapitalistischen Entwicklung im Europa des 20. Jahrhunderts.* Frankfurt a. M.: Campus.

44 Diehl, Katja (2022): *Autokorrektur – Mobilität für eine lebenswerte Welt,* Frankfurt a. M.: S. Fischer.
45 Bartsch, Michael (2021): Autobahn spaltet Altmark, *taz* vom 20.05.2021 (https://taz.de/Klima-Aktivistinnen-attackiert/!5767768/).
46 Henke, Tobias (2021): Schüsse am Seehäuser Bahnhof: Unbekannte greifen Autobahngegner mit Waffe an, *AZ Online* vom 21.06.2021 (https://www.az-online.de/altmark/seehausen/am-seehaeuser-bahnhof-hat-es-kuerzlich-schuesse-gegeben-autobahngegner-wurden-angegriffen-90812641.html).
47 Neubacher, Alexander (2021): Radikale Klimaschützer. Fridays for Terror, *Spiegel Online* am 26.11.2021 (https://www.spiegel.de/politik/deutschland/radikale-klimaschuetzer-fridays-for-terror-kolumne-a-bddd5ac9-08a1-4a16-8f89-eb55a3c61624?fbclid=IwAR05HyIWgV850GKbsjCLHy5DfWv3GZTWaC87x8dvAmjr6hPKjf3Yli6xgsk).

12 Nach der Leugnung: rechte Zukunftsszenarien in der Klimafrage

1 Mann, Michael E. (2021): *The New Climate War: The Fight to Take Back Our Planet,* Melbourne & London: Scribe, Kapitel: Meeting the Challenge.
2 Moore, Sam/Roberts, Alex (2022): *The Rise of Ecofascism: Climate Change and the Far Right,* Cambridge: Polity.
3 Strobl, Natascha (2021): *Radikalisierter Konservatismus,* Berlin: Suhrkamp Verlag.
4 Portmann, Kai (2022): Mehr als 40 % zweifeln an rechtmäßiger Wahl Bidens, *Der Tagesspiegel* vom 06.01.2022 (https://www.tagesspiegel.de/politik/us-umfrage-fast-ein-jahr-nach-amtsantritt-mehr-als-40-prozent-zweifeln-an-rechtmaessiger-wahl-bidens/27950884.html).

13 Ausblick: Eine klimagerechte Welt ist möglich

1 Handrich, Lars (2021): *Wie viel Klimaneutralität steckt in den Wahlprogrammen?,* Berlin: DIW Econ.
2 Meikle, Mandy/Wilson, Jake/Jafry, Tahseen (2016): Climate Justice: Between Mammon and Mother Earth, *International Journal of Climate Change Strategies and Management,* 8(4) (https://www.emerald.com/insight/content/doi/10.1108/IJCCSM-06-2015-0089/full/html), S. 487.

3 Malm, Andreas & The Zetkin Collective (2021): *White Skin, Black Fuel: On the Danger of Fossil Fascism,* London: Verso Books, S. 17.
4 Klein, Naomi/Stefoff, Rebecca (2021): *How to Change Everything. Wie wir alles ändern können und die Zukunft retten,* Hamburg: Hoffmann und Campe Verlag.
5 Dörre, Klaus (2021): *Die Utopie des Sozialismus. Kompass für eine Nachhaltigkeitsrevolution,* Berlin: Matthes & Seitz.
6 Povitkina, Marina (2018): The Limits of Democracy in Tackling Climate Change, *Environmental Politics,* 27(3) (https://www.tandfonline.com/doi/full/10.1080/09644016.2018.1444723), S. 411–432.

Glossar

Antiökologismus: Verhinderung effektiver Schritte zum Schutz des globalen Klimas und der Umwelt vor schädlichen menschlichen Einflüssen sowie klimafeindliches Handeln

Antisemitismus: »Antisemitismus ist eine bestimmte Wahrnehmung von Juden, die sich als Hass gegenüber Juden ausdrücken kann. Der Antisemitismus richtet sich in Wort oder Tat gegen jüdische oder nichtjüdische Einzelpersonen und/oder deren Eigentum sowie gegen jüdische Gemeindeinstitutionen oder religiöse Einrichtungen. Darüber hinaus kann auch der Staat Israel, der dabei als jüdisches Kollektiv verstanden wird, Ziel solcher Angriffe sein.« (Definition der International Holocaust Remembrance Alliance – IHRA)

Autoritarismus: individuelle und kollektiv geteilte Einstellungen, die Selbst-Unterordnung und Unterwerfung anderer beinhalten. Dies umfasst unter anderem die Forderung nach starker Führung, Gehorsam und der harten Bestrafung von abweichendem Verhalten. Im politischen Denken äußert sich Autoritarismus in dem Ideal einer streng hierarchisch gegliederten Gesellschaft, Ungleichwertigkeitsvorstellungen und der Einschränkung demokratischer Teilhaberechte

Externalisierung: Abwälzung der Nachteile, Kosten und (Umwelt-)Schäden reicher Wohlstandsgesellschaften auf ärmere Gemeinschaften und Regionen, vor allem im globalen Süden

Feminismus: (Bewegung der) Befreiung von Frauen aus Ungleichheit und Abhängigkeit

Globaler Norden/Süden: unterschiedliche Verteilung von Reichtum, Armut und industrieller Entwicklung, insbesondere zwischen den sogenannten Industrienationen und den sogenannten Entwicklungs- und Schwellenländern

Globalismus: allgemein: Strukturen weltweiter Verstrickungen und Abhängigkeiten infolge der Globalisierung; in der radikalen Rechten: oft antisemitisch geprägter nationalistischer Kampfbegriff der Ablehnung von Internationalismus und Globalisierung

Green Grabbing/Grüner Kolonialismus: Aneignung von Land und Ressourcen insbesondere im globalen Süden durch Investor:innen aus dem globalen Norden für ökologische Zwecke (bspw. Baumpflanzungen); geht teilweise mit der Vertreibung der Bevölkerung oder der Vernichtung ihrer Lebensgrundlagen (bspw. Ackerflächen) einher

Intersektionalität: gleichzeitiges Vorliegen und Zusammenwirken verschiedener Diskriminierungskategorien, z. B. die systematische Benachteiligung von Personen aufgrund ihrer sozialen Lage, ihres Geschlechts und ihrer (vermeintlichen) ethnischen oder kulturellen Zugehörigkeit oder Abstammung

Klassismus: Abwertung und Benachteiligung von Personen aufgrund ihres tatsächlichen oder vermuteten niedrigen sozialen Status

Klimagerechtigkeit: Verantwortung der Menschheit für die Ursachen und Auswirkungen von Treibhausgasemissionen auf die ärmsten und verletzlichsten Menschen

Klimaklassismus: Sammelbegriff für verschiedene Folgen des Klimawandels und des Umgangs mit den Folgen, von denen ärmere Gruppen überproportional stark betroffen sind

Klimaleugnung: Sammelbegriff für verschiedene Formen des Bestreitens, der Leugnung oder der Ignoranz des menschen- bzw. industriegemachten Klimawandels bzw. zentraler Elemente des Klimawandels und des wissenschaftlichen Konsenses über den Klimawandel

Klimarassismus: Sammelbegriff für verschiedene Folgen durch den Klimawandel und den Umgang mit diesem, von denen historisch rassistisch diskriminierte Gruppen überproportional stark betroffen sind

False balance: irrtümlicher Anspruch, eine »ausgeglichene« Darstellung von wissenschaftlichen und pseudowissenschaftlichen Positionen gewährleisten zu müssen oder demokratischen und antidemokratischen Stimmen gleiches Gewicht in einer Debatte zu geben, um so die angebliche »Meinungsvielfalt« zu einem Thema abzubilden

Cherrypicking (engl. Kirschen auflesen): Strategie, sich nur Belege für die eigene Argumentation zurechtzulegen und dabei andere Belege, die die Gegenargumentation stützen könnten, zu verschweigen; ein selektiver Umgang mit der Wahrheit

Klimaskepsis: Misstrauen gegenüber wissenschaftlichen Erkenntnissen zum menschen- bzw. industriegemachten Klimawandel, insbesondere, was das Ausmaß bzw. die Dramatik der Klimawandelfolgen betrifft; Infragestellung der Korrektheit entsprechender wissenschaftlicher Analysen und der daraus gezogenen Schlussfolgerungen für politisches und gesellschaftliches Handeln, ohne dass der Klimawandel in Gänze geleugnet wird

Kolonialismus: Prinzip und System der Unterwerfung und Ausbeutung anderer Länder und Erdteile, das auf der gewaltsamen Durchsetzung von Herrschaftsansprüchen und der Ideologie kultureller, religiöser oder weltanschaulicher Überlegenheit basiert

Libertarismus/Rechtslibertarismus: Rechtslibertarismus ist eine marktliberale, strikt individualistische Ideologie, die im Unterschied zu bspw. anarchistischen und sozialistischen Strömungen des Libertarismus eng auf freie Marktwirtschaft und private Eigentumsrechte bezogen ist. Freiheit kann nur durch Privateigentum gewährleistet werden, und der Staat soll auf ein Minimum reduziert (Minarchismus) oder ganz abgeschafft werden (Anarchokapitalismus/Anarcholibertarismus). Häufige geteilte Forderungen sind ein Minimalstaat, freie Marktwirtschaft, das Recht auf Waffenbesitz und die Reduktion bzw. Abschaffung staatlicher Strukturen, des Sozialtransfers und von Steuern

Neoliberalismus: Wirtschaftspolitische Ideologie und Programmatik, die einen Vorrang von Prinzipien des freien Marktes sowie individueller Verantwortung und weniger Staat fordert. Der Begriff ist vage und umfasst sowohl wirtschaftspolitische Orientierungen, die eine radikale Laissez-faire-Orientierung fordern, wie auch Positionen, die für eine Kombination aus freier Marktwirtschaft und staatlicher Lenkung plädieren (bspw. Ordoliberalismus). Während der Diktatur Pinochets in Chile in den 1970er-Jahren und der Regierungen von Margaret Thatcher und Ronald Reagan in den 1980er-Jahren etablierte sich der Neoliberalismus als politische Programmatik zunächst in Europa und von dort aus weltweit. Seither ist der Begriff mit Deregulierung, Privatisierung und Finanzialisierung, Steuersenkungen und der Schwächung von Sozialstaat und Arbeitnehmerrechten verbunden. Trotz inhaltlicher und entwicklungshistorischer Unterschiede bestehen starke inhaltliche Schnittmengen zum Rechtslibertarismus

Rechtsautoritärer Neoliberalismus: Bezeichnet eine Mischideologie und Bewegung an der Schnittstelle radikal rechter und neoliberaler bzw. rechtslibertärer Programmatik. Rechtspopulistische Inhalte gesellschaftspolitischer und kultureller Natur werden mit marktradikalen Positionen in der Wirtschaftspolitik kombiniert. Zahlreiche Politiker:innen und Parteien der radikalen Rechten vertreten derartige Positionen. Häufige geteilte Inhalte sind die Forderung nach Deregulierung, freier Marktwirtschaft, die Betonung von Ungleichheit sowie die Ablehnung von sozialer Gerechtigkeit. Bekannte Vertreter dieser Politik sind der US-amerikanische Ex-Präsident Donald Trump, der brasilianische Präsident Jair Bolsonaro und zahlreiche europäische Parteien der radikalen Rechten

Ökofaschismus: Rechtsextreme Strategie, bei der Umwelt- und Naturschutz mit völkisch-rassistischer Ideologie aufgeladen wird, z. B. indem der Schutz der »Heimat« als »Lebensraum« beschworen wird, die von der Zerstörung durch industriellen Raubbau und Globalisierung ebenso gefährdet sei wie durch »Überfremdung« und »Überbevölkerung« infolge von Migrationsprozessen. Ökofaschistische Positionen sind oftmals mit antisemitischen Verschwörungserzählungen und der generellen Ablehnung gesellschaftlicher Modernisierung verbunden

Populismus: politischer Stil und politische Ideologie der Konstruktion und/oder Instrumentalisierung eines Gegensatzes zwischen einem als einheitlich gedachten »Volk« und den es beherrschenden »Eliten«

Privilegien: Vorrechte/Besserstellung von Personen oder Gruppen gegenüber anderen in wirtschaftlicher, sozialer und/oder politischer Hinsicht, z. B. hinsichtlich ihres Lebensstandards oder der gesellschaftlichen Teilhabe

Rechte/rechts: politische Orientierung der prinzipiellen Befürwortung von Ungleichheit und Bevorzugung von persönlicher Freiheit gegenüber sozialer Verantwortung

Radikale Rechte: Sammelbegriff für antiliberale, populistische und extreme Akteur:innen, Organisationen und Bewegungen, die für Ungleichheit eintreten

Rassismus/struktureller Rassismus: Ideologie und System der Diskriminierung, Unterdrückung und Ausbeutung von Menschen aufgrund biologischer oder kultureller Unterschiede, die angeblich oder tatsächlich bestehen, deren Relevanz durch einen sozialen Deutungsprozess entsteht. In diesem Sinne werden die Merkmalsunterschiede sozial konstruiert und im rassistischen Denken überhöht, z. B. mit der Behauptung, dass »kulturelle Minderwertigkeit« unveränderlich sei und genetisch oder durch Sozialisation vererbt werde. Rassismus dient der Rechtfertigung bestehender Ungleichheiten. Struktureller Rassismus drückt sich in der historischen und fortwährenden Benachteiligung von Personen aufgrund ihrer (zugeschriebenen) Gruppenzugehörigkeit aus, beispielsweise durch niedrigen Lebensstandard, geringere Bildungs- und Teilhabechancen oder höhere gesundheitliche Risiken. In strukturellem Rassismus können historisch gewachsene, kulturell verankerte Praktiken und Mechanismen der Diskriminierung fortwirken, selbst wenn Einzelpersonen sich keiner rassistischen Überzeugungen oder Handlungen bewusst sind

Rechtsextremismus: demokratiefeindliche Einstellungen und politische Phänomene (Gruppierungen, Parteien, Bewegungen usw.), die auf Ideologien der Ungleichwertigkeit basieren und auf deren Durchsetzung abzielen

Rechtspopulismus: politische Strategie der Konstruktion und/oder Instrumentalisierung eines Gegensatzes zwischen einem als einheitlich gedachten »Volk« und den es beherrschenden »Eliten« bei gleichzeitiger Betonung der Unterscheidung zwischen »Wir« und »den Anderen«, die als fremd bzw. als Bedrohung dargestellt und deshalb abgewertet und ausgegrenzt werden

Verschwörungsideologie: System von Überzeugungen und Welterklärungen, das angeblich geheime und schädliche Verschwörungen mächtiger Einzelpersonen und mächtiger kleiner Fremdgruppen zum Schaden der »einfachen« Bevölkerung unterstellt und in dem gesellschaftliche Ereignisse wiederkehrend und ungeachtet des empirischen Gehalts monokausal als geplante Folge der behaupteten Verschwörungen gedeutet werden

Völkisches Denken: im Zuge des Nationalismus im frühen 19. Jahrhundert aufgekommene politische Philosophie und Bewegung, die ein als Abstammungsgemeinschaft definiertes »Volk« und seinen angeblich mythischen und im Kern unveränderlichen Charakter ins Zentrum rückt, bspw. durch die Überhöhung des »Deutschseins«

Wissenschaftsfeindlichkeit: Nichtanerkennung, Ablehnung oder aggressive Abwehr wissenschaftlicher, d. h. systematischer, faktenbasierter und nachprüfbarer Erkenntnisse, oftmals verbunden mit Angriffen und Diffamierungsversuchen gegenüber Wissenschaftler:innen, Wissenschaftsjournalist:innen und wissenschaftlichen Institutionen, deren Ansehen in Zweifel gezogen werden soll